Kölner Schriften
zur Kriminologie und Kriminalpolitik

Begründet von
Prof. Dr. Michael Walter

Fortgeführt von
Prof. Dr. Frank Neubacher, M. A.

Institut für Kriminologie der Universität zu Köln

Band 24

Johannes Reuschen

Angriffe auf Rettungskräfte

Phänomen, Hintergründe, Prävention

Nomos

Onlineversion
Nomos eLibrary

Die Deutsche Nationalbibliothek verzeichnet diese Publikation in der Deutschen Nationalbibliografie; detaillierte bibliographische Daten sind im Internet über http://dnb.d-nb.de abrufbar.

Zugl.: Köln, Univ., Diss., 2022

u.d.T.: „Angriffe auf Rettungskräfte – Eine Bewertung anhand der Situation in Rheinland-Pfalz“

ISBN 978-3-7560-0432-4 (Print)
ISBN 978-3-7489-3796-8 (ePDF)

1. Auflage 2023

Meiner Familie.

Inhaltsverzeichnis

Tabellenverzeichnis

Abkürzungsverzeichnis

Abs.	Absatz
ARD	Arbeitsgemeinschaft der öffentlich-rechtlichen Rundfunkanstalten der Bundesrepublik Deutschland
ASB	Arbeiter-Samariter-Bund
Aufl.	Auflage
bes.	besonders
BF	Berufsfeuerwehr
BGBl.	Bundesgesetzblatt
BGH	Bundesgerichtshof
BR-Drs.	Bundesratsdrucksache
BR-PlPr.	Bundesrat Plenarprotokoll
BT-Drs.	Bundestagsdrucksache
BKA	Bundeskriminalamt
BOS	Behörden und Organisationen mit Sicherheitsaufgaben
bspw.	beispielsweise
BW	Bundeswehr
DAV	Deutscher Anwaltverein
DMW	Deutsche Medizinische Wochenschrift
DRB	Deutscher Richterbund
DRK	Deutsches Rotes Kreuz
DVS	Deutscher Viktimisierungssurvey
EKG	Elektrokardiogramm
EZB	Europäische Zentralbank
et a.	et alii
etc.	et cetera
e.V.	eingetragener Verein
f.	folgende
ff.	fortfolgende
FRRP	Fortbildung im Rettungsdienst Rheinland-Pfalz

FQS	Forum Qualitative Sozialforschung
GA	Goltdammer´s Archiv für Strafrecht
gef.	gefährliche
ges.	gesamt
ggfls.	gegebenenfalls
gült.	gültige
h.M.	herrschende Meinung
Häufigk.	Häufigkeit
i.d.R.	in der Regel
IMK	Ständige Konferenz der Innenminister- und senatoren der Länder
i.V.m.	in Verbindung mit
JR	Juristische Rundschau
JUH	Johanniter-Unfall-Hilfe
JuS	Juristische Schulung
KFN	Kriminologisches Forschungsinstitut Niedersachsen e.V.
KrimOJ	Kriminologie – Das Online-Journal
KriPoZ	Kriminalpolitische Zeitschrift
LKA	Landeskriminalamt
LRettDP	Landesrettungsdienstplan Rheinland-Pfalz
MDI	Ministerium des Inneren und für Sport des Landes Rheinland-Pfalz
MHD	Malteser Hilfsdienst
MschrKrim	Monatsschrift für Kriminologie und Strafrechtsreform
män.	männlich
n	Anzahl der Merkmalsausprägungen
N	Größe der Grundgesamtheit
NJW	Neue Juristische Wochenschrift
NK	Neue Kriminalpolitik
NotSan-APrV	Ausbildungs- und Prüfungsverordnung für Notfallsanitäterinnen und Notfallsanitäter
Nr.	Nummer
NRW	Nordrhein-Westfalen
NStZ	Neue Zeitschrift für Strafrecht
o.g.	oben genannt

PC	Personal Computer
PD	Privatdozent
pers.	persönlich
PKS	Polizeiliche Kriminalstatistik
RettDG	Landesgesetz über den Rettungsdienst sowie den Notfall- und Krankentransport
RGBl.	Reichsgesetzblatt
RLP	Rheinland-Pfalz
Rn.	Randnummer
psy.	psychiatrische
S.	Seite
s.o.	siehe oben
sog.	sogenannt
SOP	Standard Operating Procedure
SPSS	Statistical Package for the Social Science
StGB	Strafgesetzbuch
StVG	Straßenverkehrsgesetz
vgl.	vergleiche
vs.	versus
weib.	weiblich
z.B.	zum Beispiel
zit.	zitiert

I. Einleitung

Rettungskräfte gehören neben den Feuerwehrkräften zu den Berufsgruppen mit dem höchsten gesellschaftlichen Ansehen.[1] Ihre Arbeit bringt mitunter physische sowie psychische Belastungen mit sich und fordert ein hohes Maß an fachlichen und sozialen Kompetenzen. Sie leisten damit einen wichtigen gesellschaftlichen Beitrag. Umso mehr schockieren Meldungen von Angriffen auf Rettungskräfte, wie beispielsweise eine aus dem Dezember 2021. In Trier schlug ein 28jähriger, männlicher Täter während der Behandlung im Rettungswagen unvermittelt zu.[2] Solche Nachrichten rufen vielerorten ein hohes Medienecho hervor. Die Öffentlichkeit reagiert zum Teil besorgt und fassungslos. In diesem Zusammenhang wird häufig von einer zunehmenden gesellschaftlichen Verrohung und einer spürbaren sozialen Kälte gesprochen. Diese Entwicklung zeige sich deutlich in dem steigenden Respektverlust gegenüber den Rettungskräften.[3] Es entwickelt sich eine öffentliche Debatte und rasch werden Forderungen nach besserem Schutz der Rettungskräfte und härteren Strafen für die Täterinnen und Täter ausgesprochen.[4] „Jeder dieser Angriffe ist einer zu viel." So schlussfolgerte die Präsidentin des Deutschen Roten Kreuzes in einer Grundsatzerklärung über Respekt und Schutz für medizinisches Personal und Rettungskräfte im Juli 2020 in Berlin. Sie zeigte sich erschüttert von gezielten Attacken gegen diejenigen, die eigentlich Hilfe leisten wollen, und verurteilte diese Angriffe. Selbst in Kriegszeiten seien Angriffe auf medizinisches Personal ein Tabu, dies gelte erst recht in Friedenszeiten. So fordert sie eine volle Ausschöpfung der Bestrafungsmöglichkeiten und öffentliche Kampagnen, die eine klare gesellschaftliche Haltung gegen die Verrohungstendenzen aufzeigen.[5] Dies zeigt, dass die Thematik der Angriffe auf Rettungskräfte seit einigen Jahren mehr und mehr in den Fokus rückt. Es wird versucht, sich medial, politisch sowie durch Kampagnen der Betroffenen selbst mit dem Phänomen auseinanderzusetzen. Auch die Politik reagierte. Bereits der 17. Deutsche Bundestag verabschiedete im Rahmen des

1 *Haas,* WELT online vom 07.09.2021.
2 *Blaes,* newstr.de vom 05.12.2021.
3 *Dressler*, S. 232.
4 *Wegner/Heil/Schiemann*, KrimOJ 2021, S. 40.
5 *Hasselfeldt,* DRK vom 09.07.2020.

44. Strafrechtsänderungsgesetzes Regelungen, die am 05.11.2011 in Kraft traten und die Angriffe auf Rettungskräfte unter Strafe stellten.[6] Keine sechs Jahre später wurden diese Regelungen im Rahmen des 52. Strafrechtsänderungsgesetzes bereits reformiert und in diesem Zuge der Strafrahmen erhöht. Ein Blick in die Polizeiliche Kriminalstatistik zeigt, dass die Zahl der registrierten Delikte gegen die Opfergruppe der Rettungsdienstkräfte tatsächlich angestiegen ist. Die Zahlen weisen im gesamten Bundesgebiet einen Anstieg der registrierten Delikte zulasten dieser Gruppe von knapp 120 %, bezogen auf die Jahre 2011 bis 2021, aus.

Doch wie steht es tatsächlich um das Phänomen der Angriffe auf Rettungskräfte? Wie stark sind die Rettungskräfte mit Gewalt konfrontiert? Welche Qualität hat die Gewalt? Wer sind die Täterinnen und Täter, wo geschehen die Übergriffe und zu welcher Zeit? Gibt es Risikofaktoren, die die Wahrscheinlichkeit der Viktimisierung erhöhen? Gibt es eine erhöhte Gewaltbereitschaft gegenüber Rettungskräften als Teil des Staates und wenn ja, sind diese mit einen Respektverlust zu begründen? Welche Ursachen hat die Gewalt und welche Rolle spielt die Kommunikation zwischen den Täterinnen und Tätern und den Rettungskräften? Die wissenschaftliche Forschung zu Angriffen auf Rettungskräfte ist nach wie vor als unzureichend zu bezeichnen. Insbesondere im Vergleich zu den fundierten Erkenntnissen um die Angriffe auf Polizei- und Vollstreckungsbeamte werden die Defizite der Forschung zu Angriffen auf Rettungskräfte deutlich. Die vorliegende Untersuchung möchte einen Beitrag dazu leisten, das Phänomen der Angriffe auf Rettungskräfte kriminologisch zu ergründen. Durch einen hierfür entwickelten sozialwissenschaftlichen Fragebogen wurde sich im Rahmen einer Gelegenheitsstichprobe in Rheinland-Pfalz des Themas gewidmet. Neu war unter anderem, dass die Daten mittels der Paper-Pencil-Methode erhoben wurden und der Fokus insbesondere auf der konkreten Angriffssituation und der vorangegangenen Kommunikation lag. Zudem wurde auf mögliche Risikofaktoren für Rettungskräfte eingegangen und es wurde sich erstmals mit den Auswirkungen der Angriffe auf den Einsatzablauf befasst. Über die jährlichen Pflichtfortbildungen, die alle rheinland-pfälzischen Rettungskräfte besuchen müssen, konnte der Kontakt zur Zielgruppe aufgenommen werden. Die Rettungskräfte wurden gezielt zu ihren Erlebnissen in Bezug auf Angriffe auf Rettungskräfte befragt. Die persönliche Ansprache durch den Verfasser und die Ermittlung der Daten durch Verteilung eines schriftlichen Fragebogens (Paper-Pencil-Methode) führte zu einer sehr hohen Beteiligungsquote von

6 BGBl. I 2011, 2130.

96,7 %. Die erhobenen Daten wurden statistisch aufbereitet und ausgewertet und bildeten somit den Grundstock der Untersuchung. Um ein umfangreiches Bild über das Phänomen der Angriffe auf Rettungskräfte zu erhalten, wurden ebenso die verfügbaren wissenschaftlichen Arbeiten ausgewertet. Da die Datenlage bisher recht dürftig ist, wurden hierzu auch Bachelor- und Masterarbeiten analysiert. Überdies beschäftigt sich diese Untersuchung mit der bisherigen Rechtslage und bewertet deren Einflussmöglichkeiten zum Schutze der Rettungskräfte. Anhand der Auswertung des Fragebogens werden Aussagen zur Kriminalphänomenologie sowie der Kriminaltätiologie getroffen. Ebenso wurden viktiminologische Aspekte erhoben und bewertet. Betrachtungen der Sanktionierung, der Kriminalstatistik und der Kriminalpolitik werden erläutert und mögliche Präventionsansätze aufgezeigt.

II. Phänomen und Hintergründe

Um sich dem Phänomen der Angriffe auf Rettungskräfte zu nähern, soll zunächst die aktuelle Ausgangslage ergründet und dargestellt werden. Hierbei fließen Erkenntnisse aus der Gewaltforschung ebenso ein wie die Genese der Rechtslage und die Erfassung der gesellschaftlichen und politischen Reaktionen. Auch der Blick auf die Hellfelddaten der Polizeilichen Kriminalstatistik und der Strafverfolgungs- und Strafvollzugsstatistik ist hierbei von Belang.

a. Gewaltbegriff

In Bezug auf Angriffe auf Rettungskräfte ist der Begriff der Gewalt, ob nun verbal oder körperlich, vorherrschend. Der Gewaltbegriff ist nicht abschließend definierbar und wird es seiner Natur nach nie sein können. Er unterliegt stets der gesellschaftlichen Bedeutungszuschreibung.[7] Er kann sowohl positiv als auch negativ besetzt werden und betrifft das Verhältnis zwischen Einzelnen sowie zwischen Gruppen und untereinander. Die Gewalt hat verschiedene Erscheinungsformen, wie etwa die strukturelle Gewalt, bspw. in Form von sozialer Ungerechtigkeit, die staatliche Gewalt oder die direkte körperliche handgreifliche Gewalt. Ein möglicher, recht genereller Ansatz einer Definition beschreibt Gewalt als „zielgerichtete, direkte physische Schädigung von Menschen durch Menschen".[8] Welche Gewalt legitim erscheint und welche nicht, wird regelmäßig gesellschaftlich neu bewertet und interpretiert. Dass die Schulbildung ohne körperliche Züchtigung erfolgt, erscheint in Deutschland heute selbstverständlich. Dies wurde vor wenigen Jahrzehnten an gleicher Stelle gänzlich anders bewertet. Ein Rückgang der gesellschaftlichen Akzeptanz gegenüber Gewalt ist zu beobachten. In der gesellschaftlichen Entwicklung waren bspw. im Mittelalter Eigentumsdelikte stärker verpönt als Gewalt, nunmehr wandelt sich diese Einstellung.[9] Eine sehr langfristige Betrachtung führt jedoch zu dem Schluss, dass die Gewaltdelinquenz insge-

7 *Stehr*, in: Gudehus/Christ, S. 363f.
8 *Schwind et al.*, in: Schwind et al., S. 36.
9 *Walter*, S. 32.

samt stetig abnimmt.[10] Zurückzuführen ist dies unter anderem auf eine sogenannte Zivilisationstheorie. Diese beschreibt die positiven Effekte einer zivilisatorischen Evolution. Das steigende Bildungsniveau, die Achtung und der Schutz von Minderheiten und die steigende Abhängigkeit zwischen den Bürgern sowie zwischen den Bürgern und Institutionen führen hiernach zu einer gesteigerten menschlichen Selbstkontrolle.[11] Trotz des langfristigen Trends der Abnahme von Gewaltkriminalität führt nicht zuletzt die ständige (Neu-)Interpretation des Begriffs zur Bildung von neuen Gewaltphänomenen. Gründe können neue Tatgelegenheiten sein, aber ebenso eine geänderte oder neue Wahrnehmung der Gesellschaft. Die Wahrnehmung in der Gesellschaft wird mitunter durch markante Ereignisse, jedoch auch durch eine neuerliche gesellschaftliche Sensibilität verändert. So rücken Gewaltphänomene erneut in den Fokus, die schon zuvor bestanden.[12] Einen nicht unerheblichen Anteil an der Fokussierung gesellschaftlicher Debatten und die dadurch entstehende Sensibilisierung gegenüber „neuen" Gewaltphänomenen hat die Berichterstattung in den Medien.[13] Vor dem Hintergrund eines vorherrschenden Wettbewerbs der Medienunternehmen untereinander wird zum Teil heftig um die Gunst des Konsumenten gebuhlt. Dem Wettbewerb müssen sich alle Formen von Medien, auch öffentlich finanzierte untereinander, stellen. Um den Absatz zu steigern, gilt es, das Interesse des Konsumenten schon in der Schlagzeile zu wecken. Es leuchtet ein, dass sich Titelthemen von Angriffen auf Rettungskräfte mit dramatischen Einzelheiten und Bildern besser verkaufen als eine eher wissenschaftliche Darstellung der Gesamtumstände. Dies führt mitunter zu einem verzerrten Bild. Durch Vereinfachung und Polarisierung wird eine eigene „Medienkriminalität" geschaffen.[14] Dies kann die gesellschaftliche Debatte anregen und diese baut ihrerseits einen gewissen Druck auf die politischen Entscheidungsgremien auf. Ähnlich wie bei den Debatten um Stalking oder der Beschneidung bei Frauen führt dies zumeist zu der lauter werdenden Forderung nach harten Strafen. Häufig finden diese Debatten dann zunächst Einzug in die politischen Talkshows und später in die Parlamente. Die Anpassung von Strafgesetzen, wie bspw. die Einführung des § 238 StGB oder des § 226 a StGB, bietet eine vergleichsweise kostengünstige Alternative zu einer schwierigen und langwierigen Präventionsarbeit. Insofern soll in dieser Forschungsarbeit auch unter-

10 *Schneider*, S. 27.
11 *Walter*, S. 30, 32; *Eisenberg/Kölbel*, § 45, Rn. 5.
12 *Eisenberg/Kölbel*, § 45, Rn. 5, 7.
13 *Walter*, S. 27f.
14 *Walter*, S. 27.

sucht werden, ob es eine zunehmende Gewaltbereitschaft gegenüber Rettungskräften gibt.

b. Reaktionen aus Politik und Gesellschaft

Angriffe auf Rettungskräfte hat es auch in der Vergangenheit gegeben. Einer der Fälle, der in Erinnerung blieb, war sicherlich der in Rostock-Lichtenhagen. Im August 1992 hatte ein fremdenfeindlich motivierter Mob ein Asylbewerber- und Gastarbeiterhaus, das sog. Sonnenblumenhaus, im Zuge von viertägigen Krawallen angezündet. Die Rettungs- und Löscharbeiten wurden teilweise massiv behindert und auch die Rettungskräfte mit Steinen beworfen.[15] Ähnliche Angriffe auch gegen Rettungskräfte waren bei den sog. Blockupy-Protesten anlässlich der Eröffnung der EZB Zentrale im Jahr 2015 in Frankfurt zu erleben.[16] Auch sonst wird das Thema immer wieder medial aufgegriffen.[17] Gerade im Anschluss an solche Berichterstattungen entzünden sich mitunter öffentliche Debatten, die dann häufig in der Forderung nach härteren Strafen münden.[18] Im Vergleich zu Angriffen auf Polizeikräfte standen Angriffe auf Rettungskräfte jedoch lange nicht im Fokus der gesellschaftlichen und politischen Debatten. Auch die Wissenschaft widmete sich des Themas nicht in der Breite, wie es im Rahmen der Angriffe auf Polizeibeamte geschehen ist.[19] Doch insbesondere Fachgruppen brachten die Situation immer wieder in die öffentliche Diskussion. So wurden bspw. schon im Jahr 2009 die Ergebnisse einer Dunkelfelduntersuchung aus dem Jahre 2008 im Rahmen eines Landes-Notärzte-Tages in Mecklenburg-Vorpommern debattiert.[20] Auf die kontinuierliche Verdeutlichung des Standpunktes der Interessenvertretungen von Feuerwehren und Rettungsdiensten ist es schließlich zurückzuführen[21], dass diese politische Debatte spätestens durch die 188. Innenministerkonferenz am 05.06.2009 Einzug in die Bundespolitik hatte. Die Konferenz fasste unter anderem den Beschluss, dass der Schutz vor Angriffen gegenüber Polizeibeamten, Rettungskräften und Feuerwehrleuten

15 *Süddeutsche Zeitung online* vom 22.08.2017.

16 *ZEIT online* vom 18.03.2015.

17 Hier eine Auswahl: *DER SPIEGEL online* vom 04.11.2017; *Bild online* vom 05.03.2018; *Der Tagesspiegel online* vom 10.06.2021.

18 *Wegner/Heil/Schiemann*, KrimOJ, S. 40.

19 *Rau/Leuschner*, NK 2018, S. 316.

20 *Frankfurter Rundschau online* vom 26.09.2009.

21 *Heger/Jahn*, JR 2015, S. 508.

verbessert werden muss.[22] Die öffentliche Debatte sprach sich zum Teil klar für die Einführung harter Strafen aus. So forderte im Jahr 2010 der damalige Innenminister Thüringens Huber, Angriffe mit Verletzungsfolge mit Freiheitsstrafe von sechs Monaten bis zu zehn Jahren zu bestrafen.[23] Auch die Gewerkschaft der Polizei befürwortete die Anhebung des Strafrahmens. Sie attestierte der Bundesrepublik, im Rahmen der Debatten um das 52. Strafrechtsänderungsgesetz, „einen breiten Autoritätsverlust des Staates" und hielt eine Strafrahmenerhöhung aus generalpräventiven Gesichtspunkten für dringend geboten. Im Detail lehnte die Gewerkschaft die Verortung der Strafbarkeit der Angriffe auf Rettungskräfte bei den Widerstandsdelikten jedoch ab.[24] Ebenso meldeten sich Stimmen, die die Verbesserung des Schutzes der Rettungskräfte forderten, ihn jedoch nicht in der Schaffung oder Verschärfung von Strafrechtsnormen sahen. So bezeichnete der Bundestagsabgeordnete der Fraktion DIE LINKE, Jörn Wunderlich, im Rahmen der Debatte um das 44. Strafrechtsänderungsgesetz, die Ausweitung des Schutzbereichs der Widerstandsdelikte auch auf Hilfeleistende der Feuerwehr oder eines Rettungsdienstes als „reine Symbolpolitik". Es sei „kriminologisch erwiesen, dass eine Strafandrohung allein keine Abschreckende Wirkung hat".[25] Auch die für Rettungs- und Feuerwehrkräfte zuständige Vereinigte Dienstleistungsgewerkschaft griff das Thema mehrfach öffentlich auf. Die Bundesfachgruppe Feuerwehr forderte unter anderem Deeskalationstrainings und psychosoziale Betreuung für Betroffene.[26] Die Präsidentin des Deutschen Roten Kreuzes forderte in einer Grundsatzerklärung über Respekt und Schutz für medizinisches Personal und Rettungskräfte eine volle Ausschöpfung der Bestrafungsmöglichkeiten und öffentliche Kampagnen, die eine klare gesellschaftliche Haltung gegen die Verrohungstendenzen aufzeigen.[27] Nicht zuletzt wurde und wird zusätzlich öffentlichkeitswirksam für Respekt gegenüber Einsatzkräften von Polizei, Rettungsdienst und Feuerwehr geworben. In Rheinland-Pfalz legte das zuständige Innenministerium bspw. die Kampagne #IMMERDA auf.[28] Diese Kampagne entsprang den sog. Aktionstagen der rheinland-pfälzischen Landesregierung „Respekt. Bitte!", bei der die Kabinettsmitglieder im Jahr 2019 Polizeidienststellen, Rettungs-

22 *IMK*, 188. Sitzung 2009, S. 21.
23 BR-PlPr. 869, S. 120B.
24 *Wendt*, S. 1f.
25 BT-PlPr. 17/120, S. 14005A.
26 *Kraatz/Dick*, feuerwehrreport 2016, S. 1, 3f.
27 *Hasselfeldt*, DRK vom 09.07.2020.
28 *Ministerium des Inneren und für Sport Rheinland-Pfalz*, #IMMERDA, 2019.

und Feuerwachen besuchten, um deutlich für einen respektvollen Umgang gegenüber der Berufsgruppe zu werben.[29] Hier knüpfen sich die Fragestellungen an, ob es tatsächlich Tendenzen einer verrohenden Gesellschaft gibt und mangelnder Respekt gegenüber Rettungskräften soweit führt, dass sie körperlich angegriffen werden.

c. Rechtliche Grundlagen

Die aktuelle strafrechtliche Würdigung von Angriffen auf Rettungskräfte ist das Ergebnis eines langwierigen Gesetzgebungsprozesses. Dieser begann mit dem 44. und 52. Gesetz zur Änderung des Strafgesetzbuches. Seinen vorläufigen Höhepunkt erreichte dieser Prozess später mit dem Gesetz gegen Hasskriminalität und Rechtsextremismus. Es ist schwer nachzuvollziehen, was ursprünglich den Ausschlag dafür gab, dass Hilfeleistende der Feuerwehr, des Katastrophenschutzes, eines Rettungsdienstes, eines ärztlichen Notdienstes oder einer Notaufnahme nach und nach Einzug in das Strafgesetzbuch hielten. Sehr naheliegend ist jedoch, dass die gesellschaftlichen Debatten und insbesondere die Beharrlichkeit der Interessensvertretungen der einzelnen Berufsgruppen[30] letztlich Wirkung zeigten und den Weg durch das vom 17. Deutschen Bundestag beschlossene 44. Strafrechtsänderungsgesetz ebneten. Im Folgenden sollen die Änderungen, bezogen auf die Auswirkungen für Angriffe auf Rettungskräfte, dargestellt werden.

i. Das 44. Strafrechtsänderungsgesetz

Sprichwörtlich den Ball ins Rollen brachte der Freistaat Sachsen, indem er im Februar 2010 einen Gesetzentwurf in den Bundesrat einbrachte. Der Entwurf beinhaltete bereits die Anhebung des Strafmaßes des § 113 StGB von bis zu zwei Jahren auf bis zu drei Jahren Freiheitsstrafe und die Aufnahme anderer gefährlicher Werkzeuge im Rahmen der strafschärfenden Regelbeispiele. Bei der angestoßenen Reform hatte Sachsen jedoch lediglich die zunehmende Gewalt gegenüber den Polizeibeamtinnen und Polizeibeamten vor Augen.[31] In der Bundesratssitzung vom 05.03.2010 stellten Sachsens

---

29 *Ministerium des Inneren und für Sport Rheinland-Pfalz* vom 20.03.2019.

30 *Heger/Jahn*, JR 2015, S. 508.

31 BR-Drs. 98/10, S. 1 f.

Staatsminister des Inneren Markus Ulbig und Bayerns Staatsministerin für Justiz und Verbraucherschutz Dr. Beate Merck den Entwurf vor. Bayern war zuvor dem Antrag Sachsens beigetreten. Die Vorlage wurde sodann dem Rechts- und dem Innenausschuss zugewiesen.[32] In der Empfehlung des Innenausschusses des Bundesrates war schließlich der Schutz von Hilfeleistenden der Feuerwehr oder eines Rettungsdienstes bereits eingeflossen.[33] Am 07.05.2010 beschloss der Bundesrat schließlich einen Gesetzentwurf zur Änderung des Strafrechts, der dann auch in den Bundestag einging. Bereits in diesem Entwurf wurde angeregt, auch Feuerwehrleute und Rettungskräfte vor Behinderungen und tätlichen Angriffen zu schützen, indem sie ausdrücklich in den Anwendungsbereich des § 113 StGB aufgenommen werden.[34] In ihrer Stellungnahme verwies die Bundesregierung darauf, dass dieser Vorschlag ohnehin Bestandteil des Koalitionsvertrages sei und in Kürze durch einen eigenen Gesetzentwurf umgesetzt werden solle.[35] Tatsächlich brachte die damalige Regierungskoalition aus CDU/CSU und FDP einen Entwurf in den 17. Deutschen Bundestag ein. Sie hatte es sich zur Aufgabe gemacht, den strafrechtlichen Schutz von Vollstreckungsbeamten zu verbessern. Gleichzeitig sollten auch Feuerwehrleute und Rettungskräfte bei Hilfseinsätzen geschützt werden. Um diese Ziele umzusetzen, entschied sich der Gesetzgeber zunächst zu einer Reform der Widerstandsparagraphen im Rahmen des sechsten Abschnitts des Strafgesetzbuches.

Dabei ging er davon aus, dass die Widerstandsparagraphen zwei Schutzzwecken dienen. Zum einen dem Schutz der Autorität staatlicher Vollstreckungshandlungen und zum anderen dem Schutz der hierzu berufenen Personen. Dass es zum Schutze der Vollstreckungsbeamten und Rettungskräfte zuvorderst präventiver Maßnahmen bedarf, war dem deutschen Bundestag bei der Änderung des Strafgesetzbuches ebenso bewusst wie die Tatsache, dass die körperliche Unversehrtheit primär durch die individualschützend wirkenden Körperverletzungsdelikte geschützt ist. Dennoch sah er in der Anpassung des Strafrechts einen „wichtigen Beitrag" zur Realisierung seiner Ziele.[36] In der weiteren Genese der Reform wurde die Stellungnahme des Bundesrates[37] insofern beherzigt, als dass in den Kreis der Hilfeleistenden

32 BR-PlPr. 867, S. 54B, 55D.
33 BR-Drs. 98/1/10, S. 2.
34 BR-PlPr. 869, S. 121C.
35 BT-Drs. 17/2165, S. 8.
36 BT-Drs. 17/4143, S. 6.
37 BT-Drs. 17/4143, S. 10.

neben Feuerwehr- und Rettungskräften noch solche des Katastrophenschutzes als taugliche Opfer aufgenommen wurden.[38] Schließlich trat das 44. Gesetz zur Änderung des Strafgesetzbuches am 05.11.2011 in Kraft.[39] Es brachte zahlreiche Neuerungen, insbesondere im Bereich des sechsten Abschnitts des Strafgesetzbuches mit sich. Das Strafmaß für den einfachen Widerstand gegen Vollstreckungsbeamte wurde von bis zu zwei Jahren auf bis zu drei Jahren Freiheitsstrafe angehoben. Ebenso wurden die Regelbeispiele zur Verwirklichung eines besonders schweren Falls abgeändert. Diese Änderung in § 113 II S. 2 Nr. 1 StGB a.F. wirkte sich ebenso auf den Wortlaut des § 121 III S. 2 Nr. 2 StGB und des § 125a II Nr. 2 StGB aus. Zudem wurde der Schutzbereich der Widerstandsdelikte um Hilfeleistende der Feuerwehr, des Katastrophenschutzes oder eines Rettungsdienstes als taugliche Opfergruppe erweitert und schließlich wurden die Arbeitsmittel dieser besonderen Opfergruppe auch in den Katalog der wichtigen Arbeitsmittel im Rahmen des § 305a StGB aufgenommen.

1. Höhere Sanktionierungsmöglichkeit

Das Strafmaß des § 113 I StGB a.F. hob der Gesetzgeber von maximal zulässigen zwei auf drei Jahre Freiheitsstrafe an und dies für beide Handlungsalternativen im gleichen Maße. Für das Widerstandleisten mit Gewalt oder durch Drohung mit Gewalt gem. § 113 Abs. 1 Alt. 1 StGB a.F. ebenso wie für den tätlichen Angriff gem. § 113 Abs. 1 Alt. 2 StGB a.F. Die Änderung erfuhr heftige Kritik als ausschließliche Symbolpolitik.[40] Dieser als zu hoch empfundene Strafrahmen werde dem vergleichsweise geringen Unrecht einer einfachen Widerstandshandlung nicht gerecht. Schwerer wiegende Tathandlungen würden ohnehin von mit höheren Strafrahmen ausgestatteten Strafgesetzen, wie den Körperverletzungs- und Landfriedensbruchsdelikten, erfasst.[41] Der Anwendungsbereich sei demnach so klein, dass nur potenzielle Täter betroffen wären, die sich bei ihrer Widerstandsleistung auf eine versuchte oder vollendete Nötigung oder eine versuchte einfache Körperverletzung beschränken.[42]

38 BT-Drs. 17/6505, S. 2.

39 BGBl. I 2011, 2130.

40 *Zopfs*, GA 2012, S. 266; *Schiemann*, NJW 2017, S. 1849; *Heger/Jahn*, JR 2015, S. 522; *Prittwitz*, KriPoZ 2018, S. 47; *Barton*, in: Hilgendorf/Kudlich/Valerius, S. 873, Rn. 13.

41 *Singelnstein/Puschke*, NJW 2011, S. 3473.

42 *Zopfs*, GA 2012, S. 262.

A. Handlungsalternative des Widerstandleistens

Durch die Angleichung des Strafrahmens auf dasselbe Niveau der Nötigung wurde das Verhältnis zwischen den Widerstandparagraphen und der Nötigung verkompliziert. Das Widerstandleisten mit Gewalt oder durch Drohung mit Gewalt, gem. § 113 I Alt. 1 StGB a.F., führte ursprünglich zu einer Privilegierung des Täters im Vergleich zu § 240 I StGB. Dies war der Überzeugung des damaligen Gesetzgebers[43] geschuldet, dass die Vollstreckungsbeamten das Gewaltmonopol des Staates repräsentieren und beispielsweise bei Verhaftungen oder ähnlichem auch praktisch umsetzen. In diesen Situationen sollte der Täter bei Widerstandsleistungen gegenüber Vollstreckungspersonen privilegiert werden, da er sich in einer Art Notwehrsituation befände. Dem Täter wurde ein „begreiflicher Erregungszustand“ bei der Konfrontation mit dem praktisch umgesetzten Gewaltmonopol des Staates zugestanden, der eine Privilegierung rechtfertigten sollte.[44] Auch diese Regelung erfuhr seinerzeit schon Kritik. Der „begreifliche Erregungszustand“ war vom Gesetzgeber in etwa so zu verstehen, dass ein redlicher Bürger durch die Konfrontation mit der Staatsgewalt in eben diesen Zustand versetzt würde. Aber auch diejenigen, die von langer Hand geplant und aus kühler Berechnung Widerstand leisteten, weil sie sich bspw. nach einem Bankraub durch Schüsse in die Luft den Weg buchstäblich freischossen, profitierten von der Privilegierung. Diese Täter waren sicherlich auch in einem Erregungszustand, jedoch war dieser im Sinne des Gesetzgebers nicht „begreiflich“.[45] In der Angleichung des Strafniveaus infolge des 44. Strafrechtsänderungsgesetzes sahen zahlreiche Kritiker bereits eine Abkehr des Gesetzgebers von der ursprünglichen Privilegierung. Der, im Vergleich zur Nötigung, niedrigere Strafrahmen von einer Freiheitsstrafe bis zu zwei Jahren sollte bereits Ausdruck dieses Privilegierungsgedankens sein.[46] Es gab auch unterschiedliche Ansichten darüber, ob die Irrtumsregelungen der Absätze drei und vier des § 113 StGB nicht doch noch zu einer Privilegierung im Vergleich zu § 240 StGB führen würden.[47] § 114 III StGB verweist jedoch ausdrücklich nicht auf die Irrtumsregelungen, sofern sie nicht auf Vollstreckungsmaßnahmen bezogen

43 RGBl. I 1943, S. 339.

44 BT-Drs. VI/502, S. 3 f.

45 *Fahl*, ZStW 2012, S. 312.

46 *Fischer*, § 113, Rn. 2a; *Magnus*, GA 2017, S. 531; *Singelnstein/Puschke*, NJW 2011, S. 3473.

47 *Fahl*, ZStW 2012, S. 312 f.

sind.[48] Daher ist diese Debatte und ihr Ausgang, zumindest für Hilfeleistende der Feuerwehr, des Katastrophenschutzes oder eines Rettungsdienstes, ohne Belang, sofern sie eine solche Vollstreckungsmaßnahme nicht durchführen. Andere Stimmen sprachen § 113 I Alt. 1 StGB a.F. seit jeher die Eigenschaft als privilegierende Norm im Vergleich zu § 240 I StGB ab, da im Ergebnis durch eine Widerstandshandlung in Form der Gewalt oder der Drohung mit Gewalt gem. § 113 I Alt. 1 StGB a.F. ein Rückgriff auf eine versuchte oder vollendete einfache Nötigung gesperrt sei und daher schon immer Exklusivität zwischen den Normen vorgelegen habe.[49] Somit sei § 113 I Alt. 1 StGB a.F. lex specialis zu § 240 I StGB, die jedoch denselben Strafrahmen wie die lex generalis aufweist und daher nur aufgrund der eigenen Überschrift ihre Eigenschaft als Spezialtatbestand preisgeben würde.[50]

B. Handlungsalternative des tätlichen Angriffs

Auch das Verhältnis der zweiten Handlungsalternative, des tätlichen Angriffs, nicht zu § 240 StGB aber zu § 223 StGB wurde unterschiedlich bewertet.[51] Diskutiert wurde ebenfalls das Verhältnis der Handlungsalternativen „Widerstandleisten mit Gewalt oder durch Drohung mit Gewalt“ und der „tätliche Angriff“ zueinander. Insbesondere durch die Formulierung „dabei“ keimte eine Diskussion auf, worauf sich diese beziehe. Auf die Widerstandsleistung oder die Diensthandlung.[52] Diese Diskussion hat sich jedoch spätestens nach Inkrafttreten des 52. Strafrechtsänderungsgesetzes und der dadurch erfolgten Aufteilung der Handlungsalternativen auf verschiedene Paragraphen erübrigt.

2. Erweiterung des § 305a StGB

Die Reform führte auch dazu, dass die § 305a I Nr. 2 und 3 StGB so angepasst wurden, dass nun auch die technischen Arbeitsmittel und Kraftfahrzeuge der Feuerwehr, des Katastrophenschutzes oder eines Rettungsdienstes den be-

48 *Singelnstein/Puschke*, NJW 2011, S. 3475; *Zopfs*, GA 2012, S. 274; *NK-StGB* / Paeffgen, § 114, Rn. 11a; *Barton*, in: Hilgendorf/Kudlich/Valerius, S. 888, Rn. 61.

49 *Zopfs*, GA 2012, S. 271.

50 *Fahl*, ZStW 2012, S. 316 f.

51 Für eine Privilegierung *Fahl*, ZStW 2012, S. 317; dagegen *Zopfs*, GA 2012, S. 272.

52 *Fahl*, ZStW 2012, S. 318.

sonderen Schutz des Strafrechts als wichtige Arbeitsmittel genießen. Vorher stellte diese Qualifikationsnorm zur einfachen Sachbeschädigung, die eine Freiheitsstrafe von bis zu fünf Jahren vorsieht, nur die technischen Arbeitsmittel und Kraftfahrzeuge der Polizei und der Bundeswehr unter ihren Schutz. Insofern konnte bis dahin bspw. das Zerstechen von Reifen an einem Rettungstransportwagen nur gem. § 303 I StGB mit einer Strafe bis zu zwei Jahren Freiheitsstrafe geahndet werden. Die Reform wurde teilweise begrüßt und sogar als „sinnvoll und angemessen." bezeichnet. Durch diese Erweiterung habe der Gesetzgeber deutlich gemacht, dass auch die technischen Arbeitsmittel und Fahrzeuge der Rettungskräfte zur lebensnotwendigen Infrastruktureinrichtung gehören und ihr Schutz mithin im Allgemeininteresse steht.[53] Andere Stimmen sahen auch hierin nur eine erneute Bestätigung des Attests, dass es sich bei der Reform im Wesentlichen um eine Symbolpolitik handele, die insbesondere dogmatisch schlecht umgesetzt sei.[54]

3. Anpassung der Regelbeispiele

Durch die Reform wurden auch die Regelbeispiele angepasst. Neben Waffen wurden nun auch andere gefährliche Werkzeuge in den § 113 II S. 2 Nr. 1 StGB a.F. aufgenommen. Die Änderung wirkte sich ebenso auf § 121 III S. 2 Nr. 2 StGB und § 125a S. 2 Nr. 2 StGB aus. Hiermit reagierte der Gesetzgeber auf eine Entscheidung des Bundesverfassungsgerichts aus dem Jahre 2008. Dieses hatte entschieden, dass der bis dato von der Literatur und der Rechtsprechung angewandte weite Waffenbegriff, der auch gefährliche Werkzeuge umfassen sollte, einen Verstoß gegen das in Artikel 103 II GG kodifizierte strafrechtliche Analogieverbot darstellte.[55] Zwar führte der Gesetzgeber aus, dass es sich um eine Strafzumessungsregelung handele und somit der erhöhte Strafrahmen auch in anderen Fällen als denen der Regelbeispiele angewandt werden könne. Dennoch hielt er die Anpassung des § 113 II S. 2 Nr. 1 StGB a.F. für sachgerecht.[56] Im Rahmen des § 113 II S. 2 Nr. 1 StGB a.F. führte diese Neuerung abermals zu einiger Kritik. Einen besonders schweren Fall mit strafschärfender Wirkung verwirklichte nun also, wer ein anderes gefährliches Werkzeug bei sich führte und eine entsprechende Verwendungsabsicht hatte. Zur Strafschärfung führte demnach eine abstrakte Gefahr, die durch

53 *Heger/Jahn*, JR 2015, S. 522.
54 *Singelnstein/Puschke*, NJW 2011, S. 3475.
55 2 BvR 2238/07; NStZ 2009, 83.
56 BT-Drs. 17/4143, S. 6.

das bloße Beisichführen eines gefährlichen Werkzeugs in Verwendungsabsicht entstehen sollte. Dies brachte den Rechtsanwender in die schwierige Situation, die objektive Gefährlichkeit eines Gegenstandes festzustellen, der nicht verwendet wurde.[57] Diese Schwierigkeit bestand insbesondere aufgrund der Tatsache, dass auch die Definition des gefährlichen Werkzeuges als Gegenstand, der nicht bei bestimmungsgemäßem Gebrauch, wohl aber nach seiner objektiven Beschaffenheit und der Art seiner Benutzung im Einzelfall geeignet ist, erhebliche Verletzungen zuzufügen,[58] hier keine Hilfestellung leisten kann.

4. Ausweitung des Schutzbereichs

Die wahrscheinlich umstrittenste Neuregelung, die das 44. Strafrechtsänderungsgesetz mit sich brachte, war die Anfügung des Absatzes drei an den § 114 StGB a.F. Zur Begründung führt der Entwurf recht knapp aus, dass sich auch Rettungskräfte Angriffen und Behinderungen ausgesetzt sehen und nunmehr geschützt werden sollen.[59] In der weiteren Genese des § 114 III StGB a.F. wurden sodann noch Hilfeleistende des Katastrophenschutzes aufgenommen.[60] Somit wurde der Kreis der tauglichen Opfer schließlich um Hilfeleistende der Feuerwehr, des Katastrophenschutzes oder eines Rettungsdienstes erweitert. Geschützt seien jedoch nur diejenigen, die in gesetzlichen Regelungen erfasst und definiert werden, dies jedoch unabhängig davon, ob sie einer öffentlichen oder privaten Organisationsform angehören,[61] und auch unabhängig davon, ob sie beruflich oder ehrenamtlich tätig sind.[62] Also solche, die in den entsprechenden Landesgesetzen unter den jeweiligen Begriff fallen. Auch in der vorliegenden Studie wurden nur Rettungskräfte gem. § 1 RettDG (RLP) als Befragungspersonen aufgenommen. Ausgeschlos-

57 *Singelnstein/Puschke*, NJW 2011, S. 3473 f.
58 *Fischer*, § 224, Rn. 14.
59 BT-Drs. 17/4143, S. 5, 7.
60 BT-Drs. 17/6505, S. 5.
61 *SK-StGB* / Wolters, § 115, Rn. 10; *Lacker/Kühl*, § 115, Rn. 4 (Mit dem 52. Strafrechtsänderungsgesetz wurde § 114 III StGB in den neugeschaffenen § 115 III StGB überführt und angepasst. Inhaltlich wurde die Norm nicht verändert, sodass Aussagen, Aufsätze und Kommentare zu § 115 III StGB auch für § 114 III StGB Gültigkeit haben und umgekehrt. Erst zum 01.07.2021 wurde mit dem Gesetz zur Bekämpfung des Rechtsextremismus und der Hasskriminalität lediglich der Kreis der tauglichen Täter erweitert, vgl. Kapitel II.c.iii.)
62 *NK-StGB* / Paeffgen, § 114, Rn. 11b.

sen sind mithin bspw. Betriebsfeuerwehren, es sei denn, sie werden im öffentlichen Bereich tätig.[63] Es handelt sich bei dem seinerzeit neugeschaffenen § 114 III StGB a.F. um einen eigenen Tatbestand mit einer Rechtsfolgenverweisung auf § 113 StGB a.F. bzw. auf die §§ 113 und 114 StGB n.F.[64] Da sich die Tat jedoch nicht gegen eine Diensthandlung richten muss, verweist die Norm nur auf die Rechtsfolgen und nicht auf die Regelungen zur Rechtmäßigkeit bzw. dem Irrtum darüber, vgl. § 113 III und IV StGB.[65] Die Anwendbarkeit der Norm wird nunmehr „funktional“[66] bzw. „situativ“[67] auf Tätigkeiten beschränkt, die bei Unglücksfällen, gemeiner Gefahr oder Not ausgeführt werden. Der Begriff des Unglückfalles wird hierbei dem aus § 323c I StGB, der der gemeinen Gefahr dem aus § 243 I S. 2 Nr. 6 StGB und der der gemeinen Not aus § 323c I StGB entlehnt. Eine solche Situation muss tatsächlich vorliegen, ein eventueller oder wahrscheinlicher Eintritt reicht indes nicht aus.[68] Die Handlungsalternativen für die Täter sind dieselben wie bei § 113 I StGB a.F., nämlich zum einen „Gewalt oder Drohung mit Gewalt“, vgl. § 113 I Alt. 1 StGB a.F. und zum anderen ein „tätlicher Angriff“ vgl. § 113 I Alt. 2 StGB a.F. Gänzlich neu war jedoch der Umstand, dass bei § 114 III Alt. 1 StGB a.F. durch die Gewalt oder die Drohung mit Gewalt die Hilfeleistenden „behindert“ werden mussten. Weitgehende Einigkeit herrscht darüber, dass insofern ein Behinderungserfolg eintreten muss und es sich bei § 114 III Alt. 1 StGB a.F. somit um ein Erfolgsdelikt handelt.[69] Wie die Behinderung genau ausgestaltet sein muss, wird indes unterschiedlich bewertet. Mitunter wird diese so wie in § 306b II Nr. 3 StGB als Verhindern und Erschweren der Hilfeleistung beschrieben.[70] Der Täter müsse aktiv eine bereits begonnene Hilfeleistung gänzlich abbrechen oder die Wirkung abschwächen, ein reiner Versuch indes sei nicht ausreichend.[71] Andere sprechen von einer spürbaren, nicht unerheblichen Störung der Rettungstätigkeit.[72] Einigkeit besteht wiederum darin, dass bloße Bagatellen, wie bspw. das Bereiten von verwaltungstechnischen

63 *Schönke/Schröder* / Eser, § 115, Rn. 21; *Fischer*, § 115, Rn. 6.

64 *Lacker/Kühl*, § 115, Rn. 1.

65 *Singelnstein/Puschke*, NJW 2011, S. 3474.

66 *NK-StGB* / Paeffgen, § 114, Rn. 11a.

67 *Schönke/Schröder* / Eser, § 115, Rn. 22.

68 *Fischer*, § 115, Rn. 7.

69 *SK-StGB* / Wolters, § 114, Rn 11; *Zopfs*, GA 2012, S. 274; *Heger/Jahn*, JR 2015, S. 511; *Singelnstein/Puschke*, NJW 2011, S. 3473; *MüKoStGB* / Bosch, § 115, Rn. 12 (Bezogen auf die aktuelle Rechtslage des § 115 III StGB); *NK-StGB* / Paeffgen, § 114, Rn. 11a.

70 *SK-StGB* / Wolters, § 115, Rn. 11.

71 *Singelnstein/Puschke*, NJW 2011, S. 3473; *Zopfs*, GA 2012, S. 259.

72 *Schönke/Schröder* / Eser, § 115, Rn. 22.

Schwierigkeiten, nicht tatbestandlich sind.[73] Teilweise wird, wie bei § 323c StGB a.F. gefordert, dass die Strafbarkeit nur vorliegen soll, wenn die Hilfeleistungsbemühungen „geeignet" seien, um die Eintrittswahrscheinlichkeit von Schäden oder weiteren Schäden zu verringern.[74] Andere sprechen sich gegen das Erfordernis der Eignung bzw. der Erforderlichkeit oder Zumutbarkeit der Hilfeleistungsbemühungen aus. Die Norm spreche in ihrem Wortlaut von einer Behinderung der Hilfeleistenden und nicht von der Hilfeleistung. Zudem sei Ziel des Gesetzgebers gewesen, primär die Helfer zu schützen. Daher soll es bereits genügen, wenn eine Handlung der Helfer behindert wird, die auf die Hilfeleistung ausgerichtet war.[75] Erforderlich sei jedoch, dass ein unmittelbarer Zusammenhang zwischen der Handlung und dem Behinderungserfolg besteht. Dieser soll jedoch auch bestehen können, wenn sich Täter und Opfer nicht am Unglücksort aufhalten. So sei beispielsweise auch die Behinderung eines Leitstellendisponenten einschlägig.[76] Einer hoheitlichen Anordnung der Hilfeleistung soll es zwar nicht bedürfen. „Bloße Wichtigtuerei oder zuständigkeitsüberschreitendes Auftreten ohne Auftrag aus nichtigem Anlass" seien jedoch nicht geschützt.[77]

ii. Das 52. Strafrechtsänderungsgesetz

Insbesondere die Blockupy-Bewegung anlässlich der offiziellen Eröffnung der EZB-Zentrale im Frankfurter Ostend am 18.03.2015 und die damit verbundenen massiven Übergriffe auf die Polizei- und Rettungskräfte führten erneut zu Forderungen nach einem besseren Schutz dieser Personengruppen.[78] Beinahe zeitgleich kam es danach zu Gesetzesanträgen des Saarlandes vom 14.04.2015[79] und Hessens vom 28.04.2015.[80] In der Sitzung des Bundesrates vom 08.05.2015 sprachen sich die damalige Ministerpräsidentin des Saarlandes Annegret Kramp-Karrenbauer und der hessische Staatsminister Peter Beuth jeweils für ihre Entwürfe zur Änderung des Strafgesetzbuches aus. Der Entwurf des Saarlandes orientierte sich an dem Vorschlag der Ge-

73 *Lacker/Kühl*, § 115, Rn. 4.
74 *SK-StGB* / Wolters, § 115, Rn. 11.
75 *Heger/Jahn*, JR 2015, S. 512; *MüKoStGB* / Bosch, § 115, Rn. 12; *Fischer*, § 115, Rn. 9.
76 *Fischer*, § 115, Rn. 9.
77 *Fischer*, § 115, Rn. 8.
78 *Heger/Jahn*, JR 2018, S. 508.
79 BR-Drs. 165/15.
80 BR-Drs. 187/15.

werkschaft der Polizei und beinhaltete eine Neugestaltung des § 113 StGB dahingehend, dass von dem Erfordernis der Vornahme einer Diensthandlung abgesehen und der Strafrahmen erhöht werden solle.[81] Der Gesetzentwurf Hessens ging insofern etwas weiter, da dieser zusätzlich die Neuschaffung des § 112 StGB forderte. Die Namensgebung erfolgte bewusst in Anlehnung an die bekannte Notrufnummer. Auch dieser Vorschlag enthielt eine Erhöhung des Strafrahmens und eine Entkoppelung von der Ausübung einer konkreten Diensthandlung. Staatsminister Peter Beuth betonte in diesem Zusammenhang: „Wir schützen nicht die Durchsetzung staatlicher, rechtmäßiger Vollstreckung; wir schützen die Einsatzkräfte als Personen selbst."[82] Die erforderliche Mehrheit erreichte letztlich jedoch keiner der beiden Entwürfe. Am 23.12.2016 brachte das Bundesministerium der Justiz und für Verbraucherschutz einen Referentenentwurf zur Stärkung und zum Schutz von Vollstreckungsbeamten und Rettungskräften ein. Der Entwurf stellte einen Beitrag für die Umsetzung des Koalitionsvertrages von CDU/CSU und SPD, hinsichtlich des besseren Schutzes von Polizisten und anderen Einsatzkräften vor gewalttägigen Übergriffen, dar.[83] Der Fachausschuss für Recht und Verbraucherschutz empfahl am 26.04.2017 zusätzlich eine Erweiterung des § 323c StGB in der Gestalt, dass auch die Behinderung hilfeleistender Personen in das Gesetz aufgenommen werden solle.[84] Nach Abänderung des Gesetzentwurfs wurde er am 27.04.2017 angenommen. Der Bundesrat stimmte dem Gesetz am 12.05.2017 zu, sodass es am 30.05.2017 in Kraft treten konnte.[85] Somit dauerte es vom ersten Referentenentwurf über den Regierungsentwurf und die erforderlichen Beteiligungen nur fünf Monate, bis das 52. Strafrechtsänderungsgesetz in Kraft treten konnte. Dieses vergleichsweise schnelle Vorgehen ist wohl auch dem Umstand geschuldet, dass die damalige große Koalition noch vor den Bundestagswahlen am 24.09.2017 eines ihrer erklärten Ziele umsetzen wollte. Bezogen auf die Rettungskräfte brachte das 52. Strafrechtsänderungsgesetz abermals einige Änderung mit sich. Im Speziellen wurde § 115 III StGB neu geschaffen. Es handelte sich hierbei jedoch lediglich um eine Überführung und Anpassung des § 114 StGB a.F. in den neuen § 115 StGB.[86] § 115 III StGB erweitert den persönlichen Anwendungsbereich der

81 BR-PlPr. 933, S. 153A.
82 BR-PlPr. 933, S. 154B.
83 *Bundesministerium der Justiz und für Verbraucherschutz* vom 23.12.2016.
84 BT-Drs. 18/12153, S. 3.
85 BGBl. I 2017, 1226.
86 BT-Drs. 18/11161, S. 10.

§§ 113 und 114 StGB um Hilfeleistende der Feuerwehr, des Katastrophenschutzes oder eines Rettungsdienstes und ist somit unmittelbar mit den Änderungen der beiden letztgenannten Normen verbunden.[87] Mithin wirken sich auch diese Neuerungen unmittelbar auf die Sanktionierung der Angriffe auf Rettungskräfte aus.

1. Begehungsformen

Durch die Reform wurden die Handlungsalternativen „Widerstand gegen und tätlicher Angriff auf Vollstreckungsbeamte" in jeweils eigenen Vorschriften mit unterschiedlichen Strafandrohungen gegossen. Vorher waren die Begehungsformen gemeinsam in § 113 I StGB a.F. normiert. Dies wirkt sich auch auf den für Rettungskräfte relevanten § 115 III StGB aus, da dieser bei einer Behinderung durch Gewalt oder Drohung mit Gewalt auf die Rechtsfolgen des § 113 StGB und bei tätlichen Angriffen auf die des § 114 StGB verweist. Die Reform erfährt Kritik, da es durch die Trennung der Begehungsformen und die Strafschärfung im Rahmen des § 114 StGB n.F. zu Abgrenzungsschwierigkeiten gekommen sei. Besonders das unterschiedliche Strafmaß sei nur zu legitimieren, wenn es eine klare Abgrenzung zwischen den Alternativen gebe und der tätliche Angriff eine härtere Sanktionierung rechtfertige als das gewaltsame Widerstandleisten.[88] Intention des Gesetzgebers bei der Strafrahmenerhöhung in Bezug auf den tätlichen Angriff von Freiheitsstrafe bis zu drei Jahren auf Freiheitsstrafe von drei Monaten bis zu fünf Jahren war es, dem erhöhten Gefahrenpotential für die Opfer Rechnung zu tragen und eine abschreckende Wirkung für die Täter zu erreichen.[89] Problematisch sei jedoch tatsächlich, dass sowohl bei der Gewaltausübung als auch bei tätlichen Angriffen körperliche Kraft ausgeübt wird, die auf den Körper des Opfers zielt und feindselig motiviert bzw. gegen den Vollstreckungsbeamten gerichtet ist. Täter, die Gegenstände auf ein bemanntes Rettungsfahrzeug werfen oder mit einem KFZ auf Polizisten zufahren, um diese zum Ausweichen zu zwingen, leisten gewaltsam Widerstand und begehen gleichzeitig einen tätlichen Angriff.[90] Das unterschiedliche Strafmaß sei, angesichts der deckungsgleichen Begehungsformen, nicht gerechtfertigt und die Norm daher „insgesamt als misslungene Vorschrift" zu bezeichnen. Es sei zu empfehlen, die Begehungs-

87 *MüKoStGB* / Bosch, § 115, Rn. 2.
88 *Magnus*, GA 2017, S. 533; *Kubiciel*, S. 11.
89 BT-Drs. 18/11161, S. 8.
90 *Magnus*, GA 2017, S. 534.

form des tätlichen Angriffs gänzlich zu streichen, um die Rechtsprechung nicht in komplexe Abgrenzungsschwierigkeiten zu bringen.[91] Andere Stimmen in der Literatur bewerten die Situation differenziert. Zwar wird auch hier angeführt, dass die Tatbestände in der aktuellen Fassung nicht deutlich voneinander zu trennen seien,[92] dennoch wird die Trennung zwischen § 113 StGB und § 114 StGB ausdrücklich begrüßt. Der neue Tatbestand des § 114 StGB unterscheide sich strukturell und teleologisch von dem des § 113 StGB n.F. § 114 StGB verlange beispielsweise keine Vollstreckungs-, sondern lediglich eine Diensthandlung. Außerdem seien besonders die Schutzgüter unterschiedliche. § 113 StGB schütze zuvorderst die rechtmäßige Vollstreckungshandlung, also ein Allgemeingut, und erst sekundär den Amtsträger und somit ein individuales Schutzgut. Bei § 114 StGB sei dieses Verhältnis, ausweislich des Willens des Gesetzgebers, genau umgekehrt. Mithin wird die Gesetzesänderung in diesem Bereich als „kriminalpolitisch und verfassungsrechtlich gerechtfertigt" bezeichnet.[93]

2. Anpassung der Regelbeispiele

Die Reform passte zudem die Regelbeispiele des § 113 II StGB an. Diese Änderung betrifft auch den § 114 StGB, vgl. Abs. 2 n.F. Innerhalb des Regelbeispiels der Nr. 1 wurde die Verwendungsabsicht der bei sich geführten Waffe oder des bei sich geführten anderen gefährlichen Werkzeuges gestrichen und die Nr. 3 in Form der gemeinschaftlichen Begehung angefügt. Der Gesetzgeber versprach sich davon, dass so dem erhöhten Gefährdungspotential für die Opfer angemessen Rechnung getragen würde.[94] Die Streichung der Verwendungsabsicht stieß auf Kritik. Schon vor der jüngsten Reform kam es hierbei zu Schwierigkeiten bei der Auslegung.[95] Dadurch, dass nun auf die Verwendungsabsicht verzichtet wird, befürchten Kritiker, dass es zu denselben Schwierigkeiten wie bei der Auslegung des § 244 I Nr. 1 lit. a StGB kommen wird.[96] Die Aufnahme der gemeinschaftlichen Tatbegehung hingegen wird überwiegend positiv begleitet.[97] Es gibt jedoch auch ablehnende Posi-

91 *Magnus*, GA 2017, S. 535.
92 *Kubiciel*, S. 11.
93 *Kubiciel*, S. 9, 11.
94 BT-Drs. 18/11161, S. 2.
95 *MüKoStGB* / Bosch, § 113, Rn. 73.
96 *Magnus*, GA 2017, S. 538.
97 *Schiemann*, NJW 2017, S. 1847; *Magnus*, GA 2017, S. 539.

tionen, die einen alleinhandelnden Täter, der Polizeibeamte angreift, als eine Ausnahme ansehen.[98] Diese Ansicht verkennt jedoch, dass gerade bei Angriffen gegenüber Rettungskräften überwiegend die Patienten als Täter auftreten.[99] Die Rettungskräfte, beispielsweise die Besatzung eines Rettungstransportwagens, treffen dabei in der absolut überwiegenden Zahl der Einsätze auf einen einzelnen Patienten, der dann also folgerichtig als Alleintäter handelt.

3. Schaffung des 323c II StGB

Im Rahmen des 52. Strafrechtsänderungsgesetzes wurde der § 323c II StGB neu geschaffen. Er soll die Behinderung der Personen bestrafen, die bei Unglücksfällen oder gemeiner Gefahr oder Not Dritten Hilfe leisten oder leisten wollen. Die Bundesländer Niedersachsen und Berlin brachten im Jahr 2016 einen Gesetzesantrag zur effektiven Bekämpfung von sogenannten Gaffern sowie zur Verbesserung des Schutzes des Persönlichkeitsrechts von Verstorbenen in den Bundesrat ein.[100] Nachdem der Bundesrat die Initiative wortgleich übernahm und dem Bundestag zur Beschlussfassung übergab, folgte dieser schließlich dem Antrag, wenn er auch einige Änderungen vornahm. Der Entwurf sah die Verortung einer Regelung im 6. Abschnitt des StGB vor und der Schutz sollte nur bei Hilfeleistungen der Feuerwehr, des Katastrophenschutzes oder eines Rettungsdienstes greifen.[101] Die jetzige Fassung im Rahmen des § 323c StGB wurde bereits damals bei der Bewertung des Gesetzentwurfs des Bundesrates empfohlen[102] und wird auch heute begrüßt.[103] Auch hier gibt es jedoch kritische Stimmen, die eine Verortung im Rahmen eines echten Unterlassungsdeliktes dogmatisch ablehnen, da die Täter durch aktives Handeln Rettungsbemühungen anderer unterbrechen.[104] Positiv gesehen wird die Tatsache, dass nun alle Personen, die anderen Hilfe leisten oder leisten wollen, erfasst sind.[105] Dies käme dem Schutzzweck zugute, denn durch die Strafnorm sollen letztlich die Hilfsbedürftigen selbst geschützt

98 *Zöller*, KriPoZ 2017, S. 149.
99 *Lenk*, S. 52; *Schmidt*, 2012, S. 14; *Dressler*, S. 144; *Baumann*, S. 25; *Scheunpflug/Klewer*, HeilberufeSCIENCE 2013, S. 90; *Feltes/Weigert*, S. 37.
100 BR-Drs. 226/16.
101 BR-Drs. 18/9327.
102 *Heger/Jahn*, KriPoZ 2017, S. 115.
103 *Lenk*, JuS 2018, S. 229ff; *Schiemann*, NJW 2017, S. 1848; *Schöch*, GA 2018, S. 511.
104 *Magnus*, GA 2017, S. 541; *Prittwitz*, KriPoZ 2018, S. 46.
105 *Schiemann*, NJW 2017, S. 1848.

werden.[106] Im Rahmen des neuen § 323c II StGB ist kein Erfolg der Handlungen erforderlich, dies ist auch hinsichtlich des o.g. Schutzzwecks folgerichtig. Mitunter wird die Einführung des § 323c II StGB sogar als „maßvolle Erweiterung des Strafrechts, die dem notwendigen Schutz individueller Rechtsgüter dient", bezeichnet.[107] Andere Stimmen bezeichnen die Neuerung als unverhohlenen Populismus.[108] Die Kritiker führen an, dass reines Gaffen ohne Behinderungserfolg bereits eine Straftat darstellt, die mit einer Freiheitsstrafe von bis zu einem Jahr geahndet werden kann. In diesem zweifellos zu missbilligenden Sozialverhalten sehen sie jedoch qualitativ eher eine Ordnungswidrigkeit als eine Straftat.[109] Zudem wird zu Recht kritisiert, dass potenzielle Helfer durch diese Norm auch abgeschreckt werden könnten, da sie anderen, später eintreffenden Helfern bspw. im Wege stehen könnten.[110] Dem hätte durch eine Konkretisierung des subjektiven Tatbestandes entgegengewirkt werden können. Vorgeschlagen wurde bspw., dass den subjektiven Tatbestand nur erfüllt, wer aus einer Sensationslust heraus handelt.[111]

4. Anpassung des Landfriedensbruchs

Um das spezifische Unrecht des Landfriedensbruchs, die Gefährdung der öffentlichen Sicherheit in Form der gewalttägigen gruppenmäßigen Auflehnung oder Bedrohung, auch im Urteilstenor zum Ausdruck kommen zu lassen, hat der Gesetzgeber die ursprüngliche Subsidiaritätsklausel des § 125 I StGB aus dem Wortlaut gestrichen.[112] Nach alter Rechtslage war die Anwendbarkeit des § 125 StGB sehr stark eingeschränkt, so verdrängte selbst eine einfache Körperverletzung gem. § 223 StGB die Ahndung des Landfriedensbruchs. Zudem hatte der BGH klargestellt, dass die Wortlautgrenze des § 125 I StGB a.F. eine restriktive Handhabung der Subsidiaritätsklausel verbiete.[113] Dies führte dazu, dass sowohl die praktische Anwendbarkeit als auch der spezifische Unrechtsgehalt der Norm in den Hintergrund traten. Die aktuelle Fassung wird ausdrücklich begrüßt, da sie eine konsequente Umsetzung des

106 BT-Drs. 18/12153, S. 6.
107 *Schöch*, GA 2018, S. 510.
108 *Prittwitz*, KriPoZ 2018, S. 46.
109 *Magnus*, GA 2017, S. 541.
110 *Schiemann*, NJW 2017, S. 1848.
111 Hier allerdings noch zum Entwurf des Bundesrates *Heger/Jahn*, KriPoZ 2017, S. 118.
112 BT-Drs. 18/11161, S. 10.
113 BGH, NJW 1998, S. 465; BGH NStZ 2011, S. 576; BGH NStZ-RR 2014, S. 45.

formulierten Anliegens des Gesetzgebers sei, die Vollstreckungsbeamten und Rettungskräfte zu schützen und ihnen Respekt zu verschaffen. Nun sei die Rechtsprechung in die Lage versetzt, auch den Landfriedensbruch tateinheitlich deutlich im Schuldspruch aufnehmen zu können. Dass dies zu höheren Strafmaßen führen wird, ist logische Konsequenz und unterstreicht nochmals das besondere Unrecht dieser Taten.[114] Im Rahmen des § 125a S. 2 Nr. 2 StGB n.F. hat der Gesetzgeber, so wie auch im Rahmen des § 113 II S. 2 Nr. 1 StGB n.F., die Verwendungsabsicht gestrichen.[115] Diesbezüglich wird kritisiert, dass nunmehr der einzige Unterschied zwischen § 125a S. 2 Nr. 1 und Nr. 2 StGB darin besteht, dass in Nr. 1 eine „Schusswaffe“ und in Nr. 2 eine „andere Waffe“ genannt wird. Es wird ausgeführt, da das Unterscheidungsmerkmal der Verwendungsabsicht nun entfällt und der Begriff der Schusswaffe in dem Begriff der anderen Waffe aufgeht, hätte der Gesetzgeber das Regelbeispiel des § 125a S. 2 Nr. 1 StGB gänzlich streichen können.[116]

iii. Gesetz zur Bekämpfung des Rechtsextremismus und der Hasskriminalität

Im Jahr 2021 erfolgte eine Erweiterung der tauglichen Opfer um medizinisches Personal in ärztlichen Notdiensten und Notaufnahmen. Diese sollen in gleicher Weise geschützt werden wie die Hilfeleistenden der Feuerwehr, des Katastrophenschutzes oder eines Rettungsdienstes. Die Aufnahme dieser Opfergruppen hatte unter anderem die Bundesärztekammer bereits im Rahmen der Debatten zum 52. Strafrechtsänderungsgesetzes gefordert.[117] Als Begründung wird im Gesetzesentwurf der damaligen Regierungskoalition angegeben, dass sowohl der tatsächliche Einsatzbereich als auch die Gefährdungslage der Personenkreise vergleichbar seien. Ferner wird ausgeführt, dass die Gewaltbereitschaft vermehrt in Notfallsituationen auftritt, in der Patientinnen und Patienten, oft begleitet durch Angehörige, medizinischem Personal begegnen und widerstreitende Interessen in emotional

114 *Magnus*, GA 2017, S. 541f.
115 BT-Drs. 18/11161, S. 14.
116 *Magnus*, GA 2017, S. 542.
117 *Ärzteblatt online* vom 28.07.2011.

aufgeladenen Situationen aufeinandertreffen.[118] Nach seiner Verkündung am 01.04.2021 trat das Gesetz am 01.07.2021 in Kraft.[119]

iv. Kritik gegenüber den Strafrechtsänderungen

Kritik gegenüber der Anpassung des Strafrechts wurde von verschiedensten Seiten ausgeübt. Schon im Rahmen der Debatte um das 44. Strafrechtsänderungsgesetz bescheinigten insbesondere Oppositionspolitikerinnen und -politiker der Bundesregierung, dass diese Strafrechtsreformen nicht gelungen seien. Der Bundestagsabgeordnete der Fraktion BÜNDNIS 90/DIE GRÜNEN Jerzy Montag bezeichnete die Änderungen als „unheilvolle Zersetzung des rechtsgüterorientierten, systematisch geordneten Strafrechts“[120] und der Abgeordnete der Bundestagsfraktion DIE LINKE Jörn Wunderlich als „reine Symbolpolitik“.[121] Auch die Stellungnahmen des Deutschen Richterbundes und die des Deutschen Anwaltvereins fielen negativ aus. Der DRB forderte, bezogen auf den Gesetzentwurf der Bundesregierung nachdrücklich, diesen nicht „Gesetz werden zu lassen“[122] und der DAV vermisste, gerade bezogen auf die Einbeziehung der Rettungs- und Feuerwehrkräfte, eine Regelungslücke, die die Bundesregierung zum Handeln gedrängt hätte.[123] Auch die Wissenschaft befasste sich detailliert mit den Änderungen des Strafgesetzbuches. Die Kritik bezog sich insbesondere auf die höhere Sanktionierungsmöglichkeit und die damit verbundenen Schwierigkeiten hinsichtlich des Verhältnis zu § 240 StGB sowie auf die Ausweitung des Schutzbereichs mit der Neuschaffung des § 114 III StGB a.F. Gerade die Ausgestaltung des § 114 III Alt. 1 StGB a.F. als Erfolgsdelikt führte dazu, dass einige Stimmen den Paragraphen als verfassungswidrig einstuften. Der Erfolg in Form der Behinderung der Hilfeleistenden sei zu weit gefasst. Somit trete der Beginn der Strafbarkeit zu früh ein. Die Strafbarkeit sei dadurch soweit vorverlagert, dass es zu einer Verletzung des Schuldgrundsatzes käme, und dies führe zur Verfassungswidrigkeit.[124] Andere Stimmen sehen die Verfassungswidrigkeit darin begründet, dass die Aufnahme der Rettungskräfte von Feuerwehr, Katastrophenschutz

118 BT-Drs. 19/17741, S. 18, S. 33f.
119 BGBl. 2021 I, 441.
120 BT-PlPr. 17/120, S. 14006B.
121 BT-PlPr. 17/120, S. 14005A.
122 *DRB Deutscher Richterbund*, Stellungnahme 55/2010.
123 *DAV Deutscher Anwaltverein*, Stellungnahme 32/2010.
124 *MüKoStGB* / Bosch, § 115, Rn. 11.

und der Rettungsdienste in den Kreis der tauglichen Opfer ohne Bezug zum Gewaltmonopol des Staates zu einem Sonderstrafrecht für diese Berufsgruppen führe.[125] Dies sei insbesondere problematisch, da hierin auch eine Verletzung des Gleichheitsgrundsatzes vorliege. Ein sachlicher Grund, warum Rettungskräfte geschützt werden sollten und bspw. Mitarbeiter in einem Job-Center nicht, sei nicht zu finden.[126] Andere Stimmen sehen ebenfalls die Problematik eines Sonderstrafrechts für bestimmte Berufsgruppen, welches dem Strafgesetzbuch an sich fremd ist, werten es allerdings nicht als so schwer, dass es zur Verfassungswidrigkeit führen würde.[127] Ebenfalls läge kein Verstoß gegen den Gleichheitsgrundsatz vor. Die Tatsache, dass Rettungskräfte in den Kreis der tauglichen Opfer aufgenommen wurden, nicht aber bspw. Mitarbeiter eines Job-Centers oder eines kommunalen Vollzugsdienstes, sei durch den sachlichen Grund gerechtfertigt, dass sich die Rettungskräfte, ähnlich wie die Vollstreckungsbeamten, gefährlichen Situation während eines Einsatzes nicht einfach entziehen dürften.[128] Kritik wird ebenfalls hinsichtlich des unklaren Schutzzwecks des § 114 III StGB a.F. und in diesem Zusammenhang am Standort der Regelung im 6. Abschnitt des Besonderen Teils des StGB laut. Er sei unglücklich gewählt und wird von der Literatur mitunter sogar als „Fremdkörper“ bezeichnet.[129] In diesem Abschnitt würden Delikte erfasst, die allesamt unter dem Oberbegriff „Widerstand gegen die Staatsgewalt“ stünden. Der Gesetzgeber selbst geht dabei mit der h.M. davon aus, dass diese Normen zwei Schutzzwecken dienen: zum einen dem Schutz des Gewaltmonopols des Staates und zum anderem dem Schutz der Personen, die zur Vollstreckung berufen sind.[130] Auch hieran gibt es bereits Kritik, da diese Lesart eine individualschützende Komponente intendiert, die nicht zu legitimieren sei.[131] Spätestens bei Angehörigen ziviler Rettungsdienste würde jedoch deutlich, dass es sich hierbei nicht um staatliche Kräfte handelt, und die Tätigkeit stelle auch keinen Ausdruck staatlicher Vollstreckung dar.[132] Insofern hätte sich der Gesetzgeber zwar bemüht, die Schutzzwecke Gewaltmonopol und Schutz der diesbezüglichen Vollstreckungspersonen auch auf die Rettungskräfte zu übertragen, dies sei ihm jedoch misslungen. Der Schutz-

125 *Wendt*, S. 2.
126 *Zöller*, KriPoZ 2017, S. 147.
127 *Magnus*, GA 2017, S. 530.
128 *Magnus*, GA 2017, S. 540.
129 *Zopfs*, GA 2012, S. 264.
130 BT-Drs. 17/4143, S. 6.
131 *Magnus*, GA 2017, S. 531.
132 *Heger/Jahn*, JR 2015, S. 510.

zweck wird vielmehr darin gesehen, die Hilfeleistenden der öffentlichen und zivilen Institutionen in ihrer Willens- und Betätigungsfreiheit und in ihrer körperlichen Unversehrtheit zu schützen.[133] Die körperliche Integrität, die Willens- und Betätigungsfreiheit und die Ehre der Rettungskräfte sind jedoch bereits über die §§ 223 ff., § 240 und die §§ 185 ff. StGB geschützt.[134] Insofern wurde bemängelt, dass eine Strafbarkeitslücke nicht vorgelegen habe und der Gesetzgeber ohne Not eine Regelung getroffen habe, die dadurch lediglich symbolisch wirken kann.[135] Andere sehen die aktuelle Ausgestaltung der Normen, die zum Schutz der Rettungskräfte führen soll, zwar ebenfalls kritisch, sprechen sich allerdings klar für die Legitimität der geschaffenen Strafnorm aus.[136] Der Schutz wirke sich darüber hinaus ebenfalls auf die Hilfeleistung als solche und somit mittelbar auf die körperliche Unversehrtheit der Hilfsbedürftigen im Rahmen von Unglücksfällen, gemeiner Gefahr oder Not selbst aus. Schutzgüter seien mithin auch die Individualrechtsgüter der in Not geratenen Personen. Dies ließe den Schluss zu, dass dieser Normkomplex im 28. Abschnitt des besonderen Teils des StGB, genauer gesagt im Dunstkreis des § 323c StGB[137] oder im Rahmen eines neuentwickelten § 323d StGB, als „gemeingefährliche Straftat" systematisch besser aufgehoben sei.[138] Wieder andere befürworten eine Verortung im Rahmen des § 145 StGB.[139] Andere Stimmen sehen den Anwendungsbereich des § 114 III StGB a.F. derart ausgeweitet, dass sie der Norm die Spezialität gegenüber § 240 StGB absprechen. Die systematische Verortung der Regelung binden sie an die Begehungsform. In der Handlungsalternative der Behinderung der Hilfeleistenden wird daher eine Verortung im Rahmen des § 323c StGB oder des § 145d StGB als dogmatisch schlüssig angesehen, die Variante des tätlichen Angriffs wird indes als spezielles Körperverletzungsdelikt bewertet.[140] Die Norm kann, sofern man sie im Lichte des § 323c StGB betrachtet, auch so verstanden werden, dass der Gesetzgeber wohl vordringlich Behinderungen der Hilfeleistungen von außen, also von Dritten, im Blick hatte.[141] Es sind jedoch weit überwiegend die Patientinnen und Patienten selbst, von denen die verbalen und kör-

133 *Singelnstein/Puschke*, NJW 2011, S. 3475.
134 *Magnus*, GA 2017, S. 531.
135 *Prittwitz*, KriPoZ 2018, S. 46.
136 *Erb*, KriPoZ 2018, S. 49f.
137 *Kohler*, S. 39.
138 *Heger/Jahn*, JR 2015, S. 511; *SK-StGB* / Wolters, § 115, Rn. 9.
139 *Zopfs*, GA 2012, S. 264.
140 *MüKoStGB* / Bosch, § 115, Rn. 12, 13.
141 *MüKoStGB* / Bosch, § 115, Rn. 11.

perlichen Angriffe ausgehen.[142] Ausgehend davon, dass der Schutzzweck der Norm auch die Hilfeleistung als solche und daher mittelbar auch den Schutz der hilfeempfangenden Personen beinhaltet, wird teilweise daraus gefolgert, dass die Norm bei der 1. Handlungsalternative der Behinderung teleologisch so zu reduzieren sei, dass die Patientinnen und Patienten selbst keine tauglichen Täter sein können. Sie hätten ein Recht darauf, auf die Rettungsmaßnahmen zu verzichten, und wären mithin nicht schutzwürdig. So bliebe hier nur eine Bestrafung gem. der §§ 223 ff. und § 240 StGB möglich.[143] Bei der 2. Handlungsalternative, dem tätlichen Angriff, sind dann jedoch auch die Hilfebedürftigen taugliche Täter.[144] Es wird sogar die Ansicht vertreten, dass § 114 III StGB a.F. lediglich auf die Störung eines auf Rettung angelegten Kausalverlaufs ausgelegt sei und daher nur einschlägig sein könne, wenn die „Störung einen Selbstzweck erfüllt".[145]

v. Zusammenfassung der rechtlichen Grundlagen

Bereits in dem vom Bundesrat in seiner Sitzung vom 07.05.2010 beschlossenen Gesetzentwurf zur Änderung des Strafgesetzbuches wurde die Motivation des Gesetzgebers für das 44. Strafrechtsänderungsgesetz deutlich. Schon in dieser Fassung wurde von einer Zunahme von Fällen des Widerstands gegen die Staatsgewalt, ausweislich der Fallzahlen in der PKS und einer Zunahme der Abgeurteilten und Verurteilten seit dem Jahr 2000, ausgegangen. Zudem sollte durch die Erhöhung des Strafrahmens ein generalpräventiver Effekt erreicht werden, der der „Bagatellisierung" dieser Art von Straftaten entgegenwirkt. Durch die Aufnahme der Feuerwehrleute, Rettungskräfte, später der Katastrophenschutzhelfer sollte auch dort den steigenden Zahlen an tätlichen Angriffen entgegengewirkt werden. Betont wurde in diesem Zusammenhang, dass „ein hohes Allgemeininteresse an wirkungsvoller und schneller staatlicher und privater Hilfe in Unglücksfällen und Fällen von gemeiner Gefahr oder Not" bestehe.[146] Für das 52. Strafrechtsänderungsgesetz war die Motivation des Gesetzgebers dieselbe. Bezogen auf die Hilfskräfte der

142 *Lenk*, S. 52; *Schmidt*, 2012, S. 14; *Dressler*, S. 144; *Baumann*, S. 25; *Scheunpflug/Klewer*, HeilberufeSCIENCE 2013, S. 90; *Feltes/Weigert*, S. 37.

143 *Heger/Jahn*, JR 2015, S. 511.

144 *Lacker/Kühl*, § 115, Rn. 4.

145 *SK-StGB* / Wolters, § 115, Rn. 9.

146 BT-Drs. 17/2165, S. 6.

Feuerwehr, des Katastrophenschutzes und der Rettungsdienste heißt es in der Bundestagsdrucksache wörtlich, dass sie „Respekt und Wertschätzung verdienen" und „[e]in Angriff auf sie [...] zugleich ein Angriff auf die öffentliche Sicherheit" sei.[147] Insofern lässt sich die Motivation des Gesetzgebers bezogen auf den Schutz von Rettungskräften durch das Strafrecht auf drei wesentliche Punkte herunterbrechen. Erstens ging der Gesetzgeber von einer steigenden Zahl an Angriffen auf Rettungskräfte aus. Zweitens sieht er in diesen Angriffen nicht nur solche auf die Rettungskräfte selbst, sondern darüber hinaus solche auf die öffentliche Sicherheit. Drittens hielt er die generalpräventive Wirkung eines Strafgesetzes und schließlich der Strafrahmenerhöhung für ein geeignetes Mittel, um die Zahl der Angriffe zu reduzieren. Aktuell scheint es so, als dass sich die Bundespolitik des Themas abermals annehmen möchte. Auf der Ständigen Konferenz der Innenminister und -senatoren der Länder vom 17. bis 19. Juni 2020 wurde in einem Beschluss festgehalten, dass die Angriffe auf Einsatzkräfte von Polizei, Feuerwehr, Katastrophenschutz, Rettungsdiensten sowie medizinisches Personal weiter zunehmen und Ausdruck mangelnden Respekts und einer Verrohung der Umgangsformen seien. Vorbehaltlich weiterer Prüfungen durch den Arbeitskreis II empfiehlt die Konferenz „eine Anhebung der Mindestfreiheitsstrafe für Angriffe auf Einsatzkräfte auf sechs Monate und in Fällen, in welchen Einsatzkräfte gezielt in einen Hinterhalt gelockt werden auf ein Jahr".[148] Nun gilt es, die tatsächliche Belastung der Rettungskräfte im Rahmen des Hell- und des Dunkelfeldes zu ermitteln und mit den Annahmen des Gesetzgebers abzugleichen. Zudem soll bewertet werden, ob und falls ja, inwiefern Angriffe auf Rettungskräfte auch Angriffe auf die öffentliche Sicherheit darstellen, und schließlich, ob Anpassung und Verschärfung des Strafrechts einen positiven Effekt zum Schutz der Rettungskräfte erhoffen lassen.

d. Hellfelddaten

Um sich ein vollumfängliches Bild über die Thematik der Angriffe auf Rettungskräfte zu verschaffen, bedarf es einer Betrachtung des Hellfeldes. Als Hellfeld wird die bekannt gewordene Kriminalität bezeichnet, die den Behörden unbekannt gebliebene Kriminalität folglich als Dunkelfeld.[149]

147 BT-Drs. 18/11161, S. 1.
148 *IMK*, 212. Sitzung 2020, S. 39.
149 *Neubacher*, S. 37.

i. Die Polizeiliche Kriminalstatistik

Die wohl bekannteste Quelle des Hellfeldes ist die Polizeiliche Kriminalstatistik (PKS) des Bundeskriminalamtes. Die Erlangung von Erkenntnissen gerade auch für die kriminologisch-sozialwissenschaftliche Forschung ist eines der erklärten Ziele der PKS. Die Statistik wird auf Grundlage der von den 16 Landeskriminalämtern gelieferten Daten erstellt. Die PKS ist eine sog. Ausgangsstatistik. Sie enthält Daten über die der Polizei bekannt gewordenen Straftaten einschließlich der mit Strafe bedrohten Versuche, die durch sie endbearbeitet wurden.[150] Im Jahr 2011 wurde ein neuer Katalog eingeführt. Dieser weist eine „Geschädigtenspezifik: Beruf/Tätigkeit" aus. Seither werden die Opfergruppen Polizeivollzugsbeamte, Vollstreckungsbeamte, Zollbeamte, JVA-Beamte und sonstige Vollstreckungsbeamte eigens ausgewiesen. Ebenso wurde eine eigene Opfergruppe für „Rettungsdienstkräfte" entwickelt. Diese untergliedert sich nochmals in „Feuerwehr" und „sonstige Rettungsdienste". Die Geschädigtenspezifik enthält nicht nur die Widerstandsdelikte, sondern listet ebenso Gewaltdelikte gegen diese Opfergruppen auf.[151] Neben den Gewaltdelikten gibt die Geschädiktenspezifik Beruf/Tätigkeit Auskunft über zahlreiche weitere Delikte. Zu anderen Delikten gibt es jedoch keine Ermittlung der Opferzahlen. Von Interesse wären hier insbesondere die Beleidigungsdelikte der §§ 185-187, 189 StGB gewesen, aber auch für diese werden keine Opferzahlen ermittelt.[152] Bei Einführung der „Geschädigtenspezifik: Beruf/Tätigkeit" wurde eigens die Richtlinie zur Führung der PKS angepasst. Eine Erfassung soll demnach nur erfolgen, wenn die Tatmotivation in den personen-, berufs- bzw. verhaltensbezogenen Merkmalen begründet ist oder in Beziehung dazu steht (sachlicher Zusammenhang). Das Ergebnis der polizeilichen Ermittlungen muss erkennen lassen, dass die Tathandlung u.a. oder allein durch das im Einzelfall vorliegende Merkmal veranlasst war.[153]

---

150 PKS 2021 - Richtlinien, S. 5

151 PKS 2011, S. 77.

152 PKS 2019 - Straftatenkatalog, S. 30.

153 PKS 2011, S. 77.

Tabelle 2.1: BKA Opfertabelle 2017[154]

Deliktschlüssel	RD	FW	ges.
Straftaten insgesamt	1737	821	**2558**
010000 Mord	3	8	**11**
020000 Totschlag u. Tötung auf Verlangen	1		**1**
110000 Straftaten gegen die sexuelle Selbstbestimmung	12	4	**16**
130000 Sexueller Missbrauch	8	7	**15**
210000 Raub, räuberische Erpressung und räuberischer Angriff auf Kraftfahrer	10	4	**14**
220000 Körperverletzungsdelikte	1068	371	**1439**
222000 gef. und schwere Körperverletzung	142	109	251
224000 „einfach Körperverletzung“	891	243	1134
225000 fahrlässige Körperverletzung	34	19	53
230000 Straftaten gegen die pers. Freiheit	412	243	**655**
621021 Widerstand gegen Polizeibeamte	72	41	**113**
621029 Widerstand gegen Vollstreckungsbeamte (ohne Polizeivollzugsbeamte)	13	5	**18**
621030 Widerstand gegen gleichgestellte Personen	138	138	**276**

Aus Tabelle 2.1 wird ersichtlich, dass unter der Geschädigtenspezifik Beruf/Tätigkeit bezogen auf „Rettungsdienstkräfte“ im Berichtsjahr 2017 im gesamten Bundesgebiet insgesamt 2558 versuchte und vollendete Delikte gegen Rettungsdienstkräfte verübt wurden. Ebenfalls ersichtlich wird, dass die sonstigen Rettungskräfte (Kürzel RD) mehr als doppelt so häufig betroffen sind als die Feuerwehrkräfte (Kürzel FW). Die Betrachtung der Zahlen aus dem Jahr 2017 ist deshalb von Interesse, da die Befragungspersonen im Befragungszeitraum vom 01.03.2018 - 31.05.2018 unter anderem gebeten wurden, die Angriffe bezogen auf die letzten zwölf Monate, also auch bezogen auf das Jahr 2017 hin zu bewerten. Mit 1439 Delikten machen die Körperverletzungsdelikte 56,3 % der Übergriffe aus. Auf die Straftaten gegen die persönliche Freiheit entfallen noch 25,6 % und auf die Delikte bezogen auf den Widerstand gegen gleichgestellte Personen noch 10,8 % aller Übergriffe. Schaut man sich im Vergleich hierzu die aktuellen Zahlen der PKS aus dem Jahre 2021 an,

154 PKS 2017 - Opferspezifik / Tabelle 943.

vgl. Tabelle 2.2, so ist zu erkennen, dass sich das Verhältnis deutlich umgekehrt hat.

Tabelle 2.2: BKA Opfertabelle 2021[155]

Deliktschlüssel	RD	FW	ges.
Straftaten insgesamt	2417	770	**3187**
010000 Mord	0	1	**1**
020000 Totschlag u. Tötung auf Verlangen	2	0	**2**
030000 Fahrlässige Tötung	2	0	**2**
110000 Straftaten gegen die sexuelle Selbstbestimmung	35	5	**40**
130000 Sexueller Missbrauch	15	5	**20**
210000 Raub, räuberische Erpressung und räuberischer Angriff auf Kraftfahrer	6	1	**7**
220000 Körperverletzungsdelikte	620	140	**760**
222000 gef. und schwere Körperverletzung	153	48	201
224000 „einfache Körperverletzung“	441	78	519
225000 fahrlässige Körperverletzung	25	14	39
230000 Straftaten gegen die pers. Freiheit	496	162	**658**
621100 Widerstand gegen und tätlicher Angriff auf Vollstreckungsbeamte und gleichstehende Personen	1241	454	**1695**
621110 Widerstand gegen Vollstreckungsbeamte und gleichstehende Personen	264	110	374
621120 Tätlicher Angriff auf Vollstreckungsbeamte und gleichstehende Personen	977	344	1321
655100 Körperverletzung im Amt	0	2	**2**

Nun stellen die Körperverletzungsdelikte nur noch einen Anteil von 23,8 % und die Straftaten gegen die persönliche Freiheit nur einen Anteil von 20,6 % der gesamten Straftaten dar. Über die Hälfte aller Delikte, nämlich 53,2 %, sind Delikte der Kategorie „Widerstand gegen und tätlicher Angriff auf Vollstreckungsbeamte und gleichstehende Personen“. Diese Deliktskategorie ist erst am 01.01.2018 in den Straftatenkatalog der PKS aufgenommen worden. Durch das 52. Gesetz zur Änderung des Strafgesetzbuches – Stärkung des Schutzes von Vollstreckungsbeamten und Rettungskräften – vom

155 PKS 2021 - Opferspezifik / Tabelle 943.

23.05.2017 wurde das Strafgesetzbuch umgestaltet. Es kam zur Abänderung bestehender und zur Schaffung neuer Straftatbestände. Der Straftatenkatalog der PKS wurde somit ebenfalls angepasst, indem der neue Schlüssel 621100 „Widerstand gegen und tätlicher Angriff auf die Staatsgewalt" geschaffen wurde.[156] Überdies wird aus Tabelle 2.2 ersichtlich, dass sich an der deutlich höheren Belastung der sonstigen Rettungsdienste im Vergleich zu den Feuerwehrkräften nichts geändert hat. Das Verhältnis beträgt in etwa 76 % zu 24 %.

Die Tabelle 2.3 zeigt die Opfertabelle für Rettungsdienstkräfte in Rheinland-Pfalz für das Jahr 2017. Hier haben die Körperverletzungsdelikte einen Anteil von 56,7 %. Sie liegen also bis auf 0,4 % gleichauf mit dem Anteil der Körperverletzungsdelikte der PKS 2017 für das gesamte Bundesgebiet.

Tabelle 2.3: LKA RLP Opfertabelle 2017[157]

Deliktschlüssel	RD	FW	ges.
Straftaten insgesamt	124	17	**141**
220000 Körperverletzungsdelikte	77	3	**80**
222000 gef. und schwere Körperverletzung	5	0	5
224000 „einfache Körperverletzung"	72	3	75
230000 Straftaten gegen die pers. Freiheit	47	14	**61**
232200 Nötigung	13	8	21
232300 Bedrohung	34	5	39
232412 Nachstellung (Stalking)	0	1	1

Der übrige Anteil an Delikten beträgt 43,3 %. Alle übrigen Delikte waren Straftaten gegen die persönliche Freiheit. Somit wurde im Jahr 2017 in Rheinland-Pfalz von insgesamt 141 versuchten und vollendeten Delikten kein Widerstandsdelikt gegen gleichgestellte Personen registriert. Auch in Rheinland-Pfalz ist der Anteil der betroffenen „sonstigen Rettungsdienste" mit 87,9 % wesentlich höher als der der „Feuerwehr".

156 PKS 2018 - Bericht der Innenministerkonferenz, S. 9.
157 PKS RLP 2017 - Opferspezifik / Tabelle 943.

Tabelle 2.4: LKA RLP Opfertabelle 2018[158]

Deliktschlüssel	RD	FW	ges.
Straftaten insgesamt	157	14	**171**
110000 Straftaten gegen die sexuelle Selbstbestimmung	1	0	**1**
220000 Körperverletzungsdelikte	7	1	**8**
222000 gef. und schwere Körperverletzung	7	1	8
230000 Straftaten gegen die pers. Freiheit	45	10	**55**
232200 Nötigung	16	10	26
232300 Bedrohung	29	0	29
621100 Widerstand gegen und tätlicher Angriff auf Vollstreckungsbeamte und gleichstehende Personen	104	3	**107**
621110 Widerstand gegen Vollstreckungsbeamte und gleichstehende Personen	27	3	30
621120 Tätlicher Angriff auf Vollstreckungsbeamte und gleichstehende Personen	77		77

Tabelle 2.4 macht deutlich, dass mit 107 erfassten Delikten 62,6 % der Straftaten gegenüber der Opfergruppe „Rettungsdienstkräfte" in Rheinland-Pfalz im Berichtsjahr 2018 solche unter der Schlüsselnummer 621100 „Widerstand gegen und tätlicher Angriff auf Vollstreckungsbeamte und gleichgestellte Personen §§ 113-115 StGB" waren. Die tätlichen Angriffe überwogen mit 77 gegenüber den geleisteten Widerständen mit 30 erfassten Delikten. Dies entspricht einem Verhältnis von 72 % zu 28 %. Demgegenüber liegt im Berichtsjahr 2018 in Rheinland-Pfalz mit acht erfassten Delikten der Anteil der erfassten Körperverletzungsdelikte bei nur noch 4,7 %. Bei den acht Delikten handelt es sich um Straftaten unter dem Schlüssel 222000 „Gefährliche und schwere Körperverletzung, Verstümmelung weiblicher Genitalien §§ 224, 226, 226a, 231 StGB". Der Anstieg innerhalb der Schlüsselnummer 621100 „Widerstand gegen und tätlicher Angriff auf Vollstreckungsbeamte und gleichgestellte Personen §§ 113-115 StGB" und die gleichzeitige Reduzierung der registrierten Delikte unter der Schlüsselnummer 224000 „(einfache) Körperverletzung" auf Null hängt mit den Änderungen des 52. Strafrechtsänderungsgesetzes und der daraufhin erfolgten Anpassung der PKS zusammen. Seit dem 01.01.2018 werden diese Delikte nicht mehr als vorsätzliche einfache „Körperverletzungen", sondern als „Widerstand gegen oder tätlicher Angriff

158 PKS RLP 2018 - Opferspezifik / Tabelle 943.

auf Vollstreckungsbeamte und gleichgestellte Personen" gewertet.[159] Auch im Berichtsjahr 2018 sind Delikte im Rahmen der Straftaten gegen die persönliche Freiheit am zweithäufigsten registriert worden. Die 55 erfassten Delikte machen einen Anteil von 32,2 % aus. Auffällig ist abermals, dass die Opfer zu 91,8 % sonstige Rettungsdienstkräfte und demnach nur zu 8,2 % Feuerwehrkräfte sind.

Tabelle 2.5: LKA RLP Opfertabelle 2021[160]

Deliktschlüssel	RD	FW	ges.
Straftaten insgesamt	160	5	**165**
110000 Straftaten gegen die sexuelle Selbstbestimmung	0	0	**0**
220000 Körperverletzungsdelikte	6	0	**6**
222000 gef. und schwere Körperverletzung	6	0	6
225000 fahrlässige Körperverletzung	0	0	0
230000 Straftaten gegen die pers. Freiheit	35	3	**38**
232200 Nötigung	9	2	11
232300 Bedrohung	26	1	27
621100 Widerstand gegen und tätlicher Angriff auf Vollstreckungsbeamte und gleichstehende Personen	119	2	**121**
621110 Widerstand gegen Vollstreckungsbeamte und gleichstehende Personen	29	0	29
621120 Tätlicher Angriff auf Vollstreckungsbeamte und gleichstehende Personen	90	2	92

Die Auswertung der Tabelle 2.5 lässt erkennen, dass sich das Verhältnis unter den verschiedenen, der rheinland-pfälzischen Polizei bekanntgewordenen Delikten im Berichtsjahr 2021 im Vergleich zum Berichtsjahr 2018 nur leicht verändert hat. Delikte unter der Schlüsselnummer 621100 machen nun einen Anteil von 73,3 % und Straftaten gegen die persönliche Freiheit einen Anteil von 23,0 % aus. Dies bedeutet einen Anstieg der Widerstandsdelikte im Hellfeld. Die Verteilung zwischen tätlichen Angriffen und Widerstandshandlungen innerhalb der Schlüsselnummer 621100 ist nahezu gleich. Die tätlichen Angriffe überwiegen in einem Verhältnis von 76 % zu 24 % und liegen somit ebenfalls nahe bei den Zahlen aus dem Berichtsjahr 2018. Der Unterschied

159 PKS RLP 2018 - Jahresbericht, S. 50.

160 PKS RLP 2021 - Opferspezifik / Tabelle 943.

zwischen der Opfergruppe der Rettungskräfte und der Feuerwehrkräfte ist nochmals deutlicher geworden. Die Gruppe der Rettungskräfte überwiegt mit 97,0 % zu 3,0 % nun noch klarer.

Tabelle 2.6: BKA Opfertabelle Jahre 2011-2021[161]

Jahr	ges.	621029	621030	621100
2011	1453	8	-	-
2012	1485	6	-	-
2013	1551	11	-	-
2014	1852	5	82	-
2015	1939	12	92	-
2016	2275	13	111	-
2017	2558	18	276	-
2018	2879	-	-	1089
2019	3205	-	-	1671
2020	2962	-	-	1417
2021	3187	-	-	1695

Eine Aufstellung der Gesamtzahl der in der PKS registrierten Delikte gegenüber der Opfergruppe „Rettungsdienstkräfte“, wie sie in Tabelle 2.6 zu sehen ist, macht deutlich, dass seit dem Berichtsjahr 2011 ein beinahe kontinuierlicher Anstieg zu verzeichnen ist. Innerhalb der elf Jahre zwischen 2011 und 2021 beträgt der Anstieg knapp 120 %.

Auch für das Land Rheinland-Pfalz weist die Aufstellung in Tabelle 2.7 bezogen auf die letzten elf Jahre einen Anstieg der erfassten Delikte aus. Dieser beträgt hier aktuell ca. 117 %. Allerdings ist der Anstieg nicht kontinuierlich, sondern unterliegt Schwankungen. Ein Trend nach oben ist jedoch zu erkennen.

161 PKS 2011-2021 - Opferspezifik / Tabelle 943.

Tabelle 2.7: LKA RLP Opfertabelle Jahr 2011-2021[162]

Jahr	ges.	621029	621030	621100
2011	76	0	-	-
2012	72	0	-	-
2013	110	0	-	-
2014	143	0	0	-
2015	116	0	0	-
2016	150	0	1	-
2017	141	0	0	-
2018	171	-	-	107
2019	196	-	-	125
2020	190	-	-	130
2021	165	-	-	121

Tabelle 2.8: Tatverdächtigentabelle 2017 (Alter/Geschlecht)

	LKA RLP[163]			BKA[164]		
Alter	män.	weib.	ges.	män.	weib.	ges.
< 14 Jahre		1	1	4	2	6
14 - 18	1		1	64	23	87
18 - 21	6		6	118	15	133
21 - 25	10	2	12	165	36	201
>=25	59	11	70	1097	213	1310
Ges.	76	14	**90**	1448	289	**1737**

Tabelle 2.8 enthält eine Aufstellung aller Tatverdächtigen bezogen auf die Opfergruppe „Rettungsdienstkräfte" und auf alle Straftaten gegen diese. Es erfolgte ebenfalls eine Unterteilung zwischen den Merkmalen Geschlecht und Alter. Es wurden jeweils die Zahlen des Landeskriminalamtes Rheinland-Pfalz und die des Bundeskriminalamtes für das gesamte Bundesgebiet für das Berichtsjahr 2017 ausgewertet. Insgesamt ist zu erkennen, dass der Anteil männlicher Täter sowohl in Rheinland-Pfalz mit 82,6 % als auch im gesamten

162 PKS RLP 2011-2021 - Opferspezifik / Tabelle 943.

163 PKS RLP 2017 - Tatverdächtige / Tabelle 232.

164 PKS 2017 - Tatverdächtige / Tabelle 232.

Bundesgebiet mit 83,4 % weit überwiegt. Auch bezogen auf das Alter der Tatverdächtigen wird ein klarer Trend deutlich. In Rheinland-Pfalz waren 77,8 % der Tatverdächtigen 25 Jahre alt und älter, im gesamten Bundesgebiet waren es 75,4 %. Die nächstgrößere Altersgruppe der 21 bis 25-jährigen Tatverdächtigen betrug in Rheinland-Pfalz 13,3 % und im Bundesgebiet 11,6 %. Sieht man sich dann die aufgeklärten Fälle in Rheinland-Pfalz und im gesamten Bundesgebiet für die Opfergruppe „Rettungsdienstkräfte" für das Berichtsjahr 2017 genauer an, so wird in Tabelle 2.9 deutlich, dass in Rheinland-Pfalz 100 % der Tatverdächtigen alleinhandelnd auftraten, im gesamten Bundesgebiet lag dieser Anteil bei 93,9 %.

Tabelle 2.9: Tatverdächtigentabellen 2017 (aufgeklärte Fälle)

	LKA RLP[165]	BKA[166]
Gesamt	**90**	**1737**
Alleinhandelnd	90	1631
Bereits in Erscheinung getreten	54	1115
Alkoholisiert	46	945

Weiter ist zu erkennen, dass in Rheinland-Pfalz 60 % und im gesamten Bundesgebiet 64,2 % der Tatverdächtigen bereits in Erscheinung getreten waren. Der Anteil der alkoholisierten Tatverdächtigen lag in Rheinland-Pfalz bei 51,1 % und im gesamten Bundesgebiet bei 54,4 %. In Tabelle 2.10 wird die Verteilung der Tatorte für den Deliktsschlüssel „621100 = Widerstand gegen und tätlicher Angriff auf Vollstreckungsbeamte und gleichstehende Personen §§ 113-115 StGB" für die Berichtsjahre 2018 bis 2021 in Rheinland-Pfalz aufgelistet.[167] Hieraus ergibt sich, dass ausschließlich im Jahr 2018 in den größten Gemeinden und Städten die meisten Straftaten erfasst wurden. Allerdings ist der Abstand zu den kleinsten Gemeinden mit weniger als 10.000 Einwohnern nur sehr gering, 30,7 % der Delikte wurden im Jahr 2018 in Orten dieser Größenordnung registriert. In den Folgejahren wurden die meisten Delikte stets in den kleinsten Gebietsstrukturen mit unter 10.000 Einwohnern begangen.

165 PKS RLP 2017 - Tatverdächtige / Tabelle 231.

166 PKS 2017 - Tatverdächtige / Tabelle 231.

167 Eine weiterreichende Untergliederung nur für die Opfergruppe der „Rettungsdienstkräfte" ist leider nicht möglich. Insofern gelten diese Zahlen für alle Opfergruppen, die unter diesem Deliktsschlüssel erfasst wurden. Das Berichtsjahr 2018 wurde ausgewählt, da erst seit dem 01.01.2018 der Schlüssel 621100 verwendet werden konnte.

Tabelle 2.10: PKS RLP Tatorte 2018 - 2021[168]

	2018	2019	2020	2021
Bis 10.000 EW	30,7 %	35,6 %	36,0 %	35,8 %
10.000 - 20.000 EW	10,9 %	12,8 %	10,7 %	11,6 %
20.000 - 100.000 EW	25,8 %	22,5 %	25,3 %	22,9 %
Über 100.000 EW	32,6 %	29,1 %	27,9 %	29,7 %
Gesamt	1631	1576	1695	1503

ii. Die Strafverfolgungsstatistik

Neben der Polizeilichen Kriminalstatistik, die von den Landeskriminalämtern und dem Bundeskriminalamt erfasst wird, erstellt das Statistische Bundesamt in seiner Fachserie 10, Reihe 3 jährlich eine Strafverfolgungsstatistik. In dieser Statistik ist die Zahl der bei deutschen Strafgerichten rechtskräftig Abgeurteilten und Verurteilten des jeweiligen Berichtsjahres niedergelegt.[169] Die Ergebnisse bilden die Strukturen der Entscheidungspraxis der Strafgerichte ab. Grundlage der Statistik sind die Daten, die von der Justiz für Verwaltungs- und Controllingzwecke erhoben wurden. Die Qualität der Daten wird als gut bis sehr gut bewertet, da die Datensätze kontinuierlich weitere zahlreiche routinemäßige Überprüfungen durchlaufen.[170] Die Zahl der Abgeurteilten und Verurteilten ist wesentlich geringer als die der polizeilich registrierten Fälle, die die PKS ausweist. Dies hat mit einem gewissen Filterprozess zu tun. Zum einen werden nur ca. 50 % der registrierten Fälle aufgeklärt. Zum anderen kann ein Täter in gleich mehreren Fällen verdächtig sein und nicht jeder Verdachtsfall war auch begründet. Täter sind mitunter nicht strafmündig und zahlreiche Verfahren werden eingestellt, oder die Angeklagten werden freigesprochen. Sofern ein Urteil ergeht, kann dies auch eine Bewährungsstrafe oder sonstige Sanktionen beinhalten. Die Zahl der Strafgefangenen und Sicherungsverwahrten ist dementsprechend noch geringer.[171] In Tabelle 2.11 werden die Ergebnisse der Strafverfolgungsstatistik des Jahres 2017 bezogen auf die abgeurteilten und verurteilten Personen für das gesamte Bundesgebiet dargestellt. Diese Zahlen betreffen alle Abgeurteilten

168 PKS RLP 2018 - 2021 - Falltabellen / Tabelle 01.
169 Strafverfolgungsstatistik 2017, S. 10.
170 Strafverfolgungsstatistik 2018, S. 6f.
171 *Neubacher*, S. 54ff.

und Verurteilten, die sich gem. § 114 i.V.m. § 113 StGB a.F. strafbar gemacht haben. Ausgewiesen werden also Abgeurteilte und Verurteilte der Straftat „Widerstand gegen Personen, die Vollstreckungsbeamten gleichstehen". Eine weitere Unterteilung nach speziellen Opferkategorien ist hier nicht möglich. Die Zahl der Verurteilungen aufgrund von Angriffen gegen Rettungskräfte kann somit nicht genau ermittelt werden. Auch sind hier noch nicht die Gesetzesänderungen des 52. Strafrechtsänderungsgesetzes berücksichtigt worden. Aus den Zahlen des Statistischen Bundesamtes ist zu erkennen, dass der Anteil der männlichen Täter überwiegt: 78,4 % der Abgeurteilten und 80,6 % der verurteilten Personen waren Männer. Genauso deutlich ist auch der Anteil der Erwachsenen im Vergleich zu den Heranwachsenden und Kindern zu erkennen: 89,2 % der Abgeurteilten und 90,3 % der Verurteilten waren Erwachsene. Es wird überdies ersichtlich, dass es in 83,8 % der Fälle zu einer Verurteilung kam.

Tabelle 2.11: Strafverfolgungsstatistik 2017[172]

	Abgeurteilte			Verurteilte		
	männ.	weib.	ges.	männ.	weib.	ges.
Insgesamt	29	8	**37**	25	6	**31**
Erwachsene	27	6	33	24	4	28
Heranwachsende	2	0	2	1	0	1
Jugendliche	0	2	2	0	2	2

In der Strafverfolgungsstatistik des Jahres 2018 wurden die Gesetzesänderungen bereits berücksichtigt. Die Tabelle bezieht sich demnach ausschließlich auf Straftaten gem. § 115 III i.V.m. § 113 bzw. § 114 StGB. Dies bedeutet, dass hier Abgeurteilte und Verurteilte der Straftat „Widerstand gegen oder tätlicher Angriff auf Hilfeleistende von Feuerwehr, Katastrophenschutz oder Rettungsdiensten" erfasst wurden. Zwar ist auch hier eine weitere Unterteilung nach speziellen Opferkategorien nicht möglich, es muss sich aber allein aufgrund der Straftat bei den Opfern um Rettungskräfte gehandelt haben. Dies ist eine wesentlich genauere Unterteilung als die aus dem Jahr 2017. Denn dort kamen alle den Vollstreckungsbeamten gleichstehende Personen als Opfer infrage. Vor diesem Hintergrund wird deutlich, dass es zwischen den Jahren 2017 und 2020 zu einem Anstieg der Abgeurteilten und Verurteilten gekommen ist.

172 Strafverfolgungsstatistik 2017, S. 26f.

Tabelle 2.12: Strafverfolgungsstatistiken 2018-2020[173]

	Abgeurteilte			Verurteilte		
	männ.	weib.	ges.	männ.	weib.	ges.
2018						
Insgesamt	39	5	**44**	31	3	**34**
Erwachsene	29	5	34	22	3	25
Heranwachsende	7	0	7	6	0	6
Jugendliche	3	0	3	3	0	3
2019						
Insgesamt	89	8	**97**	78	7	**85**
Erwachsene	68	5	73	62	4	66
Heranwachsende	11	2	13	7	2	9
Jugendliche	10	1	11	9	1	10
2020						
Insgesamt	103	15	**118**	88	10	**98**
Erwachsene	93	10	103	80	9	89
Heranwachsende	7	5	12	6	1	7
Jugendliche	3	0	3	2	0	2

Für die Zahl der Abgeurteilten stellt sich dies wie folgt dar. Im Jahr 2017 waren es insgesamt 37 Personen, inklusive der Rettungskräfte und der sonstigen, den Vollstreckungsbeamten gleichstehenden Personen. Im Jahr 2018 waren es insgesamt 44 Personen exklusive der sonstigen den Vollstreckungsbeamten gleichstehenden Personen. Im Jahr 2019 schließlich 97 und 118 im Jahr danach. Der Anstieg zwischen den Jahren 2017 bis 2020 beträgt mithin ca. 219 %. Auch für die Widerstandsdelikte insgesamt war ein Anstieg zu verzeichnen. In der Deliktsgruppe „Widerstand gegen die Staatsgewalt § 111-121" lag die Zahl der Abgeurteilten im Jahr 2017 noch bei 6876 und stieg dann sukzessive auf 15199 Abgeurteilte im Jahr 2020 an. Das bedeutet einen Anstieg von ca. 121 %. Für die Zahl der Verurteilten ist ein vergleichbarer Anstieg zu verzeichnen.[174] Betrachtet man bspw. die statistischen Zahlen des Jahres 2020 wird jedoch ebenso deutlich, dass die Abgeurteilten und Verurteilten der Untergruppe „Widerstand gegen oder tätlicher Angriff auf Hilfeleistende von

173 Strafverfolgungsstatistik 2018 - 2020, S. 26f.

174 Strafverfolgungsstatistik 2017 - 2020, S. 26f.

Feuerwehr, Katastrophenschutz oder Rettungsdiensten § 115 III i.V.m. § 113, 114 StGB" nur einen minimalen Anteil an der Gesamtzahl der Deliktsgruppe „Widerstand gegen die Staatsgewalt § 111-121 StGB" ausmachen. Die Abgeurteilten machen demnach nur 118 von insgesamt 15199 und die Verurteilten nur 89 von insgesamt 12757 aus.[175] Dies ist auch Ausdruck dessen, dass die Anzahl an Angriffen auf Polizeibeamte weitaus höher ist als die auf Rettungskräfte.

iii. Die Strafvollzugsstatistik

Die Strafvollzugsstatistik des Statischen Bundesamtes gibt Auskunft über die Anzahl der Strafgefangenen und Sicherungsverwahrten in Einrichtungen des Justizvollzugs zur Vollstreckung von Freiheits- und Jugendstrafen zum Stichtag des 31.03. eines jeden Berichtsjahres.[176] Hier lässt sich die Zahl der Personen nicht in Bezug zu Angriffen gegen Rettungskräfte einschränken. Die Fachserie gibt lediglich Auskunft über die Zahl der Strafgefangenen und Sicherungsverwahrten, die nach den §§ 111-121 StGB (Widerstand gegen die Staatsgewalt) verurteilt werden. Diese betrug im Jahr 2017 insgesamt 225[177] und stieg in den Folgejahren 2018 (266[178]), 2019 (441[179]), 2020 (540[180]) und 2021 (666[181]) kontinuierlich an. Somit kann auch in Bezug auf die Strafgefangenen und sicherungsverwahrten Personen ein Anstieg festgestellt werden.

iv. Zusammenfassung der Hellfelddaten

Die Auslegung der Daten der Polizeilichen Kriminalstatistik, sowie der Strafverfolgungs- und der Strafvollzugsstatistik muss immer vor dem Hintergrund ihrer Leistungsfähigkeit und der Belastbarkeit der Daten geschehen. Im Vorwort einer jeden jährlichen PKS wird auch auf die Aussagekraft der Daten eingegangen. Bei der Interpretation dieser Daten muss demnach beachtet

175 Strafverfolgungsstatistik 2020, S. 26f.
176 Strafvollzugsstatistik 2021, S. 4.
177 Strafvollzugsstatistik 2017, S. 21.
178 Strafvollzugsstatistik 2018, S. 21.
179 Strafvollzugsstatistik 2019, S. 21.
180 Strafvollzugsstatistik 2020, S. 20.
181 Strafvollzugsstatistik 2021, S. 20.

werden, dass verschiedene Faktoren die Entwicklung der PKS beeinflussen. Beispielsweise wirkt sich das Anzeigeverhalten von Privatleuten direkt auf die Statistik aus.[182] In etwa 90 % der Fälle wird der Polizei eine Straftat durch eine Privatanzeige bekannt.[183] Das Anzeigeverhalten der Privatpersonen variiert jedoch sehr stark. Zudem beeinflusst die polizeiliche Kontrollintensität die Statistik ebenso wie Änderungen in der statistischen Erfassung, des Strafrechts oder echte Kriminalitätsänderungen.[184] Hinzu kommt noch, dass die Richtlinien zur Führung der PKS recht umfangreich sind. So kann es häufiger zu Falscherfassungen der Polizei kommen, welche ebenfalls die Statistik beeinflussen.[185] Dies hat auch Auswirkungen auf die Daten der PKS, die in diesem Kapitel dargestellt werden. Die im Jahr 2011 eingeführte Geschädigtenspezifik Beruf/Tätigkeit weist insbesondere auch „Rettungsdienstkräfte" als Opfergruppe aus, wobei hier zusätzlich zwischen „Feuerwehr" und „sonstigen Rettungsdiensten" unterschieden wird. Insgesamt ergibt sich aus der Hellfeldbetrachtung, dass Angriffe gegenüber Rettungskräften wesentlich häufiger registriert werden als gegenüber Feuerwehrkräften. Zudem ist sowohl bei den versuchten und vollendeten Delikten, den abgeurteilten und verurteilten Personen sowie bei den Strafgefangenen und Sicherheitsverwahrten seit dem Jahr 2017 ein Anstieg der erfassten Personen klar erkennbar. Bezogen auf die Täter wird deutlich, dass sie zu über 80 % männlichen Geschlechts sind und in annähernd 100 % der Fälle alleinhandelnd sowie in knapp über der Hälfte der Fälle alkoholisiert auftraten. In über 75 % der Fälle waren die Täter bereits über 25 Jahre alt und in über 60 % bereits vorher strafrechtlich registriert worden.

e. Ätiologie

Die Beschäftigung mit dem Phänomen der Angriffe auf Rettungskräfte führt zur Untersuchung der Ursachen für verbale und körperliche Gewalt. Innerhalb der kriminologischen Forschung wurden zahlreiche Theorien entwickelt, die die Entstehung von Kriminalität zu erklären versuchen. Kriminalitätstheorien können als das Ergebnis der Bemühungen, durch kriminologische Forschung Gesetzmäßigkeiten zu erkennen, welche die Kri-

182 PKS 2018 - Ausgewählte Zahlen im Überblick, S. 7, 8.
183 *Neubacher*, S. 37.
184 PKS 2018 - Ausgewählte Zahlen im Überblick, S. 7.
185 *Neubacher*, S. 58ff.

minalität betreffen, beschrieben werden. Dieser Satz klingt etwas verschachtelt, er macht jedoch deutlich, dass schon eine allgemeingültige Fassung des Wortes Kriminalitätstheorie nicht möglich ist. Auch der Begriff der Kriminologie ist umstritten und nicht einheitlich.[186] Zentraler Gegenstand der Kriminologie soll die Kriminalität sein. Insofern wird sie auch als die Wissenschaft der Kriminalität und des gesellschaftlichen Umgangs mit Kriminalität bezeichnet.[187] Doch auch diese Definition birgt Schwierigkeiten, denn „die“ Kriminalität gibt es ebenso wenig wie „das" Verbrechen. Auch diese Begriffe unterliegen stets der Bedeutungszuweisung durch die Gesellschaft.[188] Insofern erscheint die Definition der Kriminologie als Wissenschaft vom abweichenden Verhalten und den gesellschaftlichen Reaktionen darauf[189] als zutreffender, weil noch genereller. Doch auch diesem Definitionsansatz kann schließlich vorgehalten werden, dass abweichendes Verhalten denklogisch auch ein gesellschaftlich akzeptiertes Normverhalten bedingt. Schon dieser kurze Prolog führt die Schwierigkeiten der Bildung und Überprüfung von Kriminalitätstheorien vor Augen. Im Laufe der kriminologischen Forschung wurden zahlreiche Theorien entwickelt, welche sich unterschiedlich einteilen lassen. So gibt es eine Unterteilung in Makro- und Mikrotheorien. Während die Makrotheorien den Anspruch erheben, eine große Spannweite bzw. einen hohen Grad an Allgemeingültigkeit zu besitzen, beschäftigen sich die Mikrotheorien mit einem ganz speziellen Teilaspekt der Kriminalität. Der sogenannte Anlage-Umwelt-Streit gilt weithin als überwunden. Dennoch können die Theorien noch heute nach ihrem Bezugspunkt unterteilt werden. Während die einen individuelle Aspekte bei Tätern und Opfern betrachten, beziehen sich andere auf gesellschaftliche Bedingungsfaktoren.[190] Zahlreiche weitere Einteilungen sind denkbar, allen Theorien ist jedoch eine Tatsache gemein. Die eine Theorie, die in der Lage wäre, alle Kriminalitätsarten vom Ladendiebstahl über Trunkenheitsfahrten bis hin zu völkerrechtswidrigen Angriffskriegen zu erklären, kann es schlicht nicht geben. Bei der wissenschaftstheoretischen Betrachtung des Themas der Angriffe auf Rettungskräfte kann es ebenso keine abschließende theoretische Begründung geben. Im Folgenden soll sich insbesondere der Ursachen für verbale und körperliche Gewalt theoretisch genähert werden.

---

186 *Göppinger*, § 1, Rn. 3.
187 *Eisenberg/Kölbel*, § 1, Rn. 2.
188 *Göppinger*, § 1, Rn. 6ff; *Löschper*, FQS 2000, S. 1f.
189 *Neubacher*, S. 25.
190 *Neubacher*, S. 89.

Der Begriff der Gewalt ist sehr komplex und lässt sich nach *Schwind* zumindest in personale und strukturelle Gewalt unterteilen. Die strukturelle Gewalt bezieht sich auf gesellschaftliche Rahmenbedingungen wie bspw. Entwicklungsbedingungen, Druck über Hierarchien oder Pflichten. Die personale Gewalt indes wird in physische und psychische Gewalt unterteilt.[191] Die nachstehenden Ausführungen sollen sich mit der personalen Gewalt auseinandersetzen. Zu den Ursachen der Gewalt gibt es zahlreiche Ansätze, die sich in primäre, sekundäre und tertiäre Ursachen einteilen lassen.[192] Die primären Ursachen beziehen sich demnach auf biologische, psychische und soziologische Aspekte. Die sekundären Ursachen umfassen die Interaktion zwischen Täter und Opfer und die tertiären Ursachen beziehen sich auf die Reaktionsseite in Form von formellen oder informellen Sanktionen.[193]

i. Primäre Ursachen

Die Forschung innerhalb der primären Ursachen der Gewaltkriminalität, aber auch der Kriminalität als solcher, betrachtete bereits früh die Elemente der Veranlagung. Im weiteren Verlauf der wissenschaftlichen Entwicklung wurden auch psychische und soziologische Einflüsse untersucht und in Bezug zur Kriminalität gebracht. Im Folgenden sollen die Aspekte anhand von ausgewählten zentralen Theorien erläutert werden.

1. Biologische Aspekte

Im Rahmen der primären Ursachen werden auch biologische Aspekte untersucht. Die Forschung erstreckt sich von der Suche nach Krankheiten oder genetischen Anomalien, die dann ggfls. auch vererbbar wären, über die Erforschung endokriner bzw. biochemischer Auffälligkeiten bis hin zu neurophysiologischen Untersuchungen. Untersucht werden somit bspw. Chromosomenanomalien, Störungen des Testosteron- oder Serotoninspiegels[194] und frühkindliche Hirnschädigungen. Einen fahlen Beigeschmack erhielten diese biologischen Forschungen nicht zuletzt durch die phrenologische Forschung in Zeiten der Apartheid oder des Dritten Reiches. Bisher lassen

191 *Schwind*, § 2, Rn. 27.
192 Einteilung nach *Northoff*, S. 16.
193 *Northoff*, S. 16.
194 Kritisch hierzu *Neubacher*, S. 90f.

sich allenfalls Korrelationen nachweisen, die allein nicht in der Lage sind, die Kriminalität zu erklären. Biologisch-medizinische Auffälligkeiten stellen insofern eine mögliche Erschwernis von Lernvorgängen dar. Durch die körperlichen Beeinträchtigungen kann das Erlernen von gesellschaftlichen Normen erschwert sein. Dies kann bspw. zu familiären oder schulischen Problemen führen und diese begünstigen wiederum Kriminalität. Diese Schlussfolgerung ist jedoch nicht zwingend. Die Evolution bedingt ebenso, dass der Mensch erlernt, mit seinen individuellen biologisch-medizinischen Defiziten umzugehen und sich nicht von ihnen dominieren zu lassen.[195]

2. Psychische Aspekte

Zu den primären Ursachen können ebenso psychische Zusammenhänge gezählt werden. Die Theorien hierzu sind zum einen psychiatrisch und zum anderen psychologisch ausgeprägt. Im Rahmen der psychiatrischen Kriminalitätsforschung konnten mitunter psychopathologisch begründete Faktoren für Kriminalität nachgewiesen werden. Die Forschung begrenzt sich jedoch auf einen kleinen Probandenkreis und auch hier kann das Verhältnis zwischen psychiatrischen zu soziologischen Risikobedingungen nicht gewichtet und erklärt werden. Klar ist jedoch, dass allein die Anzahl der Täter mit psychiatrischer Belastung so gering ist, dass dieser Forschungsaspekt „die“ Gewaltkriminalität nicht erklären kann. Die psychologische Kriminalitätsforschung arbeitet breiter und betrachtet unter anderem Persönlichkeitsmerkmale wie bspw. die moralische Beurteilungskompetenz, Risikobereitschaft, Impulsivität, Empathiefähigkeit und die Selbstkontrolle. Auch die Einflüsse des Selbstkonzeptes und der Intelligenz werden untersucht.

3. Niedrige Selbstkontrolle

Einen verhältnismäßig jungen kriminologischen Ansatz hierzu stellt die Theorie der niedrigen Selbstkontrolle von *Michael R. Gottfredson* und *Travis Hirschi* aus dem Jahr 1990 dar. Kriminalität ist für sie das Ergebnis fehlerhafter Triebsteuerung. Durch mangelnde Fähigkeit zur Selbstkontrolle geben die Delinquenten ihren Bedürfnissen nach, ohne längerfristige Konsequenzen rational zu betrachten.[196] Die Ursachen der niedrigen Selbstkontrolle schil-

195 *Göppinger*, § 6, Rn. 1, 33, 34.
196 *Lamnek/Vogl*, S. 118.

dern sie recht komplex. Sie gehen von einer veranlagten höheren Wahrscheinlichkeit zu Impulsivität und Risikobereitschaft aus, ohne dabei von pathologischen Bedingungen sprechen zu wollen. Im Kern führen sie die niedrige Selbstkontrolle jedoch auf frühkindliche Erziehungsmängel zurück. Die so entstandene niedrige Selbstkontrolle wird dann fester Bestandteil der Persönlichkeit des Individuums.[197] Insofern lässt sich diese Theorie nicht ganz exakt in die Kategorie psychische Aspekte eingruppieren, da auch die elterliche Erziehung mitursächlich sein soll. Dennoch überwiegt schließlich die niedrige Selbstkontrolle als persönliches Merkmal der Delinquenten. Eine niedrige Selbstkontrolle als Ursache für Gewaltkriminalität erscheint zunächst schlüssig, dennoch vermag die Theorie nicht vollends zu überzeugen. So hält sie strickt an dem unveränderbaren Persönlichkeitszug der niedrigen Selbstkontrolle fest, ohne zu beachten, dass es auch Kriminelle gibt, die spät in die Kriminalität einsteigen oder bspw. nach der Adoleszenz die Karriere beenden.[198] Zudem liefern *Gottfredson/Hirschi* keine abschließende Definition der Selbstkontrolle.[199]

4. Soziologische Aspekte

Wie bereits angeklungen, wirken sich auch die sozialisatorischen Faktoren auf die Entstehung von Gewaltkriminalität aus. Die Umstände des Aufwachsens und die anschließende berufliche Biografie sowie das Familien- und Freizeitverhalten und die sozialen Kontakte spielen hierbei eine Rolle. Die Forschung befasst sich diesbezüglich auch mit der Sozialpsychologie.[200] Ein sozial schwaches Milieu und Kriminalität werden in der kriminologischen Forschung in Verbindung gebracht.[201] Dem Feld der soziologischen Aspekte der Gewaltentstehung lassen sich zahlreiche Ansätze und Theorien zuordnen;[202] auf einige soll nachfolgend näher eingegangen werden.

---

197 *Lamnek/Vogl*, S. 120ff.

198 *Göppinger*, § 12, Rn. 35.

199 *Lamnek/Vogl*, S. 133.

200 *Eisenberg/Kölbel*, § 56, Rn. 9.

201 *Boers*, Soziale Probleme 1995, S. 171f; *Northoff*, S. 18f; *Schwind et al.*, in: Schwind et al., S. 90; *Eisenberg/Kölbel*, § 49, Rn. 12; *Walter*, S. 72f.

202 *Boers*, Soziale Probleme 1995, S. 171.

A. Subkulturtheorie

Die Subkulturtheorien beruhen, wie viele Kriminalitätstheorien, auf der sog. Chicagoer Schule. Die Theorien entstanden durch zahlreiche Milieustudien im Zusammenhang mit einer grassierenden Bandenkriminalität amerikanischer Jugendlicher. Diese Theorien gehen im Kern davon aus, dass es keine verbindlichen Normen für die Gesamtgesellschaft gibt, sondern dass sich in dieser Gesamtgesellschaft Untergesellschaften herausbilden, die eigene Normen und Wertvorstellungen aufstellen, nach denen sie leben.[203] Während bspw. *Frederic M. Trasher* 1927, später *William F. Whyte* 1943 sowie danach *Albert K. Cohen* 1957 noch davon ausgingen, dass die Delinquenz eine Reaktion der Unterschicht auf nicht erreichbare Erwartungen der Mittelschicht sei, wertete *Walter B. Miller* 1959 das Verhältnis anders. Nach *Miller* verhielten sich die Delinquenten konform bezogen auf die geltenden Normen ihrer Subkultur und brachen somit unweigerlich mit den Konventionen der Hauptkultur.[204] Vor dem Hintergrund der Subkultur werden insbesondere Lerntheorien diskutiert, wobei sie ihre Gültigkeit nicht ausschließlich in diesem Bereich entfalten. Im Rahmen der Sozialisation kommt es demnach zu Lernprozessen, in denen soziale Normen und Definitionen erlernt werden. Der Lernprozess kann in Kategorien unterteilt werden. Das sog. Lernen am Erfolg beinhaltet in diesem Zusammenhang, dass aggressives Verhalten dann als moderates Verhaltensmuster angenommen wird, wenn es mehrfach zum gewünschten Ergebnis führte. Lernen am Modell beinhaltet, dass das Individuum sich Verhaltensweisen von Modellpersonen aneignet. So kommt es bspw. dazu, dass Kinder und Jugendliche die Verhaltensweisen des sozialen Umfeldes studieren und für sich übernehmen. Im Rahmen der Lernprozesse wirkt sich zudem das Fehlen positiver Vorbilder positiv auf die Gewaltbereitschaft aus, anders ausgedrückt können positive Vorbilder Orientierung vermitteln und zur Nachahmung animieren.[205] Im Jahre 1939 präsentierte der amerikanische Soziologe *Edwin H. Sutherland* seine Theorie der differentiellen Assoziation, auch Theorie der differentiellen Kontakte/Lernstrukturen genannt. Sie baut auf der Lerntheorie auf und die zentrale These bezieht sich darauf, dass abweichendes Verhalten entsteht, wenn als Folge von differentiellen Assoziationen die Normkonformität begünstigenden Einstellungen gegenüber denjenigen Einstellungen unterliegen, die Norm-

203 *Lamnek*, S. 147.
204 *Lamnek*, S. 172ff.
205 *Schwind et al.*, in: Schwind et al., S. 90; *Walter*, S. 63.

abweichung begünstigen.[206] Eine weitere Stufe der Lerntheorie, die an die Thesen *Sutherlands* anknüpft, entwickelten die amerikanischen Soziologen *Gresham M. Sykes* und *David Matza*. Sie wurde im Jahre 1957 als Theorie der Neutralisationstechniken publiziert. Die Theorie wurde insofern angepasst, als dass es nun um erlernte Einstellungen ging, welche die Hemmungen gegenüber Delinquenz abbauen. Die Delinquenten übernehmen demnach Rechtfertigungstechniken in ihr Selbst- bzw. Fremdbild.[207]

B. Anomietheorie

Die soziale Situation in Form der Zugehörigkeit zu einer sozial schwachen Schicht ist ebenfalls Ausgangspunkt der sog. Anomietheorie, die *Robert K. Merton* im Jahre 1938 veröffentlichte. Sie beruht auf den Aussagen von *Émile Durkheim*, der einen Verfall des Zusammenhalts in der Gesellschaft beschrieb, der darauf zurückzuführen sei, dass sich diese nicht mehr so stark an allgemeinverbindlichen Werten orientiere.[208] Merton beschreibt einen Anpassungsdruck, letztlich hin zu einem gesellschaftlichen Aufstieg in Form eines materiellen bzw. wirtschaftlichen Erfolgs. Kann dieser soziale Aufstieg nicht mit normkonformen Mitteln erreicht werden, bleiben nach *Merton* verschiedene Reaktionen hierauf. Sie reichen von der Annahme dieser Gegebenheiten über verschiedene Stufen bis hin zu einer sog. Innovation. In dieser Anpassungsform werden nonkonforme, sprich illegale Mittel zur Zielerreichung eingesetzt. Diese Theorie zeigt schon bei der Grundannahme, dass die Mitglieder der Gesellschaft alle grundsätzlich nach Aufstieg streben, ihre Schwächen. Die Gewaltkriminalität kann sie ebenso nicht schlüssig erläutern.[209] Die Anomietheorie erweiternd, schildert die sog. allgemeine Drucktheorie *Robert Agnews* Copingfähigkeiten des Idividuums, die es in die Lage versetzen, dem Veränderungsdruck entgegenzuwirken. Der Veränderungsdruck entsteht demnach, wenn das Indiviuum gehindert wird, positiv besetzte Ziele, wie Anerkennung, zu erreichen, oder positiven Reize weggenommen werden, bspw. durch den Tod eines nahen Verwandten. Diese Theorie bezieht sich somit sowohl auf die jeweilige Copingfähigkeit als auch auf soziologische Bedingungen, wie negativen Stimulationen durch soziale

---

206 *Lamnek*, S. 192f.
207 *Northoff*, S. 18.
208 *Göppinger*, § 10, Rn. 25.
209 *Göppinger*, § 10, Rn. 40.

Ungleichheit.[210] Insofern verbindet diese Theorie individuelle psychische Aspekte mit soziologischen.

5. Zusammenfassung der primären Ursachen

Es sind demnach sowohl medizinisch-biologische und psychische als auch soziale Einflüsse, die das Individuum geprägt haben und es schließlich mehr oder weniger gewaltbereit haben werden lassen. Die Einflüsse wirken untereinander und miteinander. Welche Gewichtung den einzelnen Faktoren zukommt, bleibt weiterhin umstritten.[211] Zudem darf der Faktor der Resilienz in diesem Zusammenhang nicht verkannt werden. Als Resilienz kann die individuelle Fähigkeit umschrieben werden, Belastungen, Krisen und negative Lebensereignisse zu bewältigen.[212] Sie könnte somit auch als Widerstandfähigkeit umschrieben werden. Die Resilienz bestimmt z.B. auch darüber, ob die Person eher einem Gruppenzwang nachgeht oder nicht. Eine Person mit hohem Grad an Resilienz kann daher trotz vorliegender kriminalitätsbegünstigender Faktoren aus sich selbst heraus ein normkonformes Leben wählen und führen.

ii. Sekundäre Ursachen

Im Rahmen der sekundären Ursachen soll die Interaktion zwischen Täter und Opfer betrachtet werden. Für den Aufbau einer wirksamen Prävention sind gerade diese sekundären Ursachen von entscheidendem Interesse. Während in der konkreten Situation der Rettungskraft etwaige biologische, psychische oder soziologische Ursachen verborgen bleiben, können Risikofaktoren im Rahmen einer Interaktion durch Schulung erkannt und bestenfalls deeskaliert werden. In diesem Zusammenhang werden Gewalthandlungen gegen Rettungskräfte als Ergebnis von Interaktionsdynamiken bezeichnet.[213] Die Gewalt kann also nicht auf einseitige Merkmale von Personen oder auf eine situationsbezogene Reaktion des Täters auf Reize beschrieben werden. Sie ist das Ergebnis einer dynamischen Interaktion zwischen Täter und Opfer. Eskalierende Konflikte und wachsende Kommunikationsbarrieren münden

210 *Neubacher*, S. 108.
211 *Walter*, S. 62.
212 *Eisenberg/Kölbel*, § 56, Rn. 80.
213 *Heil/Staller/Körner*, Journal of Martial Arts Research 2019, S. 15.

schließlich in Gewalt.[214] Der Konflikt und seine Eskalation können näher definiert werden. „Ein sozialer Konflikt entzündet sich, wenn Menschen oder Menschengruppen in eine Situation geraten, in der zumindest eine Partei eine Beeinträchtigung, Verletzung oder Gefährdung wesentlicher eigener Bedürfnisse, Interessen oder seines Status wahrnimmt. Der Konfliktanlass ist demzufolge ein Schadenserleben. Zu einem akuten Konflikt kommt es, wenn die Ursache der Beeinträchtigung in der Existenz, dem Verhalten oder den Plänen und Vorhaben anderer Menschen (Gegenpartei) gesehen wird, die den eigenen Zielen entgegenstehen. Das Konflikterleben beruht auf einer Schuldzuweisung. Der Konflikt wird praktisch ausgetragen, wenn eine oder beide Konfliktparteien die für sie negativ bewertete Situation zu eigenen Gunsten nachhaltig positiv verändern wollen und dabei mit Durchsetzungswillen versuchen, auftretende Widerstände der Gegenpartei auszuschalten oder unwirksam zu machen und oder eigene Nachteile beim Gegenüber zu kompensieren. Konfliktpraxis entsteht durch das Durchsetzenwollen einer oder beider Seiten und den Widerstand der Kontrahenten."[215] Bezogen auf Angriffe auf Polizeibeamte wird häufig das konkretere Phänomen der Reaktanz herangezogen, um die Gewaltentstehung zu erklären. Hiernach kommt es zur Gewalt, wenn Individuen Einschränkungen ihrer Handlungs- und Entscheidungsfreiheit wahrnehmen und sich aktiv bemühen, diese wiederherzustellen.[216] Auf der Kommunikation zwischen Rettungskraft und Täter muss demnach der Fokus der Beobachtungen liegen. Der kriminologischen Forschung sind dennoch Faktoren und Umstände bekannt, welche die Gewalt schon vor dem Eintreffen der Rettungskräfte am Einsatzort begünstigen. So spricht die Wissenschaft von „hot spots" im Sinne von Brennpunkten, an denen sich regelmäßig Gewalt ereignet.[217] Auch diese Erkenntnisse gehen auf die sog. Chicago School zurück. Hier werden insbesondere die Amüsiermeilen, Discotheken, Bars und Kneipen genannt. Die potenzielle Gefahr für Übergriffe erhöht sich nachweislich an den Wochenenden[218] und wird durch die enthemmende Wirkung des Alkohols weiter gesteigert.[219] Zudem wirkt sich der Alkoholrausch negativ auf die Fähigkeit zur Selbstkontrolle aus und senkt die Kritikfähigkeit. Die Paarung mit einem

---

214 *Schwind et al.*, in: Schwind et al., S. 77.
215 *Esser/Wolmerath*, S. 66.
216 *Lorei et al.*, Polizei&Wissenschaft 2019, S. 44.
217 *Walter*, S. 72; *Northoff*, S. 27.
218 *Neubacher*, S. 95; *Schneider*, S. 36.
219 *Walter*, S. 45.

steigenden Aggressionsspiegel und einer erhöhten Risikobereitschaft führt schließlich erwiesenermaßen zu einer ansteigenden Gewaltbereitschaft.[220]

1. Situational Action Theory

Einen relativ jungen Ansatz verfolgt *Per-Olof H. Wikström* mit seiner erstmals im Jahr 2004 publizierten und dann ständig weiterentwickelten Situational Action Theory. Diese bezieht sowohl die Personenmerkmale als auch die Umgebungseigenschaften mit ein.

Ihre zentrale Aussage lautet: „Kriminelle Handlungen entstehen, weil Menschen sie unter den gegebenen Umständen als moralisch akzeptable Handlungsalternativen betrachten (und es keine ausreichende Abschreckung gibt) oder weil Menschen es versäumen, an persönlichen Moralvorstellungen festzuhalten (d.h. nicht in der Lage sind, Selbstkontrolle auszuüben), wenn sie extern dazu verleitet werden, in anderer Weise zu handeln."[221] Bezogen auf die Gewaltkriminalität löst sich dieser Ansatz von der Beschreibung entweder primärer, sekundärer oder tertiärer Ursachen[222] und liefert eine Erklärung, die sich der dynamischen Interaktion unter Berücksichtigung von „Ort" und „Setting"[223] ebenso widmet wie den biologischen, psychischen und soziologischen Aspekten. Die Kriminalität entsteht in der Folge eines Wahrnehmungs-Entscheidungs-Prozesses. Durch Motivation in Form von zielgerichteter Aufmerksamkeit wird eine Handlung initiiert. Die Motivation wird dabei als situativer Begriff verstanden, der sich in Versuchungen und Provokationen aufteilen lässt. Die Versuchung findet in Form der Möglichkeit zur Bedürfnisbefriedigung oder zur Einlösung einer Verpflichtung Ausdruck, die Provokation hingegen in Form der Konfrontation mit Spannungen (ungewollte Beeinträchtigungen), die Aufregung und Zorn auslösen. Welche Bedürfnisse befriedigt werden oder welche Verpflichtungen eingelöst werden sollen und welche Spannungen Aufregung und Zorn auslösen, hängt wiederum von den biologischen, psychischen und soziologischen Aspekten des Individuums ab.[224] Auf den Wahrnehmungs-Entscheidungs-Prozess wirken sowohl internale (Selbstkontrolle) als auch externale (Abschreckung) Kontrollmechanismen.

---

220 *Schwind*, § 27, Rn. 31.
221 *Wikström*, MschrKrim 2015, S. 177f.
222 Einteilung nach *Northoff*, S. 16.
223 *Wikström*, MschrKrim 2015, S. 179.
224 *Wikström*, MschrKrim 2015, S. 179.

iii. Tertiäre Ursachen

Auf der tertiären Ebene wird insbesondere die formelle Reaktionsseite betrachtet. Durch die staatlichen Reaktionen auf Kriminalität werden durch Abläufe bei Polizei, Staatsanwaltschaft, Gericht, Strafvollzug etc. Selektionsmechanismen ausgeführt, die dem Straftäter ein Etikett auferlegen.[225] Einen Ansatz zu einer gänzlich anderen Betrachtungsweise der Kriminalität bietet der sog. Labeling approach. Er sieht die Kriminalität als ubiquitär und gleichmäßig verteilt, löst sich folglich von der Betrachtung des Individuums und wendet sich den strafrechtlichen Konsequenzen zu. Die These lautet vereinfacht, dass „die Mächtigen" die Kriminalität definieren, um den Status quo zu wahren. Damit liefern sie „die schwachen" randständigen Personen durch Konstruktionen des Verbrechens und Selektion der Verbrecher aus.[226] Das Stigma des Verbrechers haftet den Personen nach der Selektion als Etikett an und verkürzt so den Handlungsspielraum. Dadurch erhöht sich die Wahrscheinlichkeit für sekundäre Devianz.[227] Der gänzlich neue Ansatz des Labeling approach war Ende der sechziger Jahre Ausdruck der sog. kritischen Kriminologie und führte zu einem heftigen Grundsatzstreit.[228] Die Theorie liefert einen interessanten Ansatz, enthält jedoch auch deutliche Schwächen. Die offensichtlichste Schwäche liegt darin, dass der Labeling approach abweichendes Verhalten, das nicht unter Strafe steht, gänzlich aus der Betrachtung lässt.[229] Um Präventionsansätze für die Rettungskräfte zu bilden, ist der Labeling approach ebenso unpassend. Die Rettungskraft kann im Einsatz nicht erkennen, ob der Täter das Opfer eines Selektions- und Etikettierungsprozesses war und somit zu der Tat quasi vorbestimmt wurde.

iv. Zusammenfassung der Ätiologie

Wie geschildert, unterliegen schon die Begrifflichkeiten bei der Bildung und Überprüfung der zahlreichen Kriminalitätstheorien der gesellschaftlichen Bedeutungszuweisung.[230] Es spielen sowohl individuelle Aspekte bei Tätern

---

225 *Northoff*, S. 29.
226 *Kaiser*, S. 98.
227 *Kaiser*, S. 100f.
228 *Kaiser*, S. 21.
229 *Kaiser*, S. 99.
230 *Göppinger*, § 1, Rn. 6ff; *Löschper*, FQS 2000, S. 1f.

und Opfern als auch gesellschaftliche Bedingungsfaktoren eine Rolle.[231] Einen generellen Erklärungsansatz kann es nicht geben. Bei der Betrachtung des Phänomens der Angriffe auf Rettungskräfte scheinen insbesondere die primären, sekundären und tertiären Ursachen für Gewaltkriminalität von Interesse zu sein.[232] Da sich die primären Ursachen auf biologische, psychische und soziologische Aspekte beziehen, bleiben sie dem potenziellen Opfer, der Rettungskraft, eher vorborgen. Die sekundären Ursachen ergeben sich jedoch aus der Interaktion zwischen Täter und Opfer und diese soll im Rahmen der vorliegenden Untersuchung dezidiert analysiert werden. Aber auch die tertiären Ursachen sollen Beachtung finden, indem die formellen Sanktionen dargelegt und bewertet werden.

---

231 *Neubacher*, S. 89.
232 Einteilung nach *Northoff*, S. 16.

III. Empirische Betrachtungen

Mit dem Phänomen der Angriffe auf Rettungskräfte setzen sich nicht nur Politik, Medien und Gesellschaft auseinander, auch die empirische Forschung hat die Brisanz der Thematik erkannt und sich eingebracht, wenn auch noch nicht in der Breite, wie sie es zu Angriffen auf Polizeibeamtinnen und -beamte getan hat.[233] Nicht nur mit der Analyse der rechtlichen Würdigung der Angriffe auf Rettungskräfte hat sich die Wissenschaft bisher beschäftigt. Auch bezogen auf die Erforschung der tatsächlichen Angriffe gibt es bereits erste Ausarbeitungen, auf die zurückgegriffen werden kann. Hier soll auf den aktuellen Diskussions- und Forschungsstand eingegangen werden.

a. Diskussions- und Forschungsstand

Der Diskussions- und Forschungsstand ergibt sich aus der Auswertung der aktuellen Studienlage zum Themenbereich. Die verschiedenen Studien unterscheiden sich zunächst anhand der Herangehensweise. Das Gros erforschte das Dunkelfeld durch retrospektive quantitative Befragungen von Einsatzkräften.[234] Aber auch dem Hellfeld wurde sich genähert. So wurden beispielsweise vorhandene Meldebögen ausgewertet[235] oder aber eigene entwickelt und insofern auch als Quelle des Hellfeldes analysiert.[236] Ebenso ist geplant, Verfahrensakten auszuwerten.[237] Allen Studien gemein ist, dass es sich um stichprobenartig durchgeführte Querschnittsanalysen handelt. Neben den quantitativen Befragungen liegen auch rein qualitative[238] und Mischformen aus beiden Elementen vor.[239] Große Unterschiede gibt es ebenfalls bei der Zielgruppe der Befragungspersonen, nicht nur in räumlicher

233 *Rau/Leuschner*, NK 2018, S. 316.

234 *Lenk*, S. 35f; *Auer*, S. 46f; *Heinemann*, S. 3; *Schmidt*, 2012, S. 4; *Scheunpflug/Klewer*, HeilberufeSCIENCE 2013, S. 90; *Dressler*, S. 61; *Feltes/Weigert*, S. 12; *Lorei et al.*, Polizei&Wissenschaft 2019, S. 47; *Jüchser/Richter*, MschrKrim 2021, S. 66; *Sefrin et al.*, Der Notarzt 2021, S. 1-3.

235 *Baumann*, S. 12.

236 *Auer*, S. 35; *Leuchter et al.*, Deutsches Ärztebaltt 2020, S. 460f.

237 *Wegner/Heil/Schiemann*, KrimOJ 2021, S. 49.

238 *Heil/Staller/Körner*, Journal of Martial Arts Research 2019, S. 15.

239 *Schmidt*, 2012, S. 4; *Wegner/Heil/Schiemann*, KrimOJ 2021, S. 49.

Hinsicht, sondern auch hinsichtlich der Rettungsbranche, ihrer Ausbildung und ihrer Art der Beschäftigung. Mitunter wurde der Kontakt zu unterschiedlichen Hilfsorganisationen in verschiedenen Landkreisen und Städten[240] oder ausschließlich zu Rettungsdienstorganisationen und Rettungsschulen der Wiener Berufsrettung[241] oder nur zu ausgesuchten Rettungswachen des Malteser Hilfsdienstes e.V. in Nordrhein-Westfalen[242] aufgenommen. Andere bezogen sich nur auf Großstädte in Deutschland[243] und wieder andere auf alle DRK Rettungskräfte im Bundesgebiet.[244] Auch bezogen auf die Ausbildung und die Tätigkeitsform herrscht keine Einheitlichkeit. Manche Forschungsarbeiten bezogen alle Rettungskräfte mit ein, egal ob ehrenamtlich oder hauptamtlich beschäftigt, egal, ob ausgebildet oder nicht, und egal, in welcher Rettungsbranche sie tätig sind.[245] Andere bezogen sich ausschließlich auf die Berufsfeuerwehren[246] und Rettungsdienstorganisationen.[247] Ebenso der Modus der Kontaktaufnahme und die Art der Befragung variierten. Zahlreiche Studien arbeiteten im Modus der aktiven Rekrutierung mit Online-Fragebögen[248], andere führten die Befragung postalisch[249] durch. Wie beschrieben, befasste sich die Mehrheit der Studien mit retrospektiven Opferbefragungen. Hier gab es Unterschiede hinsichtlich des Bezugszeitraums. Die Befragungspersonen wurden zu ihren Erfahrungen innerhalb der letzten zwölf Monate[250] oder zur Lebenszeitprävalenz[251] befragt. Es gab auch Studien, die beide Zeiträume abfragten.[252] Schließlich wurde auch von einem unterschiedlichen Gewaltbegriff ausgegangen. Häufig wurde zwischen verbaler und physischer Gewalt unterschieden,[253] wobei auch die

---

240 *Lenk*, S. 35f.
241 *Auer*, S. 46f.
242 *Heinemann*, S. 4.
243 *Dressler*, S. 61.
244 *Sefrin et al.*, Der Notarzt 2021, S. 1-3.
245 *Jüchser/Richter*, MschrKrim 2021, S. 67.
246 *Dressler*, S. 67.
247 *Dressler*, S. 76.
248 *Auer*, S. 46f; *Dressler*, S. 61; *Feltes/Weigert*, S. 3; *Lorei et al.*, Polizei&Wissenschaft 2019, S. 47; *Jüchser/Richter*, MschrKrim 2021, S. 66.
249 *Lenk*, S. 35f; *Schmidt*, 2012, S. 1.
250 *Lenk*, S. 37; *Schmidt*, 2012, S. 1; *Scheunpflug/Klewer*, HeilberufeSCIENCE 2013, S. 90; *Feltes/Weigert*, S. 1; *Lorei et al.*, Polizei&Wissenschaft 2019, S. 47; *Jüchser/Richter*, MschrKrim 2021, S. 67; *Sefrin et al.*, Der Notarzt 2021, S. 1.
251 *Heinemann*, S. 9.
252 *Dressler*, S. 63.
253 *Heinemann*, S. 9; *Schmidt*, 2012, S. 6f; *Scheunpflug/Klewer*, HeilberufeSCIENCE 2013, S. 91; *Dressler*, S. 62; *Feltes/Weigert*, S. 14; *Lorei et al.*, Polizei&Wissenschaft 2019,

genaue Definition von verbaler und körperlicher Gewalt variierte. Unter verbaler Gewalt wurde recht einheitlich die Beleidigung, Beschimpfung und die Bedrohung verstanden,[254] obwohl die Bedrohung teilweise auch eigens ausgewiesen wurde.[255] Ebenso wurde in Untersuchungen die zusätzliche Kategorie der nonverbalen Gewalt aufgenommen.[256] Bei der körperlichen Gewalt wurden mitunter auch Delikte wie das Anspucken oder die Drohung mit einer Waffe[257] impliziert oder gar Diebstähle und Sachbeschädigungen erfasst.[258] Die geschilderten, teils gravierenden Unterschiede der einzelnen Studien zueinander lassen deutlich werden, dass ein direkter Vergleich nicht möglich ist. Die Besonderheiten der Datenerhebung und auch der Definition der Fragen sind stets mit zu berücksichtigen. Dennoch können einige Kernaussagen getroffen werden, die sich aus der Auswertung des Diskussions- und Forschungsstandes einheitlich ergeben.

Verbale Angriffe ereignen sich häufiger als körperliche. Die Anzahl der von verbaler Gewalt betroffenen Rettungskräfte variiert jedoch relativ stark, was den unterschiedlichen Forschungsdesigns und Grundgesamtheiten geschuldet ist. Die Belastung mit verbaler Gewalt reicht mithin von 97,5 %[259] bis hin zu 25,1 %[260] der jeweiligen Befragungspersonen zum Befragungszeitraum. Körperliche Übergriffe erlebten demnach zwischen über 75,5 %[261] und 12,7 %.[262] Schwere psychische und physische Folgen sind bei den Angriffen auf Rettungskräfte eher selten festzustellen.[263] Die Rettungskräfte fühlen sich meist in der Lage sich körperlich zu wehren und die Übergriffe see-

---

S. 48; *Leuchter et al.*, Deutsches Ärzteblatt 2020, S. 460f; *Jüchser/Richter*, MschrKrim 2021, S. 68.

254 *Schmidt*, 2012, S. 7; *Dressler*, S. 80; *Feltes/Weigert*, S. 6.

255 *Lorei et al.*, Polizei&Wissenschaft 2019, S. 48.

256 *Leuchter et al.*, Deutsches Ärtzeblatt 2020, S. 460; *Sefrin et al.*, Der Notarzt 2021, S. 3.

257 *Schmidt*, 2012, S. 7; *Feltes/Weigert*, S. 6.

258 *Lenk*, S. 69; *Dressler*, S. 112f.

259 *Schmidt*, 2012, S. 7.

260 *Jüchser/Richter*, MschrKrim 2021, S. 68.

261 *Dressler*, S. 88, Leider wird der Anteil der Befragungspersonen, die körperliche Gewalt erlebt haben, weder bezogen auf die gesamte Dienstzeit, noch bezogen auf das Jahr 2014 in Prozent ausgedrückt; somit kann nur gemutmaßt werden, dass er zumindest über den 75,5 % lag, die angaben, bezogen auf die gesamte Dienstzeit geschubst oder angerempelt worden zu sein.

262 *Feltes/Weigert*, S. 18.

263 *Heinemann*, S. 22; *Schmidt*, 2012, S. 17f; *Baumann*, S. 32; *Dressler*, S. 186ff; *Feltes/Weigert*, S. 44f; *Lorei et al.*, Polizei&Wissenschaft 2019, S. 54; *Jüchser/Richter*, MschrKrim 2021, S. 68f; *Leuchter et al.*, Deutsches Ärzteblatt 2020, S. 461.

lisch zu bewältigen. Zudem fühlen sie sich mehrheitlich im Dienst sicher.[264] Sie äußern mehrheitlich den Wunsch nach Fortbildungen, bspw. in Selbstverteidigung und Deeskalation.[265] Bezüglich der Meldequote der Übergriffe beim Dienstherrn oder aber den Strafverfolgungsbehörden wird von einer hohen Dunkelziffer ausgegangen.[266] Die Täter sind ganz überwiegend männlich[267], durch Alkohol und oder Drogen intoxikiert,[268] zwischen 20 und 40 Jahren alt[269] und entstammen der Gruppe der Patienten.[270] Die Taten ereignen sich in der Regel in den Abend- und Nachtstunden[271] der Wochenenden[272] und dort häufiger in sozial schwachen Milieus[273] und bei Feiern und Großveranstaltungen[274]. Angriffe bei Brandeinsätzen sind seltener als bei Rettungseinsätzen[275] und zum Übergriff kommt es zeitlich häufig direkt zu Beginn des Rettungseinsatzes.[276] Vereinzelt konnte ein Stadt-Land-Gefälle[277] ermittelt werden und mitunter eine Überrepräsentation von Tätern mit Migrationshintergrund.[278] Als Motivlage der Täterinnen und Täter bzw. als Grund für die Angriffe auf Rettungskräfte wird häufig ein Respektverlust und

264 *Schmidt*, 2012, S. 17f; *Feltes/Weigert*, S. 43; *Jüchser/Richter*, MschrKrim 2021, S. 70.

265 *Schmidt*, 2012, S. 23; *Dressler*, S. 223; *Feltes/Weigert*, S. 56; *Jüchser/Richter*, MschrKrim 2021, S. 71; *Sefrin et al.*, Der Notarzt 2021, S. 10.

266 *Schmidt*, 2012, S. 19; *Feltes/Weigert*, S. 46.

267 *Schmidt*, 2012, S. 15; *Scheunpflug/Klewer*, HeilberufeSCIENCE 2013, S. 90; *Baumann*, S. 23f; *Feltes/Weigert*, S. 1; *Jüchser/Richter*, MschrKrim 2021, S. 71f; *Sefrin et al.*, Der Notarzt 2021, S. 11.

268 *Lenk*, S. 55; *Auer*, S. 52f; *Heinemann*, S. 20; *Schmidt*, 2012, S. 15; *Scheunpflug/Klewer*, HeilberufeSCIENCE 2013, S. 90; *Baumann*, S. 25f; *Feltes/Weigert*, S. 1; *Leuchter et al.*, Deutsches Ärzteblatt 2020, S. 460f; *Jüchser/Richter*, MschrKrim 2021, S. 71f; *Sefrin et al.*, Der Notarzt 2021, S. 12.

269 *Auer*, S. 52f; *Schmidt*, 2012, S. 15; *Scheunpflug/Klewer*, HeilberufeSCIENCE 2013, S. 90; *Baumann*, S. 23f; *Dressler*, S. 147; *Feltes/Weigert*, S. 39; *Sefrin et al.*, Der Notarzt 2021, S. 16.

270 *Lenk*, S. 52; *Auer*, S. 51; *Heinemann*, S. 20; *Schmidt*, 2012, S. 15; *Scheunpflug/Klewer*, HeilberufeSCIENCE 2013, S. 90; *Baumann*, S. 25f; *Dressler*, S. 144; *Lorei et al.*, Polizei&Wissenschaft 2019, S. 56; *Feltes/Weigert*, S. 1; *Jüchser/Richter*, MschrKrim 2021, S. 71f; *Sefrin et al.*, Der Notarzt 2021, S. 8.

271 *Lenk*, S. 47; *Schmidt*, 2012, S. 14; *Baumann*, S. 27f; *Feltes/Weigert*, S. 1; *Jüchser/Richter*, MschrKrim 2021, S. 69; *Sefrin et al.*, Der Notarzt 2021, S. 9.

272 *Baumann*, S. 27f; *Leuchter et al.*, Deutsches Ärzteblatt 2020, S. 460f; *Jüchser/Richter*, MschrKrim 2021, S. 69.

273 *Sefrin et al.*, Der Notarzt 2021, S. 5; *Dressler*, S. 177.

274 *Dressler*, S. 177.

275 *Feltes/Weigert*, S. 69.

276 *Lenk*, S. 50; *Schmidt*, 2012, S. 10; *Feltes/Weigert*, S. 36; *Sefrin et al.*, Der Notarzt 2021, S. 9.

277 *Schmidt*, 2012, S. 12; *Feltes/Weigert*, S. 61; *Jüchser/Richter*, MschrKrim 2021, S. 71f.

278 *Dressler*, S. 156ff; *Feltes/Weigert*, S. 64.

eine verrohende, gewaltgeneigte Gesellschaft genannt.[279] Um den Angriffen auf Rettungskräfte entgegenzuwirken bzw. um die Rettungskräfte zu schützen, werden verschiedenen Einsatzmittel wie Schutzwesten für Rettungskräfte,[280] Sicherheitsglas oder Kameras für Rettungsfahrzeuge, diskutiert.[281] Auch mögliche Fortbildungs- und Ausbildungsinhalte werden erörtert. So wurde mitunter angeregt, die Rettungskräfte im interkulturellen Umgang[282] sowie in Kommunikation und Deeskalation[283] zu schulen. Auch Kurse zur Eigensicherung und letztlich zur Selbstverteidigung werden angeregt.[284]

b. Empirische Studienlage

Obwohl das Thema der Angriffe auf Rettungskräfte medial mitunter sehr stark repräsentiert ist, spiegelt sich dies nach wie vor nicht in der Anzahl der wissenschaftlichen Abhandlungen wider.[285] Dennoch gibt es bereits erste Erkenntnisse. Der Umfang des Aufwandes, der bei den Studien zur Gewinnung der Auswertungsdaten betrieben wurde, und die Herangehensweise als solche, sind sehr unterschiedlich. Im Folgenden werden die wesentlichen aktuellen Forschungsansätze mit ihren jeweils wichtigsten Erkenntnissen dargestellt. Aufgrund der recht geringen Anzahl an wissenschaftlichen Abhandlungen zu diesem Themenkomplex, wird hier auch auf recherchierbare Bachelorarbeiten eingegangen.

i. Lenk, 2008

Im Rahmen seiner Bachelor-Thesis an der Hochschule Neubrandenburg veröffentlichte *Lenk* im Jahr 2008 unter dem Titel „Aggressionsverhalten gegenüber Mitarbeitern der Notfallrettung" eine erste wissenschaftliche Abhandlung zu diesem Themenkomplex. Es handelt sich um eine Dunkelfelduntersuchung in Form einer stichprobenartigen Querschnittsaufnahme. Im Modus der aktiven Rekrutierung als postalische Befragung wurden Rettungs-

279 *Dressler*, 162, 232, 261; *Sefrin et al.*, Der Notarzt 2021, S. 18.
280 *Dressler*, S. 244ff.
281 *Dressler*, S. 233.
282 *Schmidt*, 2012, S. 23, 43-44; *Feltes/Weigert*, 57, 67.
283 *Schmidt*, 2012, S. 31f; *Baumann*, S. 37f; *Dressler*, S. 239ff; *Feltes/Weigert*, 56, 66.
284 *Schmidt*, 2012, S. 32f; *Baumann*, S. 39; *Dressler*, S. 241; *Feltes/Weigert*, S. 56.
285 *Rau/Leuschner*, NK 2018, S. 320.

kräfte unterschiedlicher Hilfsorganisationen in verschiedenen Landkreisen und Städten in den Bundesländern Niedersachsen, Schleswig-Holstein und Mecklenburg-Vorpommern als Klumpenstichproben ausgewählt und angeschrieben.[286] Die quantitative Befragung fand zu Beginn des Jahres 2008 statt und bezog sich retrospektiv auf das gesamte Jahr 2007.[287] Die forschungsleitenden Fragen bezogen sich auf die zeitlichen und örtlichen Umstände von Angriffen, die Form der Angriffe sowie die Täter und die Frage nach Besonderheiten, die mit der erlebten Gewalt für die Opfer einhergingen.[288] Von 442 versandten Fragebögen konnten 150 erfasst und ausgewertet werden, dies entspricht einer Rücklaufquote von 34 %.[289] *Lenk* ermittelte, dass ca. 80 % der Befragungspersonen im Jahr 2007 verbale Gewalt erlebten, 61 % wurden bedroht und 23 % erlebten körperliche Gewalt gegen die eigene Person.[290] Die Täter waren zu 81 % die Patienten selbst[291] und in jeweils etwa der Hälfte der Fälle erfolgten die Taten direkt beim Eintreffen der Rettungskräfte bzw. während der Diagnose.[292] Ferner konnte *Lenk* aufzeigen, dass in 62 % der Fälle die Übergriffe „abends“ und „nachts“, in der Zeit zwischen 20:00 und 05:00 Uhr, stattfanden[293] und mit 53 % am häufigsten in der Wohnung der Patienten.[294] Auffällig ist zudem der mit 82 % recht hohe Anteil an alkoholisierten Tätern.[295]

ii. Auer, 2009

Der Erforschung aggressiver Übergriffe auf die Wiener Berufsrettung widmete sich *Auer*. Die Erhebung der Daten erfolgte auf zwei Ebenen. Zum einen sandte er einen Fragebogen per Email an 25 Rettungsdienstorganisationen und zehn Rettungsschulen in Österreich, Deutschland und der Schweiz. Die drei Fragen des Bogens bezogen sich auf den Umgang der Rettungsdienstorganisationen mit Gewalt gegenüber deren Rettungsdienstmitarbeitern. Im

---

286 *Lenk*, S. 35f.
287 *Lenk*, S. 37.
288 *Lenk*, S. 34.
289 *Lenk*, S. 43.
290 *Lenk*, S. 53.
291 *Lenk*, S. 52.
292 *Lenk*, S. 50.
293 *Lenk*, S. 47.
294 *Lenk*, S. 48.
295 *Lenk*, S. 55.

Rahmen dieser Dunkelfelduntersuchung konnte *Auer* ermitteln, dass nur 47 % ein Meldesystem für Übergriffe vorhielten. Von diesen zehn Organisationen, welche die 47 % darstellten, nutzten neun ein persönliches, nicht anonymisiertes Meldesystem gegenüber Peers oder Vorgesetzten. Nur eine Organisation gab an, ein anonymisiertes System zu nutzen.[296] Zudem gaben nur 57 % der Organisationen und Schulen an, Deeskalationsmethoden zu lehren.[297] Die zweite Ebene der Datenerhebung stellte eine Hellfeldanalyse dar. Dazu wurde ein von *Auer* entwickelter Aggressionserfassungsbogen genutzt.[298] Dieser Meldebogen wurde auf allen 13 Stationen der Wiener Berufsrettung hinterlegt. Die Erhebung umfasste den Zeitraum vom 01.01.2006 bis zum 31.12.2007,[299] obwohl der Vollbetrieb des Meldesystems erst am 01.04.2007 startete.[300] Insgesamt konnten schließlich 203 gemeldete aggressive Übergriffe ausgewertet werden. *Auer* errechnete bezogen auf die Anzahl der im Erhebungszeitraum behandelten Personen (n=268.528) eine Inzidenzrate von 0,08 %.[301] Der Meldebogen erfasste Daten zum Schweregrad des Übergriffs, zum Zeitpunkt, Ort und zur Qualität sowie zu möglichen Auslösefaktoren, Tatmitteln und dem Ziel der Aggression.[302] *Auer* konnte ermitteln, dass die Gruppe der Patienten mit 57,2 % zu den Haupttätern gehört.[303] Auffallend ist, dass die aggressiven Übergriffe in 62,6 % als schwer und in 19,7 % sogar als sehr schwer eingeordnet wurden. *Auer* erklärt dies jedoch nachvollziehbar damit, dass es sehr wahrscheinlich ist, dass die Rettungsdienstmitarbeiter den Meldebogen erst ausfüllten, wenn der Übergriff eine gewisse Intensität hatte.[304] Mit 38,4 % stellt die Gruppe der 21-40-jährigen die meisten Täter und in 36,9 % wurde primär ein Alkoholmissbrauch, in 26,9 % eine psychische Erkrankung diagnostiziert.[305]

---

296 *Auer*, S. 46f.
297 *Auer*, S. 48.
298 *Auer*, S. 35.
299 *Auer*, S. 45.
300 *Auer*, S. 36.
301 *Auer*, S. 45.
302 *Auer*, S. 37ff.
303 *Auer*, S. 51.
304 *Auer*, S. 49.
305 *Auer*, S. 52f.

iii. Heinemann, 2011

Die Ergebnisse der Befragung von insgesamt 265 Mitarbeiterinnen und Mitarbeitern des Maltester Hilfsdienstes e.V. aus 21 Rettungswachen in Nordrhein-Westfalen fasste *Heinemann* bereits im Jahre 2011 stichwortartig zusammen. Der Fragenkatalog wurde Rettungskräften aus den Bezirken Aachen, Bonn, Ruhrgebiet und Westfalen-Lippe zugänglich gemacht, um damit einen Querschnitt von ländlichen Strukturen bis hin zu Ballungsräumen zu erfassen.[306] Die forschungsleitenden Fragen betrafen das Ausmaß und die Bedeutung der Übergriffe, die Form und die Umstände sowie mögliche präventive Maßnahmen.[307] Bezogen auf ihre gesamte Dienstzeit gaben insgesamt 92,6 % der Befragungspersonen an, schon einmal im Dienst behindert worden zu sein; 91,9 % hatten Beleidigungen im Dienst erfahren. Einen tätlichen Angriff erlebten 63,2 %.[308] Die Teilnehmerinnen und Teilnehmer führten vermehrt aus, dass die Übergriffe in Form von tätlichen Angriffen zumeist von Patienten erfolgen, deren Bewusstseinszustände durch Alkohol- und Drogenintoxikationen oder psychiatrische Notfälle verändert waren.[309]

iv. Schmidt, 2012

Die Unfallkasse NRW gab bei der Ruhr-Universität Bochum eine Studie zur Sammlung und Analyse von Daten zur Gewalt gegen medizinisches Rettungsdienstpersonal in Auftrag. Am Lehrstuhl für Kriminologie, Kriminalpolitik und Polizeiwissenschaft befasste sich *Schmidt* mit diesem Forschungsauftrag und veröffentlichte im April 2012 den entsprechenden Abschlussbericht mit dem Titel „Gewalt gegen Rettungskräfte - Bestandsaufnahme zur Gewalt gegen Rettungskräfte in Nordrhein-Westfalen".[310] Auch hierbei handelt es sich um eine Dunkelfelduntersuchung in Form einer stichprobenartigen Querschnittsaufnahme. Im Wege einer postalischen Befragung wurden Rettungskräfte unterschiedlicher Hilfsorganisationen in verschiedenen Landkreisen und Städten in Nordrhein-Westfalen als Klumpenstichproben ausgewählt und angeschrieben. Es handelte sich also um eine aktive Rekru-

306 *Heinemann*, S. 4.
307 *Heinemann*, S. 3.
308 *Heinemann*, S. 9.
309 *Heinemann*, S. 20.
310 *Schmidt*, 2012, S. 2.

tierung.[311] Die vierwöchige quantitative Befragung fand im Mai 2011 statt und betraf retrospektiv die vergangenen zwölf Monate.[312] Die forschungsleitenden Fragen bezogen sich im Kern auf die Charakteristika der Täter, der Opfer sowie die Spezifika der Taten und der Tatsituationen in Nordrhein-Westfalen.[313] Die Rücklaufquote der 2048 verschickten Fragebögen betrug ca. 41 %, was 858 Antwortbögen entsprach.[314] Insgesamt gaben 97,5 % der Befragungspersonen an, innerhalb der letzten zwölf Monate verbale Gewalt erlebt zu haben. 59,2 % gaben an, einen gewalttätigen Übergriff erlebt zu haben. Zu einem solchen zählte auch das Anspucken sowie eine Bedrohung mit einer (vorgehaltenen) Waffe.[315] Die Täter waren zu 69,3 % die Patienten selbst.[316] In 52 % der Fälle erfolgten die Taten während der Diagnose und in jeweils ca. 20 % der Fälle beim Eintreffen oder während des Transports.[317] Es konnte analysiert werden, dass in 24 % der Fälle die Übergriffe „abends" zwischen 18:00 und 22:00 Uhr und in 43,6 % der Fälle „nachts" in der Zeit zwischen 22:00 und 05:00 Uhr stattfanden.[318] Die Täter sind zu 87,9 % männlich und zwischen 20 und 40 Jahre alt.[319] *Schmidt* ermittelte zudem ebenfalls einen Zusammenhang zwischen der Intoxikation der Täter mit Alkohol und den gewalttätigen Übergriffen. Allerdings waren hier im Vergleich zu der Untersuchung von *Lenk* nicht 82 %, sondern 48,9 % alkoholisiert.[320] *Schmidt* konnte überdies ein deutliches Stadt-Land-Gefälle nachweisen. 53,8 % der gewalttätigen Übergriffe fanden in Metropolstädten mit über 500.000 Einwohnern und 20,5 % in Großstädten mit zwischen 100.000 und 500.000 Einwohnern statt.[321] Zudem beschäftigte sich die Untersuchung mit den physischen und psychischen Auswirkungen solcher Übergriffe auf die medizinischen Rettungskräfte. *Schmidt* ermittelte diesbezüglich, dass sich die Rettungskräfte ganz überwiegend in der Lage sehen, sich körperlich selbst zu wehren und Übergriffe seelisch zu bewältigen. Zudem gab die große Mehrheit an, sich im Dienst sicher zu fühlen.[322] Ferner geht die Studie auf die Ausbil-

311 *Schmidt*, 2012, S. 1.
312 *Schmidt*, 2012, S. 4.
313 *Schmidt*, 2012, S. 2f.
314 *Schmidt*, 2012, S. 4.
315 *Schmidt*, 2012, S. 6f.
316 *Schmidt*, 2012, S. 15.
317 *Schmidt*, 2012, S. 10.
318 *Schmidt*, 2012, S. 14.
319 *Schmidt*, 2012, S. 15.
320 *Schmidt*, 2012, S. 15.
321 *Schmidt*, 2012, S. 12.
322 *Schmidt*, 2012, S. 27.

dung, Betreuung und Ausstattung der Befragungspersonen ein und bot die Möglichkeit, diesbezüglich Wünsche zu äußern. Insbesondere Selbstverteidigungs- (77,3 %) und Deeskalationstrainings (68,3 %) standen oben auf den Wunschlisten der Befragungspersonen.[323]

v. Scheunpflug/Klewer, 2013

Es handelt sich hierbei um eine Dunkelfelduntersuchung im Bundesland Sachsen aus dem Jahr 2012. Anhand eines retrospektiven Fragebogens wurden Rettungskräfte aus fünf sächsischen Rettungsverbänden einbezogen und zu den dienstlichen Gewaltsituationen des Jahres 2011 befragt. Von den 202 erreichten Rettungsdienstmitarbeitern der Verbände Stadtgebiet Chemnitz (n=102), Stadtgebiet Dresden/Heidenau (n=25), im Landkreis Leipziger Land (n=29) und Kreisgebiet Döbeln-Hainichen (n=46) nahmen insgesamt 61 Mitarbeiter an der Befragung teil. Hierunter waren acht weibliche Rettungskräfte. Die Rücklaufquote betrug demnach 30,2 %.[324] Von den 61 Rettungskräften wurden insgesamt 128 Übergriffe geschildert. *Scheunpflug/Klewer* nahmen eine Unterteilung in verbale (38,3 %) und tätliche Gewalt (29,6 %) vor und sie konnten ermitteln, dass 5,5 % der Übergriffe zu Verletzungen führten.[325] Bezogen auf die Täterinnen und Täter ergab die Untersuchung, dass 77,3 % von ihnen die Patienten selbst waren und weitere 13,3 % die Angehörigen. Die Taten fanden nachts statt, die Täter waren im Gros männlich, alkoholisiert und zwischen 21 und 30 Jahre alt. Interessant ist, dass *Scheunpflug/Klewer* die Befragungspersonen auch danach fragten, ob der Täter bzw. die Täterin arbeitslos waren. Dies bestätigten 35,2 %.[326] Aufgrund der recht niedrigen Teilnahmequote von 61 Personen erscheinen die prozentualen Ergebnisse im Vergleich zu anderen Studien jedoch weniger belastbar.

---

323 *Schmidt*, 2012, S. 23.

324 *Scheunpflug/Klewer*, HeilberufeSCIENCE 2013, S. 90.

325 *Scheunpflug/Klewer*, HeilberufeSCIENCE 2013, S. 91.

326 *Scheunpflug/Klewer*, HeilberufeSCIENCE 2013, S. 90.

vi. Baumann, 2014

Mittels einer Hellfeldanalyse näherte sich *Baumann* der Thematik im Rahmen seiner Bachelorarbeit an der Hochschule für Humanwissenschaften in Berlin. Er wertete die Meldebögen „Übergriffe/Gewalt gegen Mitarbeiter während des Dienstes“ der Feuerwehr Hamburg der Jahre 2011 bis 2013 aus. Ziel der Analyse war eine Ermittlung des tatsächlichen Ausmaßes aggressiver Übergriffe auf Rettungskräfte der Feuerwehr Hamburg, insbesondere bezogen auf Tätermerkmale, Tatzeiten und Kategorien der Übergriffe sowie die Auswirkungen auf die Betroffenen und mögliche Präventionsmaßnamen.[327] Die Grundlage der Datenanalyse stellten schließlich die 117 gemeldeten Übergriffe dar.[328] *Baumann* ermittelte, dass die Täter in ca. 38,3 % der Fälle zwischen 20 und 39 Jahre alt und in 83,1 % der Fälle männlich waren.[329] Mit rund 64,1 % entstammte der höchste Anteil der Täter aus der Gruppe der Patienten und wurde in 27,6 % der Fälle als unter Einfluss von Drogen oder Alkohol stehend bewertet. Beachtlich ist hierbei, dass in 69 % der Fälle kein Vermerk zur Intoxikation angegeben war.[330] Die Übergriffe fanden in ca. 46 % der Fälle am Wochenende und in 39 % der Fälle in den Abendstunden zwischen 18:00 und 23:00 Uhr statt.[331] Auffallend ist der hohe Anteil an Übergriffen in Form von körperlicher Gewalt von 91,8 %.[332] *Baumann* hat zu seinen Zahlen die Inzidenzrate errechnet. Demnach stellen die 117 Übergriffe im Verhältnis zu der Gesamtzahl an Notfallbeförderungen im Erhebungszeitraum in Höhe von 135.498 nur 0,03 % dar.[333] Insofern relativiert sich der hohe Anteil an körperlichen Übergriffen, da davon auszugehen ist, dass eine Meldung eines Übergriffs eher dann stattfindet, wenn er von einer gewissen Intensität war und oder das Opfer besonders belastet hat.[334]

327 *Baumann*, S. 12.
328 *Baumann*, S. 22.
329 *Baumann*, S. 23f.
330 *Baumann*, S. 25f.
331 *Baumann*, S. 27f.
332 *Baumann*, S. 30.
333 *Baumann*, S. 34.
334 *Auer*, S. 49.

vii. Dressler, 2017

Die Ergebnisse ihrer Dunkelfelduntersuchung veröffentlichte *Dressler* bereits im Jahr 2017 unter dem Titel „Gewalt gegen Rettungskräfte - Eine kriminologische Großstadtanalyse". Die Ausarbeitung beschäftigt sich mit Gewalt gegen Rettungskräfte in vier deutschen Großstädten. Die Datenerhebung erfolgte im Rahmen einer Opferbefragung[335] in Köln, München, Hamburg und Berlin. Der Online-Fragebogen wurde den Rettungskräften der Berufsfeuerwehren[336] und nur vereinzelt Rettungsdienstorganisationen[337] zur Verfügung gestellt. Eine Unterscheidung zwischen Rettungseinsätzen und Löscheinsetzen unterblieb.[338] Die Feuerwehrleute wurden aktiv mittels Emails und Aushängen auf den Rettungswachen, mittels Newsletter und Ansprachen durch die Wachenleiter und bei Wachenbesuchen durch *Dressler* selbst rekrutiert.[339] Der Befragungszeitraum war von September 2014 bis Ende Januar 2015[340] und betraf bei einem Teil der Fragen die vergangenen zwölf Monate und bei einem anderen die gesamte Dienstzeit der Befragungspersonen. Die gewonnen Daten wurden deskriptiv analysiert.[341]

Die quantitative Befragung in Form des Online-Fragebogens ergänzte *Dressler* durch Gespräche mit einzelnen Wachmannschaften im Rahmen ihrer Wachenbesuche. Diese Gespräche wertet sie ausdrücklich nicht als qualitative Interviews, da sie nicht systematisch standardisiert geführt wurden. Die Eindrücke aus diesen Gesprächen ließ sie jedoch in die Interpretation der Daten miteinfließen.[342]

Eine Teilnahmequote kann *Dressler* nicht verlässlich benennen, da der Adressatenkreis bei der gewählten Form der Online-Befragung nicht abschließend ist. Zudem haben sieben Personen aus Frankfurt mitgemacht und 59 Personen gaben nicht an, in welcher der vier Städte sie tätig sind. In Relation zu den einsatzleistenden Personen auf den einzelnen Wachen kann jedoch zumindest ein Verhältniswert angegeben werden. Insofern kann gesagt werden, dass die 1659 Teilnehmerinnen und Teilnehmer etwa 23,9 % der einsatzleistenden Personen auf den Berufsfeuerwehrwachen der vier unter-

---

335 *Dressler*, S. 61.
336 *Dressler*, S. 67.
337 *Dressler*, S. 76.
338 *Dressler*, S. 63 f.
339 *Dressler*, S. 66 f.
340 *Dressler*, S. 62.
341 *Dressler*, S. 63.
342 *Dressler*, S. 67.

suchten Städte darstellen.[343] Die forschungsleitenden Fragen der Arbeit lagen darin, zu ermitteln, ob es sich bei der Gewalt gegen Rettungskräfte um ein subjektives oder ein objektives Problem handelt. Auch die Klassifizierung der einzelnen Gewalttaten nach Ausmaß und Qualität war für *Dressler* von Interesse. Ferner sollte belastbares Zahlenmaterial entstehen, um ermitteln zu können, wo Handlungsbedarf besteht, und um die Prioritäten möglicher Vorsorgemaßnahmen festlegen zu können. Schließlich äußerte sich *Dressler* noch zum damals aktuellen Stand der juristischen Auseinandersetzung mit dem Thema.[344] Auch diese Studie unterschied bei den Arten der Übergriffe zwischen psychischer und physischer Gewalt. Durchschnittlich ca. 93,4 % der Befragungspersonen gaben an, bezogen auf die gesamte Dienstzeit, verbale Gewalt in Form von Beleidigungen, Beschimpfungen oder Bespucken erfahren zu haben, ca. 74,8 % gaben darüber hinaus an, auch Bedrohungen begegnet zu sein.[345] Bei Übergriffen in Form von körperlicher Gewalt wurden zwei Bewertungszeiträume vorgegeben: die gesamte Dienstzeit und die letzten zwölf Monate. Bezogen auf die gesamte Dienstzeit gaben 75,5 % der Befragungspersonen an, geschubst oder angerempelt worden zu sein[346], bezogen auf die letzten zwölf Monate waren es noch 45,3 %[347]. Im Hinblick auf die gesamte Dienstzeit gaben die Befragungspersonen außerdem zu 36,1 % an, getreten, zu 31,9 % geschlagen und zu 18,2 % genötigt oder der Freiheit beraubt worden zu sein.[348] Bezogen auf die letzten zwölf Monate gaben 14,6 % der Befragungspersonen an, getreten,[349] 11,4 % geschlagen[350] und 6,1 % genötigt oder der Freiheit beraubt worden zu sein.[351] Leider wird der Anteil der Befragungspersonen, die körperliche Gewalt erlebt haben, weder bezogen auf die gesamte Dienstzeit, noch bezogen auf das Jahr 2014 in Prozent ausgedrückt; somit kann nur gemutmaßt werden, dass er zumindest über den 75,5 % lag, die angaben, bezogen auf die gesamte Dienstzeit geschubst oder angerempelt worden zu sein.[352] *Dressler* beschäftigt sich in Ihrer Arbeit auch mit den Folgen der Übergriffe in physischer und psychischer

343 *Dressler*, S. 69ff.
344 *Dressler*, S. 6.
345 *Dressler*, S. 83.
346 *Dressler*, S. 88.
347 *Dressler*, S. 105.
348 *Dressler*, S. 88.
349 *Dressler*, S. 107.
350 *Dressler*, S. 106.
351 *Dressler*, S. 112.
352 *Dressler*, S. 88.

Hinsicht sowie im Hinblick auf das Anzeigeverhalten der Opfer. Ebenso wird die Gruppe der Täter analysiert. Hierzu wurden die Befragungspersonen, losgelöst von konkreten Übergriffen, um allgemeine Einschätzungen gebeten. Daraufhin gaben ca. 70 % an, dass die Täter überwiegend die Patienten bzw. Hilfesuchenden selbst, bzw. deren Angehörige und Freunde waren.[353] Auch das Alter der Täter sollte eingeschätzt werden. Hier gaben die Befragungspersonen zu über 60 % an, dass die Täter wohl zwischen 20 und 29 Jahre alt waren.[354] Auf eine Ermittlung der Tatzeit, des Geschlechts der Täter sowie dem Umstand, ob die Täter alkoholisiert waren oder unter Drogeneinfluss standen, verzichtete *Dressler.*[355]

viii. Feltes/Weigert, 2018

Das Ministerium des Innern sowie das Ministerium für Arbeit, Gesundheit und Soziales NRW, die Unfallkasse NRW und die komba gewerkschaft nrw gaben im Jahr 2017 bei der Ruhr-Universität Bochum ein Forschungsprojekt in Auftrag. Der Lehrstuhl für Kriminologie, Kriminalpolitik und Polizeiwissenschaft führte das Projekt „Gewalt gegen Einsatzkräfte der Feuerwehren und Rettungsdienste in Nordrhein-Westfalen“ durch und veröffentlichte die Ergebnisse im Januar 2018. Diese Untersuchung sollte an die Ergebnisse der Studie von *Schmidt* aus dem Jahr 2011 anknüpfen, um mögliche Entwicklungstendenzen der Gewaltbetroffenheit der Einsatzkräfte Nordrhein-Westfalens aufzeigen zu können.[356] Somit wurde die von *Schmidt* entwickelte Klumpenstichprobe in dieser Studie äquivalent übernommen. Es handelt sich bei dieser Erhebung dennoch um eine einzelne Querschnittsanalyse und nicht um eine Trend- oder Längsschnittanalyse. Letztere würde voraussetzen, dass bei beiden Studien dasselbe Erhebungsinstrument verwendet wurde.[357] Vorliegend wurde, anders als bei *Schmidt,* im Modus einer personalisierten Onlinebefragung gearbeitet und auch der Fokus der forschungsleitenden Fragen war ein anderer. Zusätzlich ist der Kreis der Befragungspersonen in dieser Studie um haupt- und ehrenamtliche Mitarbeiterinnen und Mitarbeiter der Feuerwehr erweitert worden, die im Brandeinsatz der Feuerwehren

353 *Dressler*, S. 144.
354 *Dressler*, S. 147.
355 *Dressler*, S. 38.
356 *Feltes/Weigert*, S. 12.
357 *Döring/Bortz*, S. 211.

tätig sind.[358] Die Vergleichbarkeit der Studien beschränkt sich insofern auf Aussagen zur körperlichen Gewalt für Einzelauswertungen der Gruppe der Rettungskräfte, nicht der der Einsatzkräfte im Brandeinsatz. Die Gruppe der im Brandeinsatz tätigen Feuerwehrkräfte stellt bei *Feltes/Weigert* jedoch die größte Gruppe dar.[359] Im Befragungszeitraum von Anfang Mai bis Ende Juni 2017 wurden ca. 4.500 Einsatzkräfte aus dem Rettungsdienst und der Brandbekämpfung von Feuerwehr und Hilfsorganisationen bezogen auf die vergangenen zwölf Monate befragt. Es beteiligten sich 812 Personen, was einer Rücklaufquote von 18 % entspricht. Einige Analysen, die *Schmidt* in der 2012 veröffentlichten Untersuchung getroffen hatte, konnten auch *Feltes/Weigert* bestätigen. So ist auch hier erkennbar, dass die meisten Übergriffe nachts stattfanden und die Täter überwiegend männliche Patienten zwischen 20 und 39 Jahren sind, die in 44 % der Fälle alkoholisiert waren.[360] Insgesamt gaben 60 % der Befragungspersonen an, verbale Gewalt erlebt zu haben. 48,8 % wurden nonverbal angegriffen und 12,7 % erlebten körperliche Gewalt.[361] Die Kategorie der verbalen Gewalt beinhaltet hierbei Beleidigungen und Bedrohungen. Die nonverbalen Angriffe beinhalten die verbale Gewalt, die durch Gesten unterstützt wird.[362] Außerdem ergab sich auch hier, dass es in Metropolstädten mit über 500.000 Einwohnern viel häufiger, nämlich knapp doppelt so häufig, zu Übergriffen kommt als in der nächstkleineren Kategorie der Großstädte mit zwischen 100.000 und 500.000 Einwohnern.[363]

ix. Lorei et al., 2019

Vom 18.09.2018 bis zum 29.10.2018 führten *Lorei et al.* von der hessischen Hochschule für Polizei und Verwaltung eine quantitative Dunkelfelduntersuchung in Form eines Onlinefragebogens durch. Hierzu wurden Organisationen und Personen des Rettungsdienstes und der Feuerwehr willkürlich ausgewählt. Die Teilnehmerinnen und Teilnehmer wurden mittels aktiver Rekrutierung, jedoch recht zufällig, erreicht. Eine elaborierte Stichprobenziehung wurde nicht durchgeführt, stattdessen erfolgte die Ansprache durch

358 *Feltes/Weigert*, S. 3.
359 *Feltes/Weigert*, S. 12.
360 *Feltes/Weigert*, S. 1.
361 *Feltes/Weigert*, S. 14.
362 *Feltes/Weigert*, S. 6.
363 *Feltes/Weigert*, S. 61.

Einladungsmails, die bewusst willkürlich verschickt und in diesen um Weiterleitung des Links zum Onlinefragebogen an „potenziell Betroffene" gebeten wurde. Der Rücklauf bzw. die Teilnahmequote sind nicht eindeutig zu ermitteln. Fakt war jedoch, dass der Link zur Onlinebefragung 1552 Mal geöffnet wurde und schlussendlich 168 auswertbare Bearbeitungen vorlagen. Da sich unter den Befragungspersonen jedoch nur neun Angehörige der Feuerwehr befanden, wurde die Auswertung dann ausschließlich mit den übrigen 156 Angehörigen von Rettungsdiensten fortgeführt.[364] Diese Selektion in Kombination mit der Art der Rekrutierung birgt die Gefahr, dass vermehrt Personen teilnehmen, die bereits Gewalterfahrung im Rettungsdienst gemacht hatten, was auch durch die Forscher selbst eingeräumt wurde.[365] *Lorei et al.* ermittelten, dass 93,5 % der Befragungspersonen innerhalb der letzten zwölf Monate Opfer von verbaler Gewalt waren und 86,9 % bedroht worden sind. Zudem ergab die Untersuchung, dass im gleichen Zeitraum rund 53,2 % körperliche Gewalt erlebt hatten.[366] Der Anteil der Befragungspersonen, die keine Verletzungen bei körperlichen Angriffen erlitten, liegt laut *Lorei et al.* bei 30,6 %.[367]

x. Heil/Staller/Körner, 2019

Diese Untersuchung verfolgte den Ansatz einer qualitativen Befragung von Gewaltopfern. So wurden sechs Rettungskräfte aus Rheinland-Pfalz mittels semi-strukturierter Interviews zu den einzelnen Übergriffen, im Speziellen zu den Interaktionsdynamiken, befragt. Die Untersuchung ergab, dass die Gewalthandlungen im Rettungsdienst aus einer Interaktion zwischen den Rettungskräften und den potenziellen Täterinnen und Tätern entstehen. Zudem konnte im Rahmen der Selbstreflektion der Betroffenen ermittelt werden, dass es in den geschilderten Situationen Ansätze zur Konfliktentschärfung gab.[368] Bisher wurde nur eine einseitige Zusammenfassung der Studie im Journal of Martial Arts Research veröffentlicht. Wann und ob die Studie in Gänze veröffentlicht wird, ist noch offen.[369]

---

364 *Lorei et al.*, Polizei&Wissenschaft 2019, S. 47.

365 *Lorei et al.*, Polizei&Wissenschaft 2019, S. 63.

366 *Lorei et al.*, Polizei&Wissenschaft 2019, S. 48.

367 *Lorei et al.*, Polizei&Wissenschaft 2019, S. 54.

368 *Heil/Staller/Körner*, Journal of Martial Arts Research 2019, S. 15.

369 Lt. Rücksprache mit einem Verfasser.

xi. Leuchter et al., 2020

Eine andere Herangehensweise hatten *Leuchter et al.*, die Dokumentationsbögen von Rettungsdiensteinsätzen analysierten. Diese Bögen wurden durch *Leuchter et al.* entwickelt und insgesamt zehn Rettungswachen (in den Landkreisen Altenkirchen, Cochem-Zell, Düren, Euskirchen, Mayen-Koblenz, Neuwied, Rhein-Lahn und Westerwald, Städte Bonn und Koblenz) im Jahr 2019 für einen Zeitraum von vier Wochen zur Verfügung gestellt. Die Ergebnisse der Untersuchung veröffentlichen sie in einer zweiseitigen Kurzmitteilung im Deutschen Ärzteblatt.[370] In diesem Zeitraum wurden insgesamt 4922 Rettungsdienstschichten absolviert, 2092 (42,5 %) dieser Schichten wurden mittels des Bogens anonym dokumentiert. Während der Schichten wurden insgesamt 7793 Einsätze durch die Rettungskräfte durchgeführt. Es konnte ermittelt werden, dass es in 1,2 % dieser Einsätze zu Gewaltanwendungen kam. In 42 Einsätzen kam es zu körperlicher Gewalt und in 70 zu verbaler. Dies entspricht 0,5 % bzw. 0,9 %. Es wurde ermittelt, dass die Täter in 80 % der Fälle die Patienten selbst sind und in 49,1 % der Fälle durch Alkohol und oder Drogen intoxikiert sind. Der Samstag war der Wochentag, an dem die meisten gewalttätigen Übergriffe stattfanden. Ein Stadt-Land-Gefälle kann nur in sehr geringem Ausmaß ausgewertet werden.[371]

xii. Jüchser/Richter, 2021

Im Rahmen seiner Bachelorarbeit forschte *Richter* mittels einer quantitativen Dunkelfelduntersuchung im Modus eines Onlinefragebogens und veröffentlichte gemeinsam mit *Jüchser* Anfang 2021 die Ergebnisse.[372] Der Erhebungszeitraum erstreckte sich auf zwölf Wochen in den Monaten Mai bis Juli des Jahres 2019. Die Adressaten der Untersuchung waren Rettungskräfte aller Sparten des Rettungswesens in Rheinland-Pfalz, die zu ihren Erfahrungen in den zurückliegenden zwölf Monaten befragt wurden. Angesprochen waren somit haupt- und ehrenamtliche Helferinnen und Helfer der Feuerwehr, des Technischen Hilfswerks, der Berg- und Wasserrettung, der Sanitäts- und Rettungsdienste etc. 2554 Personen nahmen teil und insgesamt wurden 1717

370 *Leuchter et al.*, Deutsches Ärzteblatt 2020, S. 460f.
371 *Leuchter et al.*, Deutsches Ärzteblatt 2020, S. 460f.
372 *Jüchser/Richter*, MschrKrim 2021, S. 66.

Fragebögen ausgewertet.[373] *Jüchser/Richter* ermittelten, dass insgesamt 34,2 % der Befragungspersonen innerhalb der letzten zwölf Monate Gewalt erlebten. 73,4 % dieser Rettungskräfte erlebten psychische Gewalt und 59,8 % (n=219) berichteten von direkter körperlicher Gewalt.[374] Dies bedeutet, dass diese 219 Personen, die direkte körperliche Gewalt innerhalb der letzten zwölf Monate erlebten, 12,8 % aller befragten Rettungskräfte darstellten. Insgesamt orientierte sich die Untersuchung bewusst an der von *Feltes/Weigert*.[375] Neu war jedoch, dass nach der Jahreszeit gefragt wurde, in der die Angriffe stattfanden. Mit 33,7 % wurde am häufigsten der Frühling genannt. *Jüchser/Richter* mutmaßen in diesem Zusammenhang eine Verbindung zur Karnevalszeit und den Stadtfesten im rheinland-pfälzischen Frühjahr. Der dort konsumierte Alkohol führe zu Enthemmung und könne aggressives Verhalten begünstigen.[376] Ferner konnte ermittelt werden, dass die Täter in 88,8 % männlichen Geschlechts und in 52,6 % der Fälle unter dem Einfluss von Alkohol und oder Drogen standen. In 70,5 % handelten die Täter allein und in 51,1 % der Fälle waren Täter und Patient ein und dieselbe Person. Ein Migrationshintergrund wurde in 29,3 % vermutet. Zudem konnte ein leicht ausgeprägtes Stadt-Land-Gefälle ermittelt werden.[377] Die Taten ereigneten sich am häufigsten in den Abend- und Nachtstunden der Wochenenden.[378]

xiii. Sefrin et al., 2021

Das Generalsekretariat des Deutschen Roten Kreuzes in Berlin führte gemeinsam mit der Abteilung Rettungsdienst des Bayrischen Roten Kreuzes im Zeitraum von August bis November des Jahres 2019 eine bundesweite, nichtrepräsentative Studie durch. *Sefrin et al.* wandten sich über die DRK Landesverbände ausschließlich an Rettungskräfte des DRK. Insgesamt beteiligten sich jedoch nur 14 Landesverbände und schlussendlich konnten 425 Fragebögen ausgewertet werden. Die Rettungskräfte sollten Fragen bezogen auf die vergangenen zwölf Monate beantworten. Ziel der Untersuchung war nach eigenen Aussagen nicht, konkrete Zahlen zu einzelnen Übergriffen zu doku-

373 *Jüchser/Richter*, MschrKrim 2021, S. 67.
374 *Jüchser/Richter*, MschrKrim 2021, S. 68.
375 *Jüchser/Richter*, MschrKrim 2021, S. 65.
376 *Jüchser/Richter*, MschrKrim 2021, S. 72.
377 *Jüchser/Richter*, MschrKrim 2021, S. 71f.
378 *Jüchser/Richter*, MschrKrim 2021, S. 69.

mentieren, sondern einen Überblick über Art und Folgen von Übergriffen zu geben.[379] Es wurde ermittelt, dass die Täter in 81,2 % männlich waren[380] und es sich in 79,3 % um die Patienten selbst handelte.[381] Sie waren zu 45,4 % „eher häufig" alkoholisiert[382] und mehrheitlich zwischen 18 und 39 Jahre alt.[383] Zudem konnten *Sefrin et al.* vorweisen, dass die Taten überwiegend in sozial problematischen Wohngegenden[384] in den Abend- und Nachtstunden[385] verübt wurden.

xiv. Wegner/Heil/Schiemann, in Bearbeitung

Nicht ausschließlich der Gewalt gegen Rettungskräfte, sondern der Thematik der „Gewalt gegen Vollstreckungsbeamte und Rettungskräfte" widmet sich ein von der Deutschen Forschungsgemeinschaft gefördertes Projekt, welches das Fachgebiet für Strafrecht, Strafprozessrecht und Kriminalpolitik an der Deutschen Hochschule der Polizei durchführt.[386] Betrachtet werden sollen die Auswirkungen der Gesetzesänderungen der §§ 113, 114, 115 StGB auf die Strafverfolgungs- und Strafanwendungspraxis sowie die diesbezüglich geführten Diskurse der Vertreterinnen und Vertreter der Rechtswissenschaft, der Kriminologie, der Interessenvertretungen der Vollstreckungs- und Rettungskräfte und der überregionalen Medien.[387] Hierzu wollen *Wegner/Heil/Schiemann* die öffentlich geführten Diskurse analysieren, ausgewählte Verfahrensakten auswerten und Interviews führen.[388]

c. Forschungslücke

Die Auswertung der aktuellen Studienlage führt zu dem Ergebnis, dass es hinsichtlich der Tatorte, der Tatzeit und der Täterinnen und Täter bereits

379 *Sefrin et al.*, Der Notarzt 2021, S. 1-3.
380 *Sefrin et al.*, Der Notarzt 2021, S. 11.
381 *Sefrin et al.*, Der Notarzt 2021, S. 8.
382 *Sefrin et al.*, Der Notarzt 2021, S. 12.
383 *Sefrin et al.*, Der Notarzt 2021, S. 16.
384 *Sefrin et al.*, Der Notarzt 2021, S. 5.
385 *Sefrin et al.*, Der Notarzt 2021, S. 9.
386 *Wegner/Heil/Schiemann*, KrimOJ 2021, S. 50.
387 *Wegner/Heil/Schiemann*, KrimOJ 2021, S. 47.
388 *Wegner/Heil/Schiemann*, KrimOJ 2021, S. 49.

mehrere übereinstimmende Ergebnisse zusammengetragen wurden. Es ist demnach bekannt, dass die Angriffe direkt zu Beginn der Rettungseinsätze erfolgen.[389] Was bisher nicht in umfänglicher Intensität erforscht wurde, ist die exakte Situation und Interaktion zwischen Täter und Opfer, die schließlich in der verbalen oder körperlichen Gewalt mündete. Eine kleinteilige Situationsanalyse, insbesondere bezogen auf die Kommunikation der Protagonisten würde hier einen neuen Erkenntnisgewinn liefern.[390] Zudem sind zwar teilweise Opferspezifika erfasst worden, eine umfassende Analyse von möglichen Risikofaktoren hat bisher jedoch noch nicht stattgefunden. Nicht ausreichend analysiert wurde auch die Fragestellung, ob es eine erhöhte Gewaltbereitschaft gegenüber Rettungskräften gibt und ferner, ob sie als Teil des Staates angesehen werden und gerade deshalb Attacken ausgesetzt sind. Wie geschildert, wird nach § 115 III StGB nur bestraft, wer Hilfeleistende behindert. Insofern sind, zumindest im Rahmen dieser zentralen Strafnorm, nur Angriffe relevant, die einen Behinderungserfolg nach sich ziehen. Dieser Umstand wurde bei der Auswertung der Angriffe auf Rettungskräfte bisher noch nicht angemessen berücksichtigt. Neben den inhaltlichen Lücken ergeben sich auch methodisch noch Ansätze, die bisher keine Berücksichtigung fanden. Das Gros der Dunkelfeldstudien arbeitet mit Fragebögen, die online oder postalisch verschickt wurden.[391] Dieses Vorgehen führt dazu, dass vermehrt themeninteressierte Befragungspersonen an der Studie teilnehmen, was die Ergebnisse verzerrt.[392] Sofern eine Rettungskraft nie Gewalterfahrung machen musste, ist die Gefahr recht hoch, dass sie an einer Umfrage zum Thema Gewalt gegen Rettungskräfte kein erhöhtes Interesse aufweist. Das Interesse am Thema steigt jedoch, wenn die Rettungskraft selbst Opfer geworden ist. Insofern sollte eine Form der Rekrutierung ausgewählt werden, die der geschilderten Verzerrung entgegenwirkt. Bisher konnte zudem noch keine Längsschnittstudie ausgewertet werden. Eine solche könnte jedoch klare Aussagen zu der Entwicklung der Zahl der Angriffe oder aber auch zur Analyse von Präventionsansätzen liefern. Es überwiegen zudem quantitative Opferbefragungen. Neue Erkenntnisse ließen sich aus qualitativen Befragungen erzielen, insbesondere aus Täterbefragungen.[393]

389 *Lenk*, S. 50; *Schmidt*, 2012, S. 10; *Feltes/Weigert*, S. 36; *Sefrin et al.*, Der Notarzt 2021, S. 9.

390 So auch *Rau/Leuschner*, NK 2018, S. 332.

391 *Lenk*, S. 35f; *Auer*, S. 46f; *Schmidt*, 2012, S. 1; *Dressler*, S. 61; *Feltes/Weigert*, S. 3; *Lorei et al.*, Polizei&Wissenschaft 2019, S. 47; *Jüchser/Richter*, MschrKrim 2021, S. 66; *Sefrin et al.*, Der Notarzt 2021, S. 2.

392 *Döring/Bortz*, S. 412; *Dressler*, S. 123.

393 So auch *Rau/Leuschner*, NK 2018, S. 332.

IV. Eigene empirische Untersuchung

Diese Untersuchung soll das Phänomen der Angriffe auf Rettungskräfte in Rheinland-Pfalz ergründen. Insbesondere hinsichtlich der Herangehensweise an die Befragung als solche, sowie deren Modus, unterscheidet sich diese Arbeit von den aktuell vorliegenden Untersuchungen. Die Analyse des Forschungsstandes brachte bisher nicht untersuchte Fragestellungen zu Tage, die sich auch durch eine Sekundäranalyse nicht hinreichend beantworten lassen. Daher bezieht sich die vorliegende Arbeit auf Daten einer selbst angelegten empirischen Untersuchung, es handelt sich somit um eine Primäranalyse.[394] Die Häufigkeit und Qualität verbaler und körperlicher Angriffe, aber auch die genauen Umstände solcher Taten, bezogen auf Ort, Zeit, Situation und Entstehung, waren von Interesse. Besonderes Augenmerk wurde auf die Situation des physischen Übergriffs gelegt. In mehreren Schritten wird die Entwicklung der Situation bis hin zum tatsächlichen Übergriff ermittelt, insbesondere in Bezug auf die Kommunikation zwischen Täter und Opfer. Der entwickelte Fragebogen wirkte gezielt darauf hin, dass die Befragungspersonen ihr eigenes Verhalten reflektieren konnten. Gleichsam standen die Angreifer und ihre Motivation im Fokus der Erhebung, ebenso die Auswirkungen solcher Angriffe auf die Opfer und auf die Patienten, die wohlmöglich gerade durch die angegriffene Rettungskraft behandelt werden sollten. Schließlich wurden die Teilnehmerinnen und Teilnehmer nach den persönlichen Auswirkungen solcher Angriffe auf ihre Gesundheit, ihr Sicherheitsgefühl und ihren Berufsalltag befragt.

a. Forschungsleitende Fragen

Die Beschäftigung mit dem Phänomen der Angriffe auf Rettungskräfte führte zu Fragestellungen, die auch nach der Analyse der bisherigen wissenschaftlichen Betrachtungen noch nicht hinreichend untersucht und beantwortet sind. In dieser Arbeit wird insofern teils neuen und teils vertiefenden forschungsleitenden Fragen nachgegangen. Bezogen auf das Flächenland Rheinland-Pfalz soll zunächst eine Bestandsaufnahme hinsichtlich der Häu-

394 *Fahrmeir et al.*, S. 25.

figkeit und der Qualität von verbalen und körperlichen Angriffen gegenüber Rettungskräften erfolgen, um diese Daten mit bisherigen wissenschaftlichen Untersuchungen vergleichen und bewerten zu können. Diese Daten bilden dann auch die Grundlage für tiefergehende Fragestellungen, die in dieser Form noch nicht hinreichend untersucht sind. Eine der tiefergehenden forschungsleitenden Fragestellungen ist die nach einer besonderen Gefährdung der Rettungskräfte. Gesucht wird mithin die Antwort auf die Frage, ob es eine erhöhte Gewaltbereitschaft gegenüber Rettungskräften gibt. Zu diesem Fragenkomplex gehört ebenso die weiterreichende Frage danach, ob Rettungskräfte in höherem Maße von Gewalt betroffen sind als andere Gruppen und, ob sie als Teil des Staates angesehen und deshalb attackiert werden. Ebenso zielt die Untersuchung darauf ab, ob das Phänomen der Angriffe auf Rettungskräfte ein Ausdruck einer insgesamt verrohenden Gesellschaft darstellt. Nicht ausschließlich aber insbesondere für eine zielgerichtete Präventionsarbeit ist von Interesse, ob es besondere Risikomerkmale für Rettungskräfte gibt. Die Risikomerkmale können dabei in der Person der Rettungskraft selbst liegen und insofern das Alter, das Geschlecht oder die Diensterfahrung betreffen. Ebenso können die Risikofaktoren aber auch in äußeren Umständen liegen und somit den Einsatzort, die Einsatzzeit und/oder das sozialräumliche Milieu betreffen. Die aktuelle Forschung liefert bereits erste Erkenntnisse hinsichtlich der Tätergruppen, der Tatorte, -situationen und -zeitpunkte. Diese Täter- und Tatumstände werden auch in der vorliegenden Untersuchung beleuchtet, um einen Vergleich herstellen zu können. Die tiefergehende Fragestellung betrifft jedoch den exakten Zeitpunkt des Angriffs. Es soll ermittelt werden, wann genau die Begegnung zwischen Rettungskraft und späterem Angreifer in einem verbalen oder körperlichen Gewaltakt mündete. Insbesondere die Kommunikation und deren Umstände, mithin der dynamische Interaktionsprozess,[395] sollen dezidiert ermittelt werden. Hierbei soll ebenfalls die Einflussgröße von Stress in der konkreten Situation erforscht werden. Die Angriffe auf Rettungskräfte haben nicht nur direkte Auswirkungen auf diese, sondern auch auf die Patienten, die von der angegriffenen Rettungskraft behandelt werden oder werden sollen. Es scheint naheliegend, dass Angriffe auf die Protagonisten eines Rettungseinsatzes diesen in unterschiedlichem Maße beeinflussen. Auch der Gesetzgeber hat dies bedacht und die Strafbarkeit gem. § 115 III S. 1 StGB von einem sog. Behinderungserfolg abhängig gemacht. Insofern lautet eine weitere forschungsleitende Frage, ob und wenn ja, welche Auswirkungen ein Angriff auf den Einsatzablauf hatte.

395 *Schwind et al.*, in: Schwind et al., S. 77.

b. Die Untersuchung

Die Untersuchung stellt eine kriminologische Dunkelfeldforschung im Design einer Querschnittsstudie dar. Dies bedeutet, dass die Daten der Gruppe der Befragungspersonen zu einem bestimmten Zeitpunkt erfasst wurden und nicht, wie in einer Längsschnittstudie, zu verschiedenen Zeitpunkten.[396] Im Rahmen einer Opferbefragung wurden Mitarbeiterinnen und Mitarbeiter aller Rettungsdienstorganisationen und Rettungsdienstunternehmen in Rheinland-Pfalz zu ihren Erfahrungen mit verbaler und körperlicher Gewalt befragt. Bei der Studie handelt es sich um eine empirische Primäranalyse[397], für welche der Verfasser eigens einen Fragebogen konzipierte.

i. Datenerhebung und -erfassung

Um das Phänomen der Angriffe auf Rettungskräfte tiefer zu ergründen, sollte durch die Untersuchung eine möglichst große Zahl an Rettungskräften befragt werden. Es sollte sich nicht auf Interviews mit Experten oder einzelnen Betroffenen beschränkt werden. Somit stellt die Bearbeitung eine quantitative Forschung dar.[398] Die Befragung richtete sich somit an die Opfer bzw. potenziellen Opfer von Angriffen auf Rettungskräfte, es handelt sich daher um eine kriminologische Dunkelfeldforschung.[399] Als Modus der Befragung wurde der Paper-Pencil-Fragebogen gewählt. Hierbei handelt es sich um einen ausgedruckten Fragebogen, welcher mit einem Stift ausgefüllt wird.[400] Im Rahmen der Fortbildungsveranstaltungen wurden die Befragungspersonen somit aktiv rekrutiert.[401] Die Austeilung der Bögen erfolgte durch den Verfasser, der diese nach Befragungsende auch wieder einsammelte.[402] Die Entscheidung für einen schriftlichen Fragebogen und den persönlichen Verbreitungsweg fiel ganz bewusst. Dieser Modus bietet im Bereich der empirischen Sozialforschung Vorteile. Insbesondere kann so eine hohe Teilnahmequote erreicht werden. Bei Onlinebefragungen liegen die Teilnahmequoten meist weit darunter. Dies allein ist zwar kein Indiz

396 *Döring/Bortz*, S. 210.
397 *Döring/Bortz*, S. 191.
398 *Döring/Bortz*, S. 399.
399 *Neubacher*, S. 37.
400 *Döring/Bortz*, S. 400.
401 *Döring/Bortz*, S. 411.
402 *Döring/Bortz*, S. 413.

dafür, dass eine Onlinebefragung weniger aussagefähig ist, es ist jedoch festzustellen, dass bei Onlinebefragungen meist besonders themeninteressierte Teilnehmer überwiegen. Dies führt zu Verzerrungen der Ergebnisse.[403] Bei einer Onlinebefragung zum Thema Gewalt gegen Rettungskräfte hätte daher die Gefahr bestanden, dass die überwiegende Zahl der Teilnehmer selbst betroffen und daher besonders am Thema interessiert gewesen wäre. Die vorliegende Untersuchung ist bisher die einzige im Modus des Paper-Pencil-Fragebogens.

ii. Zielpopulation

Die Untersuchung bezieht sich auf alle Rettungskräfte, die im Rettungsdienst in Rheinland-Pfalz beschäftigt sind. Somit auf haupt-, neben- und ehrenamtlich Beschäftigte. Während hauptamtliche Rettungskräfte ihre Tätigkeit als Hauptberuf ausüben, egal, ob in Voll- oder Teilzeit, arbeiten nebenamtliche Rettungskräfte nebenher als Rettungskraft. Oftmals sind dies beispielsweise Studenten, die im Rahmen einer geringfügigen Beschäftigung im Rettungsdienst tätig sind. Daneben gibt es die Gruppe der ehrenamtlichen Rettungskräfte. Diese leistet unentgeltliche Arbeit im Rettungsdienst. Der Begriff der Rettungskraft bedarf in dieser Untersuchung einer genaueren Definition. Während im allgemeinen Sprachgebrauch unter einer Rettungskraft sicherlich alle Mitglieder von Notfall- und Katastrophenschutzorganisationen verstanden werden, beispielsweise der Brandbekämpfung, des Technischen Hilfswerks, der Notfallseelsorge, der Betriebs- oder Flughafenfeuerwehr, der Seenotrettung, der Bergrettung etc., bezieht sich diese Forschungsarbeit ausschließlich auf Mitarbeiterinnen und Mitarbeiter des Rettungsdienstes gem. § 1 des RettDG (RLP). Der Rettungsdienst beinhaltet demnach „die Beförderung von kranken, verletzten oder sonstigen hilfsbedürftigen Personen mit Krankenkraftwagen oder Luftfahrzeugen im Rahmen des Rettungsdienstes, des Notfall- oder Krankentransportes." Der Rettungsdienst in Rheinland-Pfalz ist in Trägerschaft des Landes, der Landkreise sowie der kreisfreien Städte. Um die Organisation eines flächendeckenden Rettungsdienstes zu gewährleisten, wurde das Land in acht Rettungsdienstbereiche aufgeteilt. Die Rettungsdienstbereiche umfassen das Gebiet mehrerer Kreise und oder kreisfreien Städte. Dennoch ist jeder Rettungsdienstbereich nur einer Kreisver-

403 *Döring/Bortz*, S. 412.

waltung oder Stadtverwaltung als zuständiger Behörde zugeteilt. Entscheidungen der zuständigen Behörde sind im Einvernehmen mit den betroffenen Kreis- und Stadtverwaltungen zu treffen[404]. Wie dem Landesrettungsdienstplan zu entnehmen ist, gibt es für jeden der acht Rettungsdienstbereiche eine eigene Rettungsdienstleitstelle, welche die eingehenden Notrufe, Krankentransporte und Intensivtransporte disponiert. Die acht Rettungsdienstbereiche sind in Rettungswachen unterteilt. Die Anzahl der Rettungswachen pro Rettungsdienstbereich variiert. Insgesamt sind es aktuell jedoch 138 Rettungswachen. Die Anzahl der Mitarbeiterinnen und Mitarbeiter pro Rettungswache ist ebenfalls sehr unterschiedlich. Sie hängt unter anderem davon ab, wie viele und welche Fahrzeuge auf den einzelnen Wachen stationiert sind. Dies ist wiederum abhängig von dem individuellen Bedarf des Einsatzbereiches der einzelnen Rettungswachen[405]. Darüber hinaus verfügt das rheinland-pfälzische Rettungsdienstsystem über vier Rettungshubschrauber an den Standorten Koblenz, Ludwigshafen am Rhein, Mainz und Wittlich[406] sowie verschiedene Sonderfahrzeuge, wie etwa Großraumrettungswagen und Intensivtransporteinheiten an unterschiedlichen Standorten im Land.[407] Die Durchführung des Rettungsdienstes erfolgt durch Sanitätsorganisationen und andere befähigte Einrichtungen, denen diese Tätigkeit von den zuständigen Behörden übertragen wurde.[408] In Rheinland-Pfalz wird überwiegend das sog. Konzessionsmodell angewandt, welches eine Form des Public-Private-Partnership ist.[409] Der Rettungsdienst in Rheinland-Pfalz teilt sich im Wesentlichen auf sechs verschiedene Organisationen auf. Namentlich dem Deutschen-Roten-Kreuz, dem Arbeiter-Samariter-Bund, dem Malteser Hilfsdienst, der Johanniter-Unfall-Hilfe, der Berufsfeuerwehr Trier und der Bundeswehr, vertreten durch die Abteilung Rettungsdienst des Bundeswehrzentralkrankenhauses Koblenz. Das Deutsche-Rote-Kreuz übernimmt mit 116 von 138 Rettungswachen, die es allein betreibt, und zusätzlichen sechs Rettungswachen, in denen es mit anderen Organisationen kooperiert, mit Abstand den größten Teil des Rettungsdienstes.[410] Neben den Organisationen, denen die Aufgabe des Rettungsdienstes nach § 5 I RettDG (RLP) direkt übertragen wurde, haben noch einige wenige Unternehmen gem. § 14 I Rett-

404 Vgl. § 3 I RettDG (RLP).
405 Vgl. § 4 II S. 1 RettDG (RLP) i.V.m. Ziff. B.I. LRettDP.
406 Vgl. Ziff. C. IV. 3.1 LRettDP.
407 Vgl. Ziff. C. IV. 1.3 LRettDP.
408 Vgl. § 5 I RettDG (RLP).
409 *Wissenschaftlicher Dienst des Deutschen Bundestages* vom 24.10.2014.
410 Vgl. § 4 II S. 1 RettDG (RLP) i.V.m. Ziff. B.I. LRettDP.

DG (RLP) eine Genehmigung zur Durchführung von Kranken- und oder Notfalltransporten.[411] In Rheinland-Pfalz gibt es keine zentrale Datenbank, in der Angaben zur genauen Anzahl, zum Geschlecht oder zum Alter der Rettungskräfte abrufbar wären. Das Landesinnenministerium legt jedoch die Planstellen für jede Rettungswache fest. Für das Jahr 2018 waren danach landesweit 2718,28 hauptamtliche nichtärztliche Planstellen vorgesehen.[412] Da viele Rettungskräfte in Teilzeit oder neben- oder ehrenamtlich arbeiten, ist die Zahl der tatsächlichen Personen jedoch höher. Die tatsächliche Zahl der beschäftigten Personen zum Zeitpunkt der Befragung wurde durch den Verfasser bei allen Rettungsdienstorganisationen angefragt. Ebenso die Geschlechterverteilung und die Altersstruktur dieser Personen. Die Prozentangaben für die Rettungsdienstorganisationen Deutsches-Rotes-Kreuz[413], Malteser-Hilfsdienst[414], Berufsfeuerwehr Trier[415] und der Abteilung Rettungsdienst des Bundeswehrzentralkrankenhauses in Koblenz[416] entsprechen direkt ihren Angaben oder wurden aufgrund ihrer Angaben errechnet. Trotz mehrfacher Kontaktaufnahme mit den Landesverbänden und den untergeordneten Ebenen konnten für den Arbeiter-Samariter-Bund und die Johanniter-Unfall-Hilfe keine vollständigen Zahlen ermittelt werden. Somit wurden die Zahlen durch den Verfasser anhand der Angaben der weiteren Rettungsdienstorganisationen hochgerechnet und geschätzt. Die Einschätzung entspricht jedoch auch der Einschätzung der Vertreterinnen und Vertreter der Rettungsdienstorganisationen. Zudem ist zu beachten, dass sich die Personalstruktur unentwegt im Wandel befindet, da beinahe täglich Mitarbeitende ausscheiden bzw. neue hinzukommen. Diese Fluktuation bedingt, dass die Gruppe der Rettungskräfte in Rheinland-Pfalz stets eine Momentaufnahme darstellt. Zum Zeitpunkt der Datenerhebung waren ca. 3550[417] Mitarbeiterinnen und Mitarbeiter im rheinland-pfälzischen Rettungsdienst beschäftigt, diese stellen die Zielpopulation dar.

---

411 Vgl. Ziff. B.II.1 LRettDP.

412 *Bruckner*, MDI, 2019.

413 Lt. Email vom 09.07.2018.

414 Lt. Email vom 18.07.2018

415 Lt. Email vom 08.08.2018

416 Lt. Telefonat mit Oberfeldarzt Dpl. Ing. Stefan Schaefer vom 10.07.2018.

417 Vgl. Tabelle 5.1.

iii. Kontaktaufnahme

Um die Situation der Rettungskräfte in Rheinland-Pfalz im Rahmen einer empirischen Untersuchung ermitteln zu können, sollte diese Gruppe im dienstlichen Kontext angesprochen und befragt werden. Daher wurde zunächst das zuständige Landesministerium des Inneren und für Sport informiert und um Genehmigung sowie Unterstützung gebeten. Dies erfolgte im November 2017. Das Ministerium genehmigte die Durchführung der Forschungsarbeit. Im Anschluss daran wurden alle Rettungsdienstorganisationen in Rheinland-Pfalz angeschrieben und ebenfalls um Genehmigung und Unterstützung gebeten. Die Unterstützung wurde rasch zugesichert. Im Austausch mit den Verantwortlichen kristallisierten sich als günstiger Zugang zur Gruppe der Rettungskräfte die jährlichen Pflichtfortbildungen heraus, die alle Rettungskräfte besuchen müssen. Somit wurde der Kontakt zu den Fortbildungsverantwortlichen gesucht. Bereits am 15.12.2017 konnte der Verfasser die Gremiensitzung FRRP (Fortbildung im Rettungsdienst Rheinland-Pfalz) in Frankenthal besuchen. Dort trafen sich Vertreterinnen und Vertreter aller Rettungsdienstorganisationen und legten gemeinsam den Lehrplan für das nächste Fortbildungsjahr fest. Auf dieser Gremiensitzung wurde das Forschungsprojekt durch den Verfasser vorgestellt und die Durchführbarkeit besprochen. Die Studie stieß auf großes Interesse und alle Organisationen erklärten sich zur Teilnahme bereit. Die Information der Dozenten der verschiedenen Fortbildungsveranstaltungen erfolgte schließlich zentral über die Koordinierungsstelle der FRRP.

iv. Zeitraum und Gebiet der Untersuchung

Alle Rettungskräfte in Rheinland-Pfalz, egal ob haupt-, neben- oder ehrenamtlich, ob bei einem Unternehmen oder einer Organisation beschäftigt, sind zur jährlichen Fort- und Weiterbildung verpflichtet, vgl. § 22 V RettDG (RLP). Die Rettungsdienstorganisationen führen in der Regel ihre eigenen Fortbildungsveranstaltungen durch. Hierzu unterhalten sie eigene Schulstandorte mit eigenen Dozenten. Die Lehrinhalte eines Fortbildungsjahres werden aufeinander abgestimmt.[418] Die Erhebung wurde auf den Zeitraum vom 01.03.2018 bis zum 31.05.2018, festgelegt. Nach gemeinsamer Auffassung aller

418 Vgl. Ziff. D. II. 1.1 LRettDP.

Vertreterinnen und Vertreter der Rettungsdienstorganisationen war dieser Zeitraum repräsentativ für das gesamte Fortbildungsjahr. Im Hinblick auf die Teilnahmequote, das Geschlecht und die berufliche Qualifikation der Mitarbeiterinnen und Mitarbeiter waren keine Besonderheiten zu erwarten. Dasselbe galt für den Anteil an hauptamtlichen, nebenamtlichen oder ehrenamtlichen Mitarbeiterinnen oder Mitarbeitern. Die Teilnehmerinnen und Teilnehmer dieser Fortbildungen stellten somit einen Querschnitt der im Rettungsdienst beschäftigten Personen dar. Daher wurden genau diese jährlichen Fortbildungsveranstaltungen als Befragungsorte ausgewählt. Das Untersuchungsgebiet bezog sich demnach auf das gesamte Bundesland Rheinland-Pfalz. Durch den Verfasser wurden mithin alle 44 stattfindenden Rettungsdienstfortbildungen an 15 unterschiedlichen Schulungsorten (Klinikum Mutterhaus der Borromäerinnen Ehrang, Trier-Ehrang; ASB Kreisverband Mainz-Bingen, Mainz; Klinikum Landau, Annweiler am Trifels; DRK Kreisverband Rhein-Hunsrück e.V., Simmern; DRK Rhein-Lahn-Westerwald gGmbH, Montabaur; Malteser Bildungszentrum, Frankenthal; DRK-Kreisverband Vorderpfalz e.V., Ludwigshafen; ASB Kreisverband Kaiserslautern, Kaiserslautern; DRK Bildungszentrum II, Nackenheim; DRK Rettungsdienst Westpfalz GmbH, Hochspeyer; Gemeinschaftsklinikum Mittelrhein St. Elisabeth, Mayen; ASB Kreisverband Zweibrücken e.V., Zweibrücken; Johanniter-Akademie Ludwigshafen, Ludwigshafen; ASB Kreisverband Ludwigshafen, Ludwigshafen; ASB Kreisverband Worms/Alzey, Worms) persönlich besucht. Dabei wurde eine Wegstrecke von insgesamt 8322 km zurückgelegt. Von den 44 angebotenen und besuchten Fortbildungen fielen zwei kurzfristig aus. Die Abteilung Rettungsdienst des Bundeswehrzentralkrankenhauses Koblenz betreibt lediglich die Rettungswache Koblenz III (Stadtteil Metternich)[419] und führte im Erhebungszeitraum keine Fortbildungen durch.[420] Die Fortbildungsveranstaltungen der Berufsfeuerwehr Trier konnte der Verfasser nicht persönlich besuchen, da die Mitarbeiterinnen und Mitarbeiter dort, anders als bei den übrigen Organisationen, nicht eigens vom Dienst freigestellt werden und somit nicht die Schulstandorte aufsuchen können. Die Fortbildungen finden während der Dienstzeit der Wachmannschaften in Fünfergruppen statt. Die Berufsfeuerwehr Trier betreibt mit der Rettungswache Trier I ebenfalls nur einen Standort. Damit die im Rettungsdienst beschäftigten Mitarbeiterinnen und Mitarbeiter der Be-

419 Vgl. § 4 II S. 1 RettDG (RLP) i.V.m. Ziff. B LRettDP.

420 Lt. Email vom 22.01.2018.

rufsfeuerwehr Trier dennoch befragt werden konnten, bot der verantwortliche Beamte an, die Befragungen selbst zu leiten. Um die Ergebnisse nicht zu verfälschen, wurde darauf geachtet, dass den Mitarbeiterinnen und Mitarbeitern der Berufsfeuerwehr Trier die gleichen Einleitungsworte vorgetragen wurden, die auch der Verfasser dieser Untersuchung den Befragungspersonen vortrug. Dasselbe galt für eventuelle Rückfragen und die Beachtung des Datenschutzes. Durch diese standardisierten mündlichen Erläuterungen können sog. Versuchsleitereffekte vermieden werden.[421]

v. Der Fragebogen

Es handelte sich um einen vollstandardisierten Fragebogen mit geschlossenen und halboffenen Fragen. Dies bedeutet, dass die Antwortmöglichkeiten in Skalen weitestgehend vorgegeben waren.[422] Es wurden Nominal-Skalen, also solche, in denen die unterschiedlichen Antworten einander ausschließen, und Ordinal-Skalen, in denen die Antwortmöglichkeiten in einer Relation zueinander stehen, verwendet.[423] Der Bogen umfasste insgesamt 35 Fragen und teilte sich in fünf thematisch getrennte Abschnitte auf. (Siehe Anhang S. 267). Im ersten Abschnitt wurden vier Fragen zu den Befragungspersonen selbst gestellt. So wurden Geschlecht, Alter, Dienstzeit in Jahren und die Einwohnerzahl der Stadt/Gemeinde, in der die Befragungsperson hauptsächlich eingesetzt wurden, erfragt. Durch letztere Frage im ersten Abschnitt sollte später ermittelt werden können, ob Angriffe sich eher in ländlichen Regionen oder klassisch, in dichter besiedelten städtischen Regionen häufen. Ein solches Stadt-Land-Gefälle ist in der Kriminologie häufig zu beobachten.[424] Im zweiten Abschnitt wurden sodann persönliche Erfahrungen mit verbaler Gewalt gegen die eigene Person erfragt. Explizit wurde nach Beleidigung, Beschimpfung, Bespucken und Bedrohungen mit oder ohne Waffe bzw. gefährlichen Werkzeug, gefragt. Es sollten Häufigkeiten ermittelt werden bezogen auf die gesamte Dienstzeit sowie auf die letzten zwölf Monate. Sofern eine Person noch keinerlei Erfahrungen mit verbaler Gewalt gemacht hatte, wurde sie über eine Filterfunktion zum nächsten Themenblock geleitet. Solche Filterfunktionen waren an mehreren Stellen im Fragebogen eingebaut. Durch

421 *Döring/Bortz*, S. 413.
422 *Porst*, S. 57.
423 *Porst*, S. 71ff.
424 *Neubacher*, S. 67.

die Filterführung wurde sichergestellt, dass nur Personen Aussagen zu Themengebieten treffen, die dazu auch eigene Erfahrungen gemacht haben. Außerdem fördert sie die Verständlichkeit des gesamten Fragebogens und dies erhöht die Teilnahmebereitschaft.[425] Der dritte Abschnitt enthielt Fragen zu Erfahrungen mit persönlich erlebter körperlicher Gewalt. Da der Gewaltbegriff durch jede Befragungsperson anders interpretiert wird, wurden die Arten der körperlichen Gewalt durch den Verfasser vordefiniert. Zusätzlich war ein Freitextfeld für sonstige Arten von Angriffen angelegt. Von dieser Möglichkeit wurde auch Gebrauch gemacht. Auch im dritten Abschnitt wurden Häufigkeiten ermittelt. Überdies wurde erfragt, ob die angegriffenen Personen schon mal durch einen solchen Angriff verletzt worden waren, und wenn ja, wie häufig. In Abschnitt vier bezogen sich alle Fragen auf den letzten körperlichen Angriff, den die Befragungspersonen gegen ihre Person im Dienst erlebt haben. Hierbei ging es nicht mehr um Häufigkeiten, sondern um typische Charakteristika solcher körperlichen Angriffe. Es kam nicht darauf an, dass durch die Befragungsperson zeitlich genau der letzte Angriff auf sie beschrieben wird. Vielmehr sollte erreicht werden, dass sich die Befragungsperson genau an einen Angriff zurückerinnert und die Umstände dieses Angriffs im Fragebogen wiedergibt. Dies erleichtert ihr die Erinnerung an das Geschehene[426] und erhöht wiederum die Verständlichkeit und Teilnahmebereitschaft. Der fünfte und letzte Abschnitt beinhaltete Fragen zu allgemeinen Einschätzungen. Diese Fragen waren an alle Teilnehmer gerichtet, egal ob sie bereits Opfer verbaler oder körperlicher Gewalt geworden waren oder nicht.

1. Pretest

Nach Erstellung des Entwurfs des Fragebogens wurde auf den Rettungswachen Prüm und Winterspelt ein qualitativer Pretest durchgeführt, um den Bogen auf Verständlichkeit und eventuelle Fehler zu überprüfen.[427] Außerdem konnte so überprüft werden, wie lange eine Befragungsperson für die Beantwortung der Fragen braucht. Die Teilnehmerinnen und Teilnehmer des Pretests wurden so ausgewählt, dass sie später nicht an der eigentlichen Befragung teilnehmen konnten, da ihre Fortbildungsveranstaltungen nicht im Befragungszeitpunkt lagen. Im Anschluss an die Bearbeitung des Frage-

425 *Porst*, S. 155.
426 *Porst*, S. 25ff.
427 *Döring/Bortz*, S. 411.

bogens wurden einzelne Feedbackgespräche mit den Teilnehmerinnen und Teilnehmern durchgeführt. Die Anregungen betrafen primär die Einleitung in die fünf verschiedenen Kapitel. Um die Verständlichkeit zu verbessern, wurden die Kapitelüberschriften klarer formuliert und fett abgedruckt. Auch die einleitenden Worte hinsichtlich der Zielsetzung der Fragen in den einzelnen Kapiteln wurden auf Anregung der Pretest-Befragungspersonen umformuliert. Insbesondere die Filterführung und das Layout wurden durch die Teilnehmerinnen und Teilnehmer des Pretests positiv hervorgehoben. Unter Berücksichtigung der Anmerkungen wurde der Bogen so konzipiert, dass seine Bearbeitung zwischen 10 und 15 Minuten dauerte. Sowohl die Beobachtung aus den Pretests als auch die spätere tatsächliche Durchführung der Befragungen in den Fortbildungsveranstaltungen zeigte, dass das Gros der Befragungspersonen in der Tat zwischen 10 und 15 Minuten benötigte, um den Bogen auszufüllen.

vi. Stichprobe

Bei der vorliegenden Untersuchung handelt es sich um eine Teilerhebung. Als Stichprobenart wurde eine nicht-probabilistische gewählt, die Auswahl der Teilnehmerinnen und Teilnehmer erfolgte sodann willkürlich, mithin liegt eine Gelegenheitsstichprobe (convenience sample) vor.[428] Die Auswahlpopulation[429] umfasste diejenigen Rettungskräfte, die durch den Verfasser bei den Fortbildungsveranstaltungen zwischen dem 01.03.2018 und dem 31.05.2018 an den Schulstandorten angetroffen wurden, dies waren insgesamt 851 Rettungskräfte. Die Teilnahme an der Befragung wurde den Befragungspersonen freigestellt. So selektierte sich die Auswahlpopulation von 851 erreichten Personen auf die sog. Inferenzpopulation von 823 freiwillig teilnehmenden Personen.[430] Der Stichprobenumfang beträgt demnach 823 Personen. Die Stichprobe ist nicht repräsentativ. Dies hat jedoch keine negative Auswirkung auf die Studie als solche. Es sagt nur aus, dass von der Stichprobe nicht auf die Grundgesamtheit geschlossen werden kann.[431] Das Erkenntnisziel der vorliegenden Untersuchung war nicht eine Populationsbeschreibung, sondern die Erörterung des Phänomens der Angriffe auf Rettungskräfte.

428 *Döring/Bortz*, S. 305.
429 *Döring/Bortz*, S. 294.
430 *Döring/Bortz*, S. 294.
431 *Döring/Bortz*, S. 299f.

c. Datensatz

Die eingesammelten Fragebögen beinhalten den Datensatz, auf den sich die Aussagen der vorliegenden Untersuchung beziehen. Im Folgenden soll erläutert werden, wie dieser Datensatz durch den Verfasser aufbereitet wurde.

i. Datenschutz

An die Beachtung des Datenschutzes wurden hohe Maßstäbe gelegt. Durch größtmögliche Anonymität wurde verhindert, dass Fragebögen auf einzelne Mitarbeiterinnen oder Mitarbeiter zurückzuführen sind. Die Fragen zur Person beschränkten sich auf ein Minimum. Die einzige Frage, die eindeutig zuzuordnen wäre, war die nach dem Geschlecht. Bei den Fragen nach dem Alter, der Dienstzugehörigkeit und der Größe der Stadt/Gemeinde, in der die Befragungspersonen vorwiegend Dienst verrichten, wurden die Antwortmöglichkeiten gruppiert. Auf Fragen nach dem konkreten Einsatzort, dem Dienstherren, dem Ausbildungsgrad, der Beschäftigungsform etc. wurde bewusst verzichtet. So konnten auch Rückschlüsse auf das Personal einzelner Rettungswachen oder Rettungsdienstbereiche ausgeschlossen werden. Auch die Tatsache, dass die Bögen sofort nach der Beantwortung durch den Verfasser persönlich eingesammelt wurden, erhöhte den Datenschutz. Bei der Berufsfeuerwehr Trier wurde ebenfalls eine Person abgestellt, die die Bögen austeilte und wieder einsammelte. Diese Bögen wurden im Büro des zuständigen Dozenten zentral verwahrt und durch den Verfasser persönlich abgeholt. Ein Rückschluss auf die Teilnehmer einzelner Fortbildungen wurde ausgeschlossen. Die Verarbeitung der Daten erfolgte ausschließlich auf dem passwortgeschützten PC des Verfassers in dessen privatem häuslichen Bereich.

ii. Teilnahmequote

Insgesamt wurden an die Teilnehmerinnen und Teilnehmer der Fortbildungsveranstaltungen 851 Fragebögen ausgegeben. Die Teilnahme war freiwillig. Die FRRP-Veranstaltungen finden in Gruppen von maximal 25 Personen statt. Durch die persönliche Ansprache im Rahmen der Fortbildungsveranstaltungen waren insgesamt 96,7 % der Anwesenden motiviert, an der Befragung teilzunehmen.

iii. Aussagekraft

Die Ergebnisse dieser Untersuchung beziehen sich ausschließlich auf die Inferenzpopulation, somit auf die 823 Rettungskräfte, die freiwillig an der Befragung teilnahmen. Diese Studienteilnehmerinnen und -teilnehmer stellten ca. 23,2 % der, zum Zeitpunkt der Untersuchung, im Rettungsdienst beschäftigten rd. 3550 Personen dar. Da alle Rettungskräfte verpflichtet sind, an den jährlichen Fortbildungsveranstaltungen teilzunehmen, wäre über diese Form der Kontaktaufnahme theoretisch auch eine Vollerhebung denkbar. Aus forschungsökonomischen Erwägungen sollte dies vorliegend jedoch nicht abgebildet werden. Durch das gewählte Modell der Gelegenheitsstichprobe ist eine statistische Hochrechnung auf alle Mitarbeiterinnen und Mitarbeiter des Rettungsdienstes in Rheinland-Pfalz nicht möglich und nicht erforderlich, um das Phänomen der Angriffe auf Rettungskräfte zu ergründen. Zudem ist zu beachten, dass es sich bei der Studie um eine direkte Befragung der Betroffenen handelte. Diese wurden um persönliche Einschätzungen gebeten. Die dadurch ermittelten Daten können nie exakte Tatsachen abbilden. Jede Befragungsperson bewertet eine Situation, z.B. bezogen auf Häufigkeiten, anders.[432] Auch die Operationalisierung der Begrifflichkeiten unterliegt zum einen dem Bewertungshorizont des Erstellers der Befragung und zum anderen der Interpretation der Befragungsperson. Dies ist jedoch ein Faktum, mit dem sich sozialwissenschaftliche Forschung stets auseinandersetzt und welches ihren Aussagewert dennoch nicht zu schmälern vermag.[433] Ebenso wird dadurch der Erkenntnisgewinn der Untersuchung nicht beeinträchtigt. Diese Interpretationszusammenhänge müssen bei der Deutung der Ergebnisse jedoch stets mitbedacht werden.[434] Da annähernd ein Viertel der Rettungskräfte erreicht wurden, können Rückschlüsse auf die gesamte Zielpopulation der Rettungskräfte in Rheinland-Pfalz gezogen werden, jedoch nicht statistisch repräsentativ. Insofern sind zumindest die tendenziellen Aussagen der Datenlage auf die Rettungskräfte in ganz Rheinland-Pfalz übertragbar.

---

432 *Kunz/Singelnstein*, § 17, Rn. 9.
433 *Collins*, S. 40ff.
434 *Walter/Brand/Wolke*, S. 40.

iv. Auswertungsmethoden

Der gewonnene Datensatz in Form der Fragebögen enthielt eine enorme Menge an beantworteten Fragen. In der quantitativen Forschung werden diese gesammelten Daten numerisch umgewandelt und dann verarbeitet.[435] Jede einzelne Frage und innerhalb dieser Frage jede Antwortmöglichkeit erhielt einen eigenen numerischen Wert. Die eingesammelten Fragebögen werden dann manuell zur Auswertung in den PC übertragen. Die entstandenen Rohdaten wurden mehrfach kontrolliert. Um Übertragungs- oder Tippfehler zu ermitteln, wurden die Wertebereiche, Häufigkeitsverteilungen und Wertelabels der einzelnen Variablen überprüft. Erst der so bereinigte Datensatz wurde schließlich ausgewertet. Zur Beantwortung der forschungsleitenden Fragen wurde das Forschungsdesign der explorativen quantitativen Studie gewählt, die die Erstellung einer Deskriptivstatistik ermöglicht.[436] Die Verarbeitung und Auswertung erfolgte mit dem Statistikprogramm IBM SPSS Statistics 25. Diese Vorgehensweise erlaubt eine deskriptive Datenanalyse. Die uni- und bivariat ermittelten Werte wurden in Tabellen abgebildet, die sodann beschrieben wurden. Um zum einen Überzufälligkeiten ausschließen zu können und zum anderen in der Lage zu sein, Zusammenhänge von Merkmalen zu bewerten, wurden mittels des Statistikprogramms Signifikanztests durchgeführt. Das Signifikanzniveau wurde zuvor auf $\alpha = 0{,}05$ festgelegt. Dies bedeutet, dass die Wahrscheinlichkeit bei höchstens 5 % liegt, dass das entsprechende Ergebnis nicht durch den untersuchten Zusammenhang zustande gekommen ist. Liegt der, durch den Chi-Quadrat-Test ermittelte, p-Wert unter dem Signifikanzniveau von 0,05, spricht man von einem signifikanten Ergebnis.[437] Ein kleiner p-Wert sagt jedoch lediglich aus, dass es eine statistische Evidenz für das entsprechende Ergebnis gibt. Die Effektstärke des Zusammenhangs kann hierdurch nicht verdeutlicht werden.[438] Durch Zusammenhangsanalysen kann dann die statistische Unabhängigkeit von Merkmalen berechnet werden. Die sog. Effektstärke wurde durch eine Kontingenzanalyse mittels Pearson χ^2 ermittelt. Der Kontingenzkoeffizient nach Pearson misst die Stärke der (statistischen) Abhängigkeit zweier Merkmale.[439] Die Ergebnisse spielen sich in den Wertebereichen zwischen 0

435 *Walter/Brand/Wolke*, S. 36.
436 *Döring/Bortz*, S. 612.
437 *Lange/Bender*, DMW 2001, S. 42.
438 *Bender/Lange*, DMW 2001, S. 39.
439 *Frost*, S. 87.

und 1 ab. 0 spricht in diesem Zusammenhang für ein absolute Unabhängigkeit und 1 für einen perfekten Zusammenhang.[440] Die ermittelten Werte sind mit Zurückhaltung zu betrachten. Es ist schon umstritten, ob ein Signifikanztest bei Gelegenheitsstichproben überhaupt sinnvoll durchgeführt werden kann,[441] und auch die Effektstärke der Zusammenhangsanalysen ist lediglich in der Lage Korrelationen nachzuweisen. Zwei Variablen korrelieren, wenn sie sich in die gleiche oder die entgegengesetzte Richtung entwickeln. Eine so berechnete Korrelation bedeutet dabei keine kausale Beziehung der Variablen. So kann beispielsweise die Anzahl der Klapperstörche in gleichem Maße ansteigen wie die der Neugeborenen. Eine kausale Verbindung lässt sich hieraus nicht ableiten.[442] Zudem ist die Signifikanz nicht gleichzusetzen mit der Relevanz. Die Höhe des p-Wertes hängt von verschiedenen Faktoren ab. Auch die Variabilität des geschätzten Effektmaßes ist auschlaggebend. Diese hängt wiederum von der Variabilität der Daten und der Größe der Stichprobe ab. Bei großen Stichproben tritt dadurch häufig der Effekt ein, dass nahezu alle Ergebnisse statistisch signifikant sind.[443] Die ermittelten Werte sind allen Tabellen angefügt und vor dem hier beschriebenen Hintergrund zu interpretieren.

---

440 *Frost*, S. 71ff.
441 *Döring/Bortz*, S. 300f.
442 *Frost*, S. 87.
443 *Bender/Lange*, DMW 2001, S. 39.

V. Ergebnisse

In Kapitel fünf werden die einzelnen Themenblöcke des Fragebogens erläutert und die Ergebnisse der Auswertung wiedergegeben. Ferner werden Aussagen zur Intention der einzelnen Fragen innerhalb der Themenblöcke getroffen und verdeutlicht, warum sich der Verfasser für die einzelnen Frageformen entschieden hat. Die Zusammenfassung und Analyse der Ergebnisse, besonders im Vergleich zu bisherigen Erkenntnissen in diesem Forschungsgebiet, erfolgt in den darauffolgenden Kapiteln.

a. Befragungspersonen

Um sich der Zielpopulation der Rettungskräfte in Rheinland-Pfalz wissenschaftlich zu nähern, wurde zunächst ermittelt, wie viele Menschen zum Zeitpunkt der Befragung im Rettungsdienst beschäftigt waren. Hierzu wurden die Planstellen des Ministeriums des Inneren und für Sport in Rheinland-Pfalz recherchiert und dann bei den Rettungsdiensten die tatsächliche Anzahl an Rettungskräften erfragt. Die Ergebnisse der Anfragen werden in den Tabellen 5.1, 5.2 und 5.3 im Vergleich zu den Ergebnissen der Studie dargestellt. Tabelle 5.1 zeigt eine Gegenüberstellung der Planstellen mit den tatsächlich beschäftigten Personen. Insofern umfasst die Zielpopulation ca. 3550 Rettungskräfte in Rheinland-Pfalz. Wie bereits geschildert, beziehen sich die Ergebnisse jedoch auf die Stichprobe in Form der Inferenzpopulation der 823 Rettungskräfte, die freiwillig an der Untersuchung teilnahmen. Diese Rettungskräfte werden fortan als Befragungspersonen bezeichnet. Auffallend ist, dass das DRK mit ca. 82,6 % mit Abstand den größten Anteil der rheinland-pfälzischen Rettungskräfte beschäftigt.

Tabelle 5.1: Planstellen vs. Beschäftigte (gerundete Zahlen)

	DRK	ASB	MHD	BF	JUH	BW	ges.
Plan	2284	157	123	62	57	35	2718[444]
tats.	2931	192	194	135	70	28	3550[445]

i. Geschlecht

Die Teilnehmerinnen und Teilnehmer wurden unter Wahrung des Datenschutzes gebeten vier personenbezogene Variablen anzugeben. Somit konnten zu jeder Frage stets Kreuzwerte ermittelt werden, um bspw. darstellen zu können, ob eine Gruppe ein höheres Risiko einer Viktimisierung aufweist. Um keine Gruppe innerhalb der Befragungspersonen zu diskriminieren,[446] wurde auf eine gendergerechte Formulierung der Fragebögen, insbesondere auch bei der Frage nach dem Geschlecht, geachtet. Somit wurde neben den Antwortmöglichkeiten „männlich“ und „weiblich“ auch „weder noch/weiß nicht“ als neutral formulierte Sammelkategorie angeboten. Insgesamt wählten 0,2 %[447] aller Befragungspersonen diese Kategorie bei der Angabe ihres Geschlechts. In absoluten Zahlen entspricht dies zwei Befragungspersonen, die als Geschlechtsangabe „weder noch / weiß nicht“ angegeben haben. Die Anzahl von zwei Personen bedeutet für die Auswertung dieser Geschlechtskategorie, dass ihr jeweiliger Anteil in Prozent rechnerisch stets bei null 50 oder 100 liegen muss. Die explizite Darstellung dieser Ergebnisse würde, zumindest in dieser Untersuchung, zu keinem wissenschaftlichen Mehrwert führen. Da der Anteil dieser Variable so gering war, wurde für eine einfachere Verständlichkeit und Übersichtlichkeit der präsentierten Ergebnisse weitestgehend auf eine Auswertung verzichtet. Wie in Tabelle 5.2 deutlich wird, waren über zwei Drittel der Befragungspersonen männlichen Geschlechts. Im Vergleich zu den Angaben der Rettungsdienstorganisationen zeigt sich, dass die ermittelten Werte dieser Studie mit den tatsächlichen Verhältnissen nahezu identisch sind.

444 *Bruckner*, MDI, 2019.

445 Aufgrund der fehlenden Angaben von ASB und JUH ist diese Zahl geschätzt. Die Einschätzung entspricht jedoch auch der Einschätzung der Vertreterinnen und Vertreter der Rettungsdienstorganisationen. Da die Personalstruktur ohnehin einer ständigen Fluktuation unterliegt, kann eine genaue Angabe der tatsächlich beschäftigten Personen immer nur eine Momentaufnahme sein.

446 *Döring/Bortz*, S. 122.

447 Bei Prozentangaben handelt es sich jeweils um Prozent nach SPSS.

Tabelle 5.2: Geschlecht (Angaben in Prozent)

Geschl.	DRK	ASB	MHD	BF	JUH	BW	Studie
männlich	80,0		69,1	82,4		82,1	75,1
weiblich	20,0		30,9	17,6		17,9	24,7
weder noch	0	0	0	0	0	0	0,2

ii. Alter

Um größtmöglichen Datenschutz zu gewährleisten, sollte verhindert werden, dass die Ergebnisse einzelnen Mitarbeiterinnen oder Mitarbeitern zugerechnet werden konnten. Insofern wurden die Altersangaben gruppiert abgefragt. Die Auswertung der Frage nach dem Alter ergab, dass weit über die Hälfte der Teilnehmerinnen und Teilnehmer unter 40 Jahre alt waren.

Tabelle 5.3: Alter (Angaben in Prozent)

Alter	DRK	ASB	MHD	BF	JUH	BW	Studie
Bis 30	45,2		57,7	25,0		82,1	43,0
31-40	26,1		29,4	50,0		10,7	23,9
41-60	27,2		11,9	25,0		7,1	31,9
61-70	1,5		1,0	0		0	1,2

iii. Diensterfahrung

Es wurde ebenso danach gefragt, seit wie vielen Jahren die Befragungspersonen bereits im Rettungsdienst tätig sind. Auch diese Daten wurden erhoben, um eventuelle Besonderheiten bezüglich der Diensterfahrung der Befragungspersonen ermitteln zu können, insbesondere, um in Erfahrung zu bringen, ob und wie sich eine besonders geringe bzw. geringe Diensterfahrung auf die Viktimisierungsquote, aber auch auf die Einschätzung von situativen Bedingungen auswirkt. Nach diesen Daten wurde ebenfalls aufgrund der Achtung des Datenschutzes gruppiert gefragt. Mit 37 Prozent gaben die meisten an, bereits seit über 15 Jahren beschäftigt zu sein.

Tabelle 5.4: Dienstzeit

Jahre	Häufigk.	Prozent
0-1	31	3,8
2-5	199	24,2
6-10	199	24,2
11-15	88	10,7
>15	304	37,0
gesamt	821	100

iv. Einsatzgebiet

Weiterhin wurde erhoben, welche Größe die Stadt oder Gemeinde hat, in der die Teilnehmerinnen und Teilnehmer vorwiegend eingesetzt sind. Es wurde explizit nach dem vorwiegenden Einsatzort gefragt. Aus eigener Erfahrung ist dem Verfasser bekannt, dass es mitunter vorkommt, dass Rettungskräfte bspw. Krankheitsvertretung in anderen Rettungsbereichen Rettungsdienst leisten. Die in Frage vier vorgegebenen Größen der Städte und Gemeinden orientieren sich zum einen an den Angaben der Polizeilichen Kriminalstatistik und zum anderen anhand der typischen Einwohnerzahlen der Städte und Gemeinden im Flächenland Rheinland-Pfalz. Wie in Tabelle 5.5 erkennbar ist, gaben zwölf Personen an, in Städten oder Gemeinden von über 500.000 Einwohnern eingesetzt zu werden.

Tabelle 5.5: Einsatzgebiet

	Häufigk.	Prozent
über 500.000 Einwohner	12	1,5
zwischen 100.000 – 500.000 Einwohner	174	21,3
zwischen 20.000 – 100.000 Einwohner	283	34,7
zwischen 5.000 – 20.000 Einwohner	294	36,1
unter 5.000 Einwohner	52	6,4
Gesamt	815	100

In Rheinland-Pfalz gibt es jedoch keine Stadt oder Gemeinde dieser Größenordnung. Mit 217.272 gemeldeten Hauptwohnsitzen (Stand 30.11.2021)[448] ist die Landeshauptstadt Mainz die größte und zugleich die einzige Stadt mit über 200.000 Einwohnern. Die nächstgrößeren Städte sind Ludwighafen am Rhein, Koblenz, Trier und Kaiserslautern. Bei den zwölf Antworten kann es sich somit um ein Versehen handeln. Allerdings könnte es auch sein, dass die Befragungspersonen aus einem anderen Rettungsdienstgebiet mit über 500.000 Einwohnern nach Rheinland-Pfalz gekommen sind. Die größte Anzahl der Teilnehmerinnen und Teilnehmer gab mit 36,1 % an, in Städten bzw. Gemeinden zwischen 5.000 und 20.000 Einwohnern eingesetzt zu sein, dicht gefolgt von der zweitgrößten Gruppe, die mit 34,7 % angab, in Gebieten zwischen 20.000 und 100.000 Einwohnern tätig zu sein. Auch diese Frage sollte dazu dienen, als Variable für die Auswertung der übrigen Antworten genutzt zu werden.

b. Verbale Gewalt

Neben der Betrachtung körperlicher Übergriffe gegen Rettungskräfte war auch die Erhebung von Daten zu verbaler Gewalt Gegenstand der Untersuchung. Um die Interpretation von verbaler Gewalt nicht ausschließlich den Befragungspersonen zu überlassen, wurde gezielt nach drei Unterkategorien gefragt. Zum einen nach der Kategorie Beleidigung, Beschimpfung, Bespucken; dann nach Bedrohungen ohne eine Waffe oder einem gefährlichen Werkzeug; und schließlich nach Bedrohungen mit einer Waffe oder einem gefährlichen Werkzeug. Dies diente der Vergleichbarkeit unter anderem mit der kriminologischen Großstadtanalyse aus Bonn. Dort wurde ebenfalls nach den Kategorien Beleidigung, Beschimpfung, Bespucken einerseits und Bedrohungen andererseits gefragt, allerdings ohne die Unterteilung, mit oder ohne Waffe oder gefährlichem Werkzeug.[449] Wie bei der gesamten Studie gilt auch hier, dass es sich um eine subjektive Bewertung durch die Teilnehmerinnen und Teilnehmer handelt. Auch wenn den Befragungspersonen drei Unterkategorien zum Oberbegriff verbale Gewalt zur Verfügung gestellt wurden, bleibt es ihrer Bewertung überlassen, was sie als Beleidigung oder Bedrohung werten und was sie als „häufig", „manchmal" oder „selten" einstufen.

448 *Landeshauptstadt Mainz,* Stand 30.11.2021.

449 *Dressler*, S. 83.

i. Lebenszeit- und 12-Monats-Prävalenz

Die Frage nach der Konfrontation mit verbaler Gewalt wurde zunächst bezogen auf die gesamte Dienstzeit gestellt. Bei dieser Frage fünf des Fragebogens gaben 94,2 % (n=823) an, bereits Opfer verbaler Gewalt geworden zu sein. In einer weiteren Frage sechs wurde sich auf eine Konfrontation mit verbaler Gewalt innerhalb der letzten zwölf Monate bezogen. Hier gaben noch 77,1 % (n=822) an, betroffen gewesen zu sein.

ii. Häufigkeit

Um die Belastung mit verbaler Gewalt genauer darstellen zu können, wurden in den Fragen fünf und sechs ebenso Häufigkeiten erfragt. In Tabelle 5.6 wird deutlich, dass über die Hälfte der Befragungspersonen „häufig" oder zumindest „manchmal" beleidigt, beschimpft oder bespuckt worden ist. Auch bezogen auf die letzten zwölf Monate bleibt es bei dieser Feststellung, vgl. Tabelle 5.7.

Auffällig sind die sehr niedrigen Anteile in der Häufigkeitskategorie „nie". Allerdings wird auch festgestellt, dass jeweils über 40 % der Befragungspersonen die Häufigkeit mit „selten" bewerten.

Tabelle 5.6: Verbale Gewalt / ges. Dienstzeit / Häufigkeiten

	Beleid., Beschimpf., Bespucken (p=0,000)	Bedrohung o. Waffe/g.W. (p=0,000)	Bedrohung m. Waffe/g.W. (p=0,000)
häufig	13,7 %	1,5 %	0,1 %
manchmal	44,5 %	22,7 %	4,5 %
selten	41,3 %	53,8 %	33,8 %
nie	0,5 %	22,0 %	61,6 %
gesamt	n=766	n=731	n=717

Hinsichtlich der Bedrohungen mit oder ohne Waffe oder gefährlichen Werkzeug sind insgesamt deutlich niedrigere Belastungen ermittelt worden. Dennoch gaben 24,2 %, bezogen auf die gesamte Dienstzeit an, „häufig" oder „manchmal" ohne Waffe oder gefährlichen Werkzeug bedroht worden zu sein. Somit gaben aber auch 75,8 % an, „selten" oder „nie" ohne eine Waffe oder gefährlichen Werkzeugs bedroht worden zu sein. Mit einer Waffe oder einem gefährlichen Werkzeug wurden während der gesamten Dienstzeit

4,6 % der Befragungspersonen „häufig" und oder „manchmal" bedroht. 33,8 % der Befragungspersonen gaben an „selten" und 61,6 % gaben an „nie" mit einer Waffe oder einem gefährlichen Werkzeug bedroht worden zu sein.

Tabelle 5.7: Verbale Gewalt / 12 Monate zurück / Häufigkeiten

	Beleidigung, Beschimpf., Bespucken (p=0,000)	Bedrohung o. Waffe/g.W. (p=0,000)	Bedrohung m. Waffe/g.W. (p=0,000)
häufig	14,9 %	1,0 %	0 %
manchmal	39,8 %	18,2 %	2,8 %
selten	44,5 %	41,6 %	19,0 %
nie	0,8 %	39,2 %	78,3 %
gesamt	n=625	n=584	n=575

Bezogen auf die letzten zwölf Monate ergeben sich andere Häufigkeitszahlen. Sie liegen jedoch nah an denen zur gesamten Dienstzeit. So bewerten 54,7 % der Befragten die Häufigkeit bei Beleidigungen, Beschimpfungen und Bespucken als „häufig" bzw. „manchmal". Dies sind nur 3,5 % weniger als bei der Bewertung der gesamten Dienstzeit. Auch die Bewertung als „selten" oder „nie" weicht kaum von der zur gesamten Dienstzeit ab. Auffällig sind eher die Aussagen zu den Bedrohungen mit oder ohne Waffe oder gefährlichen Werkzeug. Bedrohungen ohne eine Waffe oder einem gefährlichen Werkzeug bewerteten 5 % weniger als „häufig" oder „manchmal", nämlich nur 19,2 %. Insgesamt bewerteten 80,8 % diese Bedrohungen als „selten" oder „nie". Besonders die Kategorie „nie" erhöhte sich, bezogen auf die letzten zwölf Monate, um 17,2 % im Vergleich zur gesamten Dienstzeit. Auch bei den Bedrohungen mit einer Waffe oder einem gefährlichen Werkzeug erhöhte sich die Kategorie „nie" deutlich, und zwar um 16,7 % auf insgesamt 78,3 %.

c. *Körperliche Gewalt*

Auf die Belastung der Rettungskräfte mit körperlicher Gewalt wurde das Hauptaugenmerk der Studie gelegt. Insgesamt befassten sich 17 der 35 Fragen mit dieser Thematik. Es sollten auch hier mögliche Besonderheiten der Opfer ermittelt werden, ebenso die Qualität und die Häufigkeit körperlicher Angriffe. Auch gänzlich neue Betrachtungen wurden aufgenommen; so waren auch die Auswirkungen auf das Einsatzgeschehen von Interesse.

i. Lebenszeit- und 12-Monats-Prävalenz

Bezogen auf die gesamte Dienstzeit gaben etwa zwei Drittel, genauer 64,7 % (n=821), der Befragungspersonen an, bereits Opfer körperlicher Gewalt geworden zu sein. Bezogen auf die letzten zwölf Monate waren es immer noch 40,6 % (n=822).

ii. Häufigkeit

Auch bei den körperlichen Angriffen wurden den Befragungspersonen verschiedene Arten vorgegeben, die sie in der Häufigkeit bewerten konnten. Zusätzlich gab es die Möglichkeit, unter der Kategorie „Sonstiges" in einem Freitextfeld weitere Arten körperlicher Gewalt zu nennen. In Tabelle 5.8 wird deutlich, dass sich die meisten Übergriffe, bezogen auf die gesamte Dienstzeit, der Kategorie „Schubsen" und „Anrempeln" zuordnen lassen. Insgesamt gaben 36,4 % an, „häufig" oder zumindest „manchmal" auf diese Weise körperlich angegriffen worden zu sein. Zusätzlich bewerteten 56,1 % diese Angriffe als „selten". Nur 7,6 % gaben an, noch „nie" geschubst oder angerempelt worden zu sein. Die zweithöchsten Häufigkeitszahlen weist die Kategorie „Einsperren, den Weg versperren" auf. 21,8 % gaben an „häufig" oder „manchmal" eingesperrt worden zu sein oder dass ihnen der Weg versperrt wurde. Weitere 44,4 % bewerteten diese Angriffe als „selten". Die Kategorien „Schlagen" und „Treten" liegen in allen Häufigkeitsangaben eng beieinander. Sie werden überwiegend als „selten" eingestuft. Angriffe mit einer Waffe oder einem gefährlichen Gegenstand wurden zu 4,1 % mit „manchmal" und in 37,2 % als „selten" bewertet. Der überwiegende Anteil von 58,7 % gab an, „nie" derart betroffen gewesen zu sein. Die Kategorie „Sonstiges" wurde nur von 149 Personen beantwortet. 70,5 % der Befragungspersonen gaben hier an, „nie" auf sonstige Art und Weise körperlich angegriffen worden zu sein. Unter den Freitextantworten wurden dennoch verschiedenste Übergriffe genannt. So gaben die Befragungspersonen beispielsweise an, gewürgt oder mit Gegenständen beworfen worden zu sein. Andere wurden gebissen oder mit Blut beschmiert, festgehalten, gekratzt oder angefahren.

Tabelle 5.8: Körperliche Gewalt / gesamte Dienstzeit / Häufigkeiten

	häufig	manchmal	selten	nie	ges.
Schubsen, Anrempeln (p=0,000)	4,8 %	31,6 %	56,1 %	7,6 %	n=503
Schlagen (p=0,000)	0,8 %	12,4 %	54,4 %	32,3 %	n=498
Treten (p=0,000)	0,6 %	11,2 %	48,6 %	39,6 %	n=475
Angriff mit Waffe oder gefährlichem Gegenstand (p=0,000)	0 %	4,1 %	37,2 %	58,7 %	n=465
Einsperren, den Weg versperren (p=0,000)	2,1 %	19,7 %	44,4 %	33,7 %	n=466
Sonstiges (p=0,000)	1,3 %	4,7 %	23,5 %	70,5 %	n=149

Bezogen auf die letzten zwölf Monate ergaben sich bei den Angaben zur Häufigkeit nur minimale Veränderungen. Wie in Tabelle 5.9 ersichtlich wird, stieg der Anteil der Kategorie „nie" für alle Arten von körperlichen Angriffen an und die Kategorie „selten" sank ab.

Auch hier überwogen die Angriffe der Kategorie „Schubsen, Anrempeln". Die übrige Verteilung der Häufigkeiten entspricht in etwa der, bezogen auf die gesamte Dienstzeit und bestätigt somit die Ergebnisse der Auswertung von Tabelle 5.8.

Tabelle 5.9: Körperliche Gewalt / 12 Monate zurück / Häufigkeiten

	Häufig	manchmal	selten	nie	ges.
Schubsen, Anrempeln (p–0,000)	5,0 %	31,0 %	53,6 %	10,5 %	n=323
Schlagen (p=0,000)	0,6 %	13,0 %	38,9 %	47,0 %	n=316
Treten (p=0,000)	0,3 %	9,2 %	36,6 %	53,8 %	n=303
Angriff mit Waffe oder gefährlichem Gegenstand (p=0,000)	0,3 %	3,0 %	18,5 %	78,2 %	n=303
Einsperren, den Weg versperren (p=0,000)	3,1 %	14,0 %	39,2 %	43,7 %	n=293
Sonstiges (p=0,000)	2,0 %	2,9 %	11,8	83,3	n=103

iii. Verletzungen

Neben Arten und Häufigkeiten körperlicher Angriffe lagen ebenso deren Auswirkungen auf die Betroffenen im Fokus der Untersuchung. Die Fragen zehn und elf bezogen sich auf Verletzungen durch körperliche Angriffe. Gefragt war nach Häufigkeiten und der Schwere der Verletzungen. Die Bandbreite der vorgegebenen Verletzungsgrade reichte von geringen Verletzungen ohne ärztliche Behandlung bis hin zu akuter Lebensgefahr oder einer notwendigen Reanimation der betroffenen Personen. Die Rettungskräfte sollten Angaben bezogen auf ihre gesamte Dienstzeit und bezogen auf die letzten zwölf Monate machen. Mit Blick auf die gesamte Dienstzeit gaben 30,2 % (n=822) der Befragungspersonen an, durch einen Angriff verletzt worden zu sein. Bezogen auf die letzten zwölf Monate lag der Anteil bei 14,8 % (n=820).

1. Häufigkeiten der Schweregrade

Tabelle 5.10: Körperliche Gewalt / Verletzungen / Gesamtbelastung

	häufig	manchmal	selten	nie	ges.
Geringe Verletzung. Ohne ärztliche Behandlung. (p=0,000)	3,3 %	18,3 %	75,1 %	3,3 %	n=241
Leichte bis mäßige Verletzung. Mit ambulanter ärztlicher Abklärung. (p=0,000)	1,7 %	6,4 %	30,1 %	61,9 %	n=236
Mäßige bis schwere Verletzung. Mit stationärer ärztlicher Behandlung. (p=0,000)	0 %	0,9 %	2,2 %	96,9 %	n=227
Schwere Verletzung. Kurzzeitige Lebensbedrohung nicht ausgeschlossen. (p=0,000)	0 %	0,9 %	0,9 %	98,2 %	n=228
Akute Lebensgefahr (p=0,000).	0 %	0,4 %	1,8 %	97,8 %	n=227
Reanimation (p=0,000).	0 %	0,4 %	0,4 %	99,1 %	n=224

Bei den Häufigkeiten der einzelnen Schweregrade an körperlichen Verletzungen gab es zwischen der Bewertung der gesamten Dienstzeit und der Bewertung der letzten zwölf Monate keine nennenswerten Abweichungen, vgl. Tabellen 5.10 und 5.11.

Bezogen auf die gesamte Dienstzeit gaben 20,6 % der Betroffenen an, „häufig“ oder „manchmal“ geringe Verletzungen ohne notwendige ärztliche Behandlung erlebt zu haben. Die Mehrheit von 75,1 % bewerte diese Verletzungen als „selten“ und nur 3,3 % gaben an, „nie“ geringe Verletzungen erlitten zu haben, vgl. Tabelle 5.10. Diese Personen haben dann wahrscheinlich ausschließlich Verletzungen mit höheren Schweregraden erlebt. In der Kategorie „Leichte bis mäßige Verletzung[en]. Mit ambulanter ärztlicher Behandlung.“ gaben noch 8,1 % der Betroffenen an, „häufig“ oder „manchmal“ Verletzungen dieses Schweregrades erlebt zu haben. Als „selten“ bewerteten dies noch 30,1 %. Die überwiegende Mehrheit von 61,9 % erlitt „nie“ Verletzungen dieses Schweregrades. Bei den übrigen Kategorien mit aufsteigendem Schweregrad der Verletzungen ist festzustellen, dass jeweils über 96,9 % der Betroffenen angaben, „nie“ Verletzungen der einzelnen Schweregrade erlitten zu haben.

Tabelle 5.11: Körperliche Gewalt / Verletzungen / 12 Monate zurück

	häufig	manchmal	selten	nie	ges.
Geringe Verletzung. Ohne ärztliche Behandlung. (p=0,000)	3,4 %	19,8 %	74,1 %	2,6 %	n=116
Leichte bis mäßige Verletzung. Mit ambulanter ärztlicher Abklärung. (p=0,000)	0,9 %	6,4 %	28,2 %	64,5 %	n=110
Mäßige bis schwere Verletzung. Mit stationärer ärztlicher Behandlung. (p=0,000)	0 %	0 %	1,9 %	98,1 %	n=108
Schwere Verletzung. Kurzzeitige Lebensbedrohung nicht ausgeschlossen. (p=0,000)	0 %	0 %	0 %	100 %	n=108
Akute Lebensgefahr (p=0,000).	0 %	0 %	1,9 %	98,1 %	n=107
Reanimation (p=0,000).	0 %	0 %	0 %	100 %	n=106

Diejenigen Rettungskräfte, die durch körperliche Angriffe verletzt wurden, erlitten mithin beinahe ausschließlich geringe oder leichte bis mäßige Verletzungen. Mäßige bis schwere oder gar lebensbedrohliche Verletzungen stellen somit die Ausnahme dar.

2. Verteilung der Verletzungsquote

An dieser Stelle wurde analysiert, ob Merkmale wie das Geschlecht, das Alter, die Diensterfahrung oder das Einsatzgebiet eine Auswirkung auf die Gefahr haben, bei einem körperlichen Angriff auch verletzt zu werden. Wie oben bereits genannt, gaben insgesamt 30,2 % der Befragungspersonen an, in ihrer gesamten Dienstzeit bei einem Angriff bereits verletzt worden zu sein. Bei der Kreuzauswertung mit dem Merkmal „Geschlecht" ergab sich, dass 29,3 % der männlichen und 32,5 % der weiblichen Befragungspersonen betroffen waren. Beide Werte liegen also sehr nah am Gesamtschnitt. Ein deutlicher geschlechtsspezifischer Unterschied lässt sich somit nicht nachweisen. Von den beiden Personen, die bei der Geschlechtsangabe „Weder noch / weiß nicht" angegeben hatten, wurde eine durch einen körperlichen Angriff verletzt, die andere nicht. Auch die Analyse des Alters der Betroffenen ergab keine deutlichen Abweichungen zu Lasten einer Altersstufe. Bei der Betrachtung der Diensterfahrung im Zusammenhang mit der Verletzungsrate zeichnete sich jedoch ein deutliches Bild ab. In jeder Stufe der Diensterfahrung nahm die Quote der Rettungskräfte, die durch einen Angriff verletzt wurden, zu: von 9,7 % bei Rettungskräften mit einer Diensterfahrung von null bis zu zwei Jahren bis zu 34,7 %, bei Rettungskräften mit einer Diensterfahrung von über 15 Jahren, vgl. Tabelle 5.12.

Tabelle 5.12: Körperliche Gewalt / Verletzungen / Diensterfahrung

Diensterfahrung	Verletzungsquote (p=0,016)
0-1 Jahre	9,7 %
2-5 Jahre	25,1 %
6-10 Jahre	29,6 %
11-15 Jahre	34,1 %
> 15 Jahre	34,7 %

Hier lässt sich allerdings feststellen, dass der Unterschied zwischen der Gruppe der Befragungspersonen mit einer Diensterfahrung von elf bis 15 Jahren und von über 15 Jahren nur sehr gering ausgeprägt ist. Des Weiteren ließen sich auch im Vergleich mit der Einwohnerzahl des Einsatzgebietes der Rettungskräfte Auffälligkeiten feststellen. Wie bei der generellen Belastung mit verbaler oder körperlicher Gewalt ist auch bei der Verletzungsquote zu beobachten, dass die Rettungskräfte aus den einwohnerärmsten Gebieten die geringsten Verletzungsquoten aufweisen. Die höchste Verletzungsquote weisen Rettungskräfte aus Gebieten mit einer Einwohnerzahl von 20.000 bis 100.000 Einwohnern aus. Ihr Anteil beträgt 34,6 %, vgl. Tabelle 5.13.

Tabelle 5.13: Körperliche Gewalt / Verletzungen / Einsatzgebiet

Einsatzgebiet	Verletzungsquote (p=0,237)
über 500.000 EW	18,2 %
100.000 - 500.000 EW	27,0 %
20.000 - 100.000 EW	34,6 %
5.000 - 20.000	29,6 %
unter 5.000 EW	23,1 %

Insgesamt wiegen die merkmalsspezifischen Unterschiede nicht so schwer. Die Werte liegen recht nah am Gesamtschnitt von 30,2 %.

Dennoch konnten Zusammenhänge mit der Dienstzeit und der Verletzungsquote sowie mit der Einwohnerzahl des Einsatzgebietes und er Verletzungsquote ermittelt werden.

d. Genese der Angriffe

Ebenso wichtig wie die Darstellung der Qualität und Quantität verbaler und körperlicher Angriffe und deren Folgen ist die Aufarbeitung der Umstände, die zu solchen Angriffen führen. Um die Ursachen körperlicher Gewalt gegen Rettungskräfte darstellen zu können, müssen insbesondere die Situationen beleuchtet werden, die zur Gewalt führten. Ohne eine Analyse der Genese solcher Gewalttaten können keine Schutz- oder Präventionsmaßnahmen entwickelt werden. Der vierte Abschnitt des Fragebogens beschäftigte sich somit eigens mit der Genese solcher körperlichen Angriffe. Bei den Fragen 14 bis 23 wurden die Befragungspersonen gebeten, alle Antworten auf den letzten körperlichen Angriff, den sie im Dienst erlebt hatten, zu beziehen.

Diese Einschränkung sollte die Befragungspersonen in die Lage versetzen, sich genau an einen prägnanten Angriff zurück zu erinnern und diesen, bezogen auf Hergang und den Charakteristika, zu beschreiben. Ob es sich dabei zeitlich genau um den letzten körperlichen Angriff handelte, war hierbei von geringerer Relevanz. Die konkrete Fragestellung zielte darauf ab, dass sich die Befragten speziell auf den Hergang eines bestimmten Angriffs konzentrieren, der ihnen in besonderer Erinnerung geblieben war. Die Entwicklung der Interaktion zwischen Rettungskraft und späterem Täter bzw. späterer Täterin sollte so genau wie möglich dargestellt werden. Durch eine Filterfunktion wurden diejenigen Rettungskräfte, die noch keinen körperlichen Angriff gegen sich erlebt hatten, direkt zum nächsten Themenblock weitergeleitet.

i. Kommunikation

Zum einen zielten die Fragen darauf ab, den Angreifer, sein Motiv und die genauen Umstände des Angriffs zu ermitteln. Zentraler Bestandteil der Befragung war jedoch, die Umstände und den Verlauf der Kommunikation zwischen Rettungskraft und Täter zu ermitteln. Bei der Konzeption des Fragebogens sollte demnach die entscheidende Variable der Kommunikation zwischen Angreifer und Opfer operationalisiert werden.

1. Vorhersehbarkeit

Zunächst wurde in Frage 14 danach gefragt, wie es zu dem körperlichen Angriff kam. Hier war von vordringlichem Interesse, ob es überhaupt zu einer Kommunikation im Sinne eines verbalen Austauschs zwischen den Rettungskräften und Angreiferinnen bzw. Angreifern kam. Es waren Mehrfachnennungen möglich. Wie aus Tabelle 5.14 hervorgeht, gaben 25,6 % an, dass der Angriff ohne vorherige Kommunikation oder gar vorherigen Kontakt erfolgte. Der Angriff traf sie demnach unvorhergesehen. 41,3 % gaben an, dass sie der Angriff ebenfalls unvorhergesehen traf, im Vorhinein jedoch eine Kommunikation stattgefunden hatte. 23,7 % gaben an, dass der Angriff für sie bereits absehbar war. Die meisten Befragten (61,2 %) wählten die Antwort, dass die Situation bereits vor dem Angriff angespannt war. Diese Bewertung kann auf alle Situationen bezogen werden, für unvorhersehbare Angriffe mit oder ohne vorherige Kommunikation ebenso wie für vorhersehbare. Mithin bewerteten die meisten Befragungspersonen bereits die Ausgangssituation als angespannt.

Tabelle 5.14: Kommunikation (Prozent) / (n=523)

	män.	weibl.	ges.
Völlig überraschend, es gab vorher keinen Kontakt (p=0,149)	27,6	19,2	25,6
Völlig überraschend, vorher wurde jedoch kommuniziert (p=0,548)	40,5	44,2	41,3
Die Situation war bereits angespannt (p=0,123)	63,2	55	61,2
Es war absehbar (p=0,160)	22,9	22,8	23,7

Die Prozentzahlen der männlichen und weiblichen Befragungspersonen lagen alle im vergleichbaren Bereich. Insgesamt bewerteten jedoch mehr Männer die Situation als bereits angespannt. Auch in der Kategorie „Völlig überraschend, es gab vorher keinen Kontakt" liegen die Werte der männlichen Befragungspersonen über denen der weiblichen, vgl. Tabelle 5.14. Besondere Ausschläge zu Lasten eines Geschlechts sind jedoch nicht zu beobachten. Interessant war an dieser Stelle ebenfalls die Analyse der Antworten zu Frage 14 im Vergleich zur Diensterfahrung der einzelnen Rettungskräfte. Eventuell hätte sich die steigende Diensterfahrung auf die Bewertung der einzelnen Situationen positiv oder negativ auswirken können. Aber auch diese Auswertung führte zu keinen Besonderheiten. Die Prozentwerte der einzelnen Unterkategorien lagen noch enger beieinander als bei der Auswertung der geschlechtsspezifischen Unterschiede.

2. Verlauf der Kommunikation

Um die Kommunikation zwischen Rettungskraft und Angreiferin bzw. Angreifer noch genauer bewerten zu können, wurde in Frage 19 nach dem Verlauf der Kommunikation gefragt. Hier wurden verschiedene Kommunikationsprobleme bzw. -erschwernisse in unterschiedlichen Szenarien vorgegeben. Zusätzlich wurde ein Freitextfeld angelegt, um den Befragungspersonen die Möglichkeit zu geben, weitere Kommunikationsprobleme nennen zu können.

Tabelle 5.15: Kommunikation / Verlauf (Prozent) / (n=517)

	män.	weibl.	ges.
Die Angreiferin / der Angreifer konnte mich nicht verstehen (Sprachbarriere / zu laut / Alkohol) (p=0,440)	36,2	32,5	35,2
Die Angreiferin / der Angreifer wollte mir nicht zuhören (p=0,223)	58	55	57,1
Ich konnte meine Maßnahmen nicht ankündigen / erklären (p=0,168)	15,7	9,2	14,1
Die Angreiferin / der Angreifer war bereits aggressiv (p=0,038)	74,2	69,2	72,7
Die Angreiferin / der Angreifer folgte nicht den Anweisungen (p=0,444)	42,3	40	41,6
Die Kommunikation verlief unauffällig (p=0,199)	12,2	10	11,8
Sonstiges / Bitte nennen (p=0,460)	1	2,5	1,4

Bei der Analyse der Daten aus Tabelle 5.15 ist zu beachten, dass Mehrfachnennungen erlaubt waren. Nur 11,8 % der Befragungspersonen bewerteten die Kommunikation als unauffällig. Die meisten Rettungskräfte empfanden mit 72,7 % die Angreiferin bzw. den Angreifer als bereits aggressiv. 57,1 % gaben an, dass die Angreiferin bzw. der Angreifer nicht zuhören wollte, weitere 41,6 %, dass sie nicht den Anweisungen der Rettungskräfte folgten. Knapp über ein Drittel gab an, dass die Angreiferin bzw. der Angreifer sie gar nicht verstehen konnte. 1,4 % der Rettungskräfte nannten auch sonstige Kommunikationsprobleme bzw. -erschwernisse. Mehrfach wurde die Demenzerkrankung der Angreiferinnen und Angreifer genannt, aber auch Angstzustände. Ebenso wurde ausgeführt, dass keinerlei Kommunikation stattfand. Wie in Tabelle 5.15 ersichtlich ist, sind auch hier die geschlechtsspezifischen Unterschiede nur minimal. Im Schnitt liegen die Prozentanteile der männlichen Befragungspersonen leicht über denen der weiblichen. Das Ausmaß lässt aber keine eindeutigen Unterschiede feststellen. Ebenso verhielt es sich bei der Analyse der Unterschiede zwischen den Lebensaltersstufen und der Diensterfahrung. Keines der beiden Merkmale, im Vergleich zu den Aussagevariablen ergab eindeutige spezifische Besonderheiten. Somit bewerteten die Rettungskräfte die Kommunikation mit den Angreiferinnen und Angreifern gleich. Das Geschlecht, das Alter und auch die Diensterfahrung spielten dabei keine nachweisbar gewichtige Rolle.

ii. Motivation

Über die bloße Schilderung des Eindrucks, den die Angreiferin oder der Angreifer auf die Rettungskräfte machten, hinaus ging die Frage nach den Motiven für die Täterinnen und Täter. In Frage 17 sollten die Befragungspersonen somit mögliche Beweggründe der Angreiferinnen und Angreifer nennen. Hier waren Mehrfachnennungen möglich. Aus Tabelle 5.16 wird ersichtlich, dass die deutlich überwiegende Anzahl mit 59,9 % den „Respektverlust gegenüber den Rettungskräften" als Ursache für den körperlichen Angriff nannte, dicht gefolgt von psychiatrischen Ausnahmesituationen. Diese wurden von 51,6 % der Befragungspersonen als Ursache angegeben. Mit etwas Abstand werden auf etwa gleichem Niveau die Kategorien „Abwehr medizinischer Maßnahmen" mit 36,3 %, die „Abwehr des Transports" mit 35,5 % und die Kategorie „Feuerwehr/Rettungsdienst als Feindbild (Teil des Staates)" mit 35,2 % genannt. Als „unbewusste/unabsichtliche Handlung" werteten 25,7 % den Angriff. Etwas dahinter, wieder auf etwa gleichem Niveau, liegen die Kategorien „Unzufriedenheit mit dem Einsatzablauf" mit 21,2 % und „Kulturelle Konflikte" mit 22,9 %. Nur 17,4 % gaben an keinen Grund erkannt zu haben.

Tabelle 5.16: Motivation / Ursache (Prozent) / (n=529)

	män.	weib.	ges.
Unzufriedenheit mit dem Einsatzablauf (p=0,695)	21,7	19,8	21,2
Feuerwehr/Rettungsdienst als Feindbild (Teil des Staates) (p=0,420)	36,2	32,2	35,2
Kulturelle Konflikte (z.B. Kommunikationsprobleme, kulturelle Unterschiede) (p=0,481)	23,9	19,8	22,9
Abwehr medizinischer Maßnahmen (p=0,014)	33,5	44,6	36,3
Abwehr des Transports (p=0,889)	35,2	36,4	35,5
Unbewusste/unabsichtliche Handlung (z.B. durch an Demenz erkrankte Person) (p=0,570)	26,4	23,1	25,7
Psychiatrische Ausnahmesituation (p=0,955)	52	50,4	51,6
Respektverlust gegenüber den Rettungskräften (0,200)	59,6	62	59,9
Kein Grund / Motiv erkennbar (p=0,562)	18,2	14,9	17,4
Sonstiges (p=0,848)	3,9	5	4,2

4,2 % nutzten auch das Freitextfeld unter der Kategorie „Sonstiges“. Hier wurden im Wesentlichen zwei Motive vorgetragen. Häufig wurde Alkohol- oder Drogenkonsum genannt. Dieser wurde jedoch bereits bei der Einschätzung der Person des Angreifers erfragt und ist daher nicht als Ursache zu betrachten. Auf der anderen Seite wurden oft innerfamiliäre Streitigkeiten geschildert. In einem Fall entlud sich wohl der Ärger darüber, dass das Rettungseinsatzfahrzeug den Angreifer zugeparkt hatte. Bei der Analyse der Daten wurde ein geschlechtsspezifischer Unterschied deutlich. Mit 44,6 % im Vergleich zu 33,5 % bewerteten deutlich mehr Frauen die „Abwehr medizinischer Maßnahmen“ als Ursache der körperlichen Gewalt gegen sie. Der p-Wert von 0,014 legt hier nahe, dass statistische Evidenz für dieses Ergebnis vorliegt. Ebenso interessant wie die Analyse von geschlechtsspezifischen Unterschieden war hier insbesondere die Analyse der Antworten in Verbindung mit dem Lebensalter, der Diensterfahrung und dem Einsatzgebiet. Bei dieser Auswertung wurde sich auf die beiden meistgenannten Ursachen „Respektverlust gegenüber den Rettungskräften“ und „psychiatrische Ausnahmesituationen“, sowie mögliche „kulturelle Konflikte“ und zuletzt auf die Kategorie „Feuerwehr/Rettungsdienst als Feindbild (Teil des Staates)“ beschränkt. Die gewählte Formulierung „Respektverlust gegenüber den Rettungskräften“ impliziert, dass von der Befragungsperson ein Vergleich zu einem früheren Zeitpunkt, mit einem höheren Grad an Respekt gegenüber Rettungskräften verlangt wurde. Andernfalls kann nicht von einem Verlust gesprochen werden. Daher ist hier besonders der Vergleich der Antworten zwischen den verschiedenen Alters- und Diensterfahrungsstufen von Interesse. Wie in Tabelle 5.17 zu erkennen ist, liegen die Angaben der einzelnen Altersstufen auf hohem Niveau recht nah beieinander.

Tabelle 5.17: Motivation / Ursache / Alter (Prozent)

	bis 30	31-40	41-60	61-70
Respektverlust (p=0,269)	58	58,1	64,6	33,3
Psy. Ausnahmesituation (p=0,745)	52,2	53,7	49,2	66,7
Kultureller Konflikt (p=0,788)	21,5	25,7	22,1	16,7
FW/RD als Feindbild (p=0,373)	39,5	30,9	33,1	33,5

Am höchsten bewertete die Gruppe der 41 bis 60-jährigen Rettungskräfte den Respektverlust, die Gruppe der 61 bis 70-jährigen dagegen am niedrigsten. Diese Gruppe bestand insgesamt jedoch nur aus zehn Personen. Somit entstehen bei der Auswertung oftmals enorme Prozentzahlen. Dies muss bei der

Bewertung stets mitbedacht werden. Ein Blick auf die Angaben der verschiedenen Untergruppen von Diensterfahrungen zeigt, dass auch hier die Angaben zum Respektverlust auf einem ähnlichen Niveau liegen. Den höchsten Anteil, mit 66,7 % stellt die Gruppe mit einer Diensterfahrung von null bis zwei Jahren, den nächsthöchsten die mit einer Erfahrung von elf bis 15 Jahren, vgl. Tabelle 5.18. Die Gruppe mit einer Diensterfahrung von zwei bis sechs Jahren, ist mit 54 % am niedrigsten vertreten. Auffällig ist weiterhin, dass die Gruppe mit einer Diensterfahrung von null bis zwei Jahren mit 33,3 % die psychiatrische Ausnahmesituation mit Abstand am seltensten angab. Selbiges gilt mit 11,1 % für die Kategorie „FW/RD als Feindbild". Diese Kategorie wurde von der Gruppe mit einer Diensterfahrung von über 15 Jahren nur von 28,8 % angekreuzt. Somit weichen die Angaben der Gruppen null bis zwei Jahre und über 15 Jahre Diensterfahrung in der Kategorie „FW/RD als Feindbild" von denen der übrigen Gruppen ab. Der p-Wert in Höhe von 0,033 weist hierbei auf eine statistische Evidenz hin.

Tabelle 5.18: Motivation / Ursache / Dienstzeit (Prozent)

	0-1	2-5	6-10	11-15	>15
Respektverlust (p=0,630)	66,7	54	61,3	64,4	61,3
Psy. Ausnahmesituation (p=0,736)	33,3	54,9	50,8	54,2	50,5
Kultureller Konflikt (p=0,770)	22,2	18,6	25,8	23,7	23
FW/RD als Feindbild (p=0,033)	11,1	38,1	41,9	42,4	28,8

Bezogen auf das Einsatzgebiet der Rettungskräfte weichen die Angaben der einzelnen Untergruppen zum Teil auch etwas ab. In allen vier Kategorien stechen besonders Anteile der Rettungskräfte heraus, die angaben, in einer Stadt oder Gemeinde mit über 500.000 Einwohnern zu arbeiten. Aber auch hier muss nochmals darauf hingewiesen werden, dass diese Gruppe nur zwölf Personen umfasste und dass in Rheinland-Pfalz keine Gemeinde oder Stadt mit über 500.000 Einwohnern existiert, s.o. Somit relativieren sich die Angaben dieser Gruppe und werden nur der Vollständigkeit halber hier mit aufgelistet, vgl. Tabelle 5.19. Vor diesem Hintergrund liegen die Angaben der anderen Untergruppen zumeist nah beieinander. Auffällig ist jedoch, dass bei der Kategorie „Kultureller Konflikt" die Anteile der Rettungskräfte aus den Einsatzgebieten mit zwischen 5.000 und 20.000 Einwohnern und denen aus Einsatzgebieten mit unter 5.000 Einwohnern deutlich unter denen aus Einsatzgebieten mit mehr Einwohnern liegen. Und auch in der Kategorie „FW/RD als Feindbild" gibt es Auffälligkeiten. Die Untergruppe der Rettungskräfte aus Einsatzgebieten mit zwischen 5.000 und 20.000 Einwohnern gibt diese Ursache nur mit 30,5 % an und die Untergruppe der Rettungskräfte aus Einsatzgebieten mit zwischen 20.000 und 100.000 Einwohnern mit 33,7 %. Dies weicht von den Angaben der übrigen Untergruppen nach unten ab, vgl. Tabelle 5.19.

Tabelle 5.19: Motivation / Ursache / Einsatzgebiet (Prozent)

	Über 500tsd. EW	Zw. 100-500tsd. EW	Zw. 20-100tsd. EW	Zw. 5-20tsd. EW	Unter 5tsd. EW
Respektverlust (p=0,774)	75	63,3	60,3	56,7	60,7
Psy. Ausnahmesituation (p=0,717)	25	48,3	51,1	54	50
Kultureller Konflikt (p=0,149)	50	25,8	25,5	19,3	10,7
FW/RD als Feindbild (p=0,208)	20	43,3	33,7	30,5	39,3

Insgesamt lassen sich jedoch keine extremen Verschiebungen zulasten oder zugunsten eines Einsatzgebietes ausmachen. Die Anteile der einzelnen Gruppen ähneln immer den Durchschnittswerten aller Befragungspersonen aus Tabelle 5.16. Um die Motivation der Täter weiter eingrenzen zu können, wurde auch danach gefragt, ob die Befragungspersonen den gegen sie gerichteten Angriff so bewerten, dass es dem Täter gerade darum ging, gezielt eine Rettungskraft anzugreifen. Um diese Frage genau abgrenzen zu können und um keine Suggestivfrage zuzulassen, wurde ebenso die Antwortmöglichkeit „Es hätte jede Helferin / jeden Helfer treffen können" im Fragebogen angeboten. Der Aussage, dass der Angriff gezielt gegenüber dem Rettungsdienst oder der Feuerwehr erfolgte, stimmten 15,9 % „voll" zu. Weitere 26,1 % stimmten der Aussage „eher" zu, vgl. Tabelle 5.20. Interessant ist, dass nur 10,9 % dieser Aussage „gar nicht" zustimmen. Demgegenüber stimmten 36,6 % der Aussage „voll" zu, dass es jede Helferin und jeden Helfer hätte treffen können. Für 42,9 % trifft dies „eher" zu. Nur 1,6 % stimmten hier „gar nicht" zu.

Tabelle 5.20: Motivation / gezielter Angriff (Prozent)

	Der Angriff erfolgte gezielt gegenüber dem Rettungsdienst/Feuerwehr (n=460) (p=0,011)			Es hätte jede Helferin / jeden Helfer treffen können (n=492) (p=0,000)		
	män.	weib.	ges.	män.	weib.	ges.
trifft voll zu	16	15,8	15,9	35,1	41	36,6
trifft eher zu	25,8	27,7	26,1	45	36,8	42,9
trifft weniger zu	47,6	46,5	47,2	18,5	20,5	18,9
trifft gar nicht zu	10,6	9,9	10,9	1,3	1,7	1,6

Weil die Frage so ausgerichtet war, dass die eine Antwort das exakte Gegenteil zum Inhalt der anderen Antwort darstellte, müssen beide Ergebnisse miteinander verglichen werden, um eine belastbare Aussage treffen zu können. Zusammengerechnet stimmten 42 % der Aussage, dass der Angriff gezielt gegenüber dem Rettungsdienst erfolgte, „voll“ oder „eher“ zu. Der gegenteiligen Aussage, dass es jede Helferin und jeden Helfer hätte treffen können, es also keine gezielte Attacke gegen Rettungskräfte war, stimmten 79,5 % „voll“ oder „eher“ zu. Diese Prozentwerte sind mithin jeweils im Lichte der Angaben zur gegenteiligen Antwortmöglichkeit zu interpretieren. Die Tabelle zeigt ebenfalls, dass es zwischen den Angaben weiblicher und männlicher Rettungskräfte keine deutlichen Verschiebungen zulasten oder zugunsten einer Gruppe gab. Auch bezogen auf das Lebensalter, die Diensterfahrung und das Einsatzgebiet ergaben sich keine augenscheinlichen Unterschiede. Die Bewertung der Motivation der Täter war mithin einheitlich.

iii. Selbsteinschätzung der Rettungskräfte

Nachdem die Befragungspersonen, wie oben dargestellt, die Angreiferinnen und Angreifer hinsichtlich ihrer körperlichen bzw. geistigen Verfassung und deren Motivation bewerten sollten, war auch ihre Selbsteinschätzung wichtiger Bestandteil der Auswertung. Die Selbsteinschätzung beschränkte sich hierbei bewusst auf den Faktor Stress. Die Befragungspersonen sollten sich an den Einsatz zurück erinnern und schildern, ob ihr Stresslevel höher war als bei vergleichbaren Einsätzen. Auch hier wurde die Frage so konzipiert, dass es zu keiner Suggestivfrage kam und die Ergebnisse der inhaltlich entgegengesetzten Antworten miteinander verglichen werden konnten. Wie aus

Tabelle 5.21 ersichtlich wird, stimmten der Aussage, dass das Stresslevel bereits vor dem Angriff hoch war, 5,8 % „voll“ und 25,1 % „eher“ zu. 24,2 % gaben an, dass dies gar nicht zutreffend gewesen sei. Im direkten Vergleich dazu stimmten 24,7 % der Aussage, dass der Einsatz sich, bezogen auf das Stresslevel, nicht von anderen unterschied, „voll“ und 45,3 % „eher“ zu. 8 % stimmten dieser Aussage „gar nicht“ zu. Bewertet man beide Antwortmöglichkeiten wird erkennbar, dass zusammengefasst 30,9 % der Aussage, dass das Stresslevel bereits vor dem Angriff hoch war, „voll“ oder „eher“ zustimmten. Der Aussage, dass sich der Einsatz nicht von anderen unterschied, stimmten zusammengerechnet 70 % „voll“ oder „eher“ zu.

Tabelle 5.21: Stresslevel (Prozent)

	Bereits vor dem Angriff war mein Stresslevel hoch (n=466) (p=0,323)			Der Einsatz unterschied sich nicht wesentlich von anderen Einsätzen mit vergleichbaren Einsatzmeldungen. (n=486) (p=0,184)		
	män.	weib.	ges.	män.	weib.	ges.
trifft voll zu	5,6	6,7	5,8	23,8	28,2	24,7
trifft eher zu	26,9	19	25,1	44,4	48,2	45,3
trifft weniger zu	45	44,8	44,8	23	19,1	22
trifft gar nicht zu	22,5	29,5	24,2	8,8	4,5	8

Die geschlechtsspezifische Auswertung ergab hier, dass weniger weibliche Rettungskräfte ihr persönliches Stresslevel als hoch bewerteten als dies männliche Rettungskräfte taten. Zusammengefasst stimmten 25,7 % der weiblichen Rettungskräfte dieser Aussage „voll“ oder „eher“ zu und 29,5 % stimmten der Aussage „gar nicht“ zu. Bei den männlichen Rettungskräften stimmten zusammengerechnet 32,5 % der Aussage „voll“ oder „eher“ und nur 22,5 % „gar nicht“ zu. Dieser Trend setzt sich in der Kontrollfrage fort. Zusammengerechnet stimmten 76,4 % der weiblichen Rettungskräfte der Aussage, dass sich der Einsatz bezogen auf das Stresslevel nicht von vergleichbaren Einsätzen unterschied, „voll“ oder „eher“ zu. Nur 4,5 % stimmten dieser Aussage „gar nicht“ zu. Bei den männlichen Rettungskräften stimmten der zweiten Aussage zusammengefasst 68,2 % „voll“ oder „eher“ und 8,8 % „gar nicht“ zu. Ein Unterschied zwischen den Geschlechtern ist hier somit erkennbar, wenn auch nicht gravierend. Bezogen auf das Alter, die Diensterfahrung und das

Einsatzgebiet ergaben sich keine deutlichen Besonderheiten. Um die Selbsteinschätzung der Befragungspersonen, besonders bezogen auf den ihnen präsenten letzten körperlichen Angriff, konkretisieren zu können, wurden sie in Frage 21 gebeten, weitere Angaben zu machen. Ein Fragenkomplex zielte auf die persönlichen Fähigkeiten und Kenntnisse in Bezug auf die Deeskalationsfähigkeiten der Befragungspersonen ab. Zu diesem Komplex zählten vier Fragen. Zunächst sollten die aktuellen Fähigkeiten genannt werden, dann wurde nach dem Aus- bzw. Fortbildungsstand gefragt. Die Dritte Frage des Komplexes zielte darauf ab, ob eine Schulung in Konfliktvermeidung gewünscht sei, und in der vierten sollten die Teilnehmerinnen und Teilnehmer angeben, ob sie mit ihren Notwehrrechten vertraut sind. In Tabelle 5.22 ist zu erkennen, dass zusammengerechnet 89,8 % der Aussage, dass sie in der Lage sind, brenzlige Situationen zu erkennen und zu entschärfen, „voll“ bzw. „eher“ zustimmen. Dass die Befragungspersonen bereits in ihrer Ausbildung, bzw. in Fortbildungen gut auf Konfliktsituationen vorbereitet wurden, bestätigten demgegenüber zusammengerechnet nur 30,8 % „voll“ oder „eher“. Interessant ist auch die Tatsache, dass sich zwar knapp 90 % in der Lage sehen eine brenzlige Situation zu entschärfen, dennoch zusammengefasst 77,2 % der Aussage „voll“ oder „eher“ zustimmen, dass sie sich eine Schulung in Konfliktvermeidung wünschen. Dass sie mit ihren Notwehrrechten vertraut sind, bestätigten zusammengefasst 74,3 %.

Ein zweiter Fragenkomplex zielte auf eine Bezugnahme zur Einschätzung der eigenen Stressbelastung aus Frage 15 ab. Hier sollten die Befragungspersonen noch einmal ihre psychische Ausgangslage bezogen auf den Faktor Stress bewerten. Der Aussage, dass die Rettungskräfte in einer weniger stressigen Situation wahrscheinlich ruhiger reagiert hätten, stimmten insgesamt 32,3 % “voll“ bzw. „eher“ zu. Der letzte Fragenkomplex nahm Bezug auf die Vorhersehbarkeit des körperlichen Angriffs und die Möglichkeit einer vorherigen Deeskalation der Situation. Die Teilnehmerinnen und Teilnehmer sollten hier, so wie in Frage 14, nochmals zurückdenken und angeben, ob sie den Angriff eventuell hätten verhindern können. Dies bestätigten nur 17,7 % „voll“ bzw. „eher“. Somit bieten die Ergebnisse dieser Fragen Referenzwerte zu den einzelnen Komplexen der Selbsteinschätzung. Vor dem Hintergrund dieser Werte sind die einzelnen Angaben miteinander zu vergleichen.

Tabelle 5.22: Selbsteinschätzung (Prozent)

	trifft voll zu	trifft eher zu	trifft weniger zu	trifft gar nicht zu
Ich bin in der Lage brenzlige Situationen zu erkennen und zu entschärfen (n=510) (p=0,000)	18	71,8	9,2	1
Ich wurde in meiner Ausbildung bzw. Fortbildung gut auf mögliche Konfliktsituationen vorbereitet (n=497) (p=0,000)	6,4	24,4	47,7	20,5
Ich wünsche mir eine Schulung zur Konfliktvermeidung (n=500) (p=0,000)	40	37,2	21,2	1,6
In einer weniger stressigen Situation hätte ich wahrscheinlich ruhiger reagiert (n=487) (p=0,000)	6	26,3	49,9	17,9
Den Angriff gegen mich hätte ich eventuell verhindern können (n=491) (p=0,000)	2,4	15,3	54,4	27,9
Ich kenne meine Notwehrrechte (n=490) (p=0,000)	34,5	39,8	20,8	4,9

e. *Anzeigeverhalten*

Neben der Analyse der Opfer, der Gewalt und deren Genese sollte in der Studie ebenfalls ermittelt werden, wie sich das Anzeigeverhalten darstellt. Mithin wurden die Rettungskräfte gebeten, bezogen auf den letzten körperlichen Angriff anzugeben, ob sie diesen Angriff gegenüber der Polizei oder dem Dienstherrn gemeldet haben. Sofern keine Meldung erfolgte, konnten die Befragungspersonen zwischen verschiedenen Gründen der Nichtmeldung wählen. Ob eine Straftat angezeigt wird oder nicht, ist stets das Ergebnis einer situationsbezogenen Einzelfallentscheidung des Opfers. Es hängt unter anderem von den Wahrnehmungen und Bewertungen, dem Delikt, der Täter-Opfer-Beziehung und vielen weiteren objektiven Gründen und subjektiven Eindrücken ab.[450] In Tabelle 5.23 wird ersichtlich, dass 19,8 % der Betroffenen den Vorfall der Polizei meldeten. Bezogen auf die Gründe der Nichtmeldung waren Mehrfachantworten möglich. 32,5 % gaben an, dass eine Meldung zu nichts geführt hätte. 8,5 % gaben an, dass solche körperlichen Übergriffe zum

450 *Neubacher*, S. 41f.

Beruf gehören und sie diese deshalb nicht angezeigt haben. Die Mehrheit gab mit 67,2 % an, den Angriff nicht gemeldet zu haben, weil sie durch diesen nicht ernsthaft verletzt wurden. Weiterhin ist zu erkennen, dass mit 21,4 % zu 14,8 % insgesamt mehr männliche Rettungskräfte die Angriffe gegenüber der Polizei meldeten als weibliche.

Tabelle 5.23: Meldung ggü. der Polizei (Prozent) / (n=530)

	män.	weib.	ges.
Ja (p=0,209)	21,4	14,8	19,8
Nein, das hätte nichts gebracht (p=0,144)	34,5	26,2	32,5
Nein, das gehört zum Beruf (p=0,078)	8,9	6,6	8,5
Nein, ich wurde nicht ernsthaft verletzt (p=0,481)	66	71,3	67,2

Gegenüber dem Dienstherrn war die Anzeigequote mit 33,5 % höher als gegenüber der Polizei. Auch hier überwog der Anteil der männlichen Rettungskräfte den der weiblichen mit 35,1 % zu 28,7 %, vgl. Tabelle 5.24.

Tabelle 5.24: Meldung ggü. dem Dienstherrn (Prozent) / (n=529)

	män.	weib.	ges.
Ja (p=0,257)	35,1	28,7	33,5
Nein, mir ist der Meldeweg auch nicht bekannt (p=0,506)	3,5	5,7	4
Nein, das hätte nichts gebracht (p=0,212)	20,5	13,9	18,9
Nein, das gehört zum Beruf (p=0,055)	7,9	5,7	7,6
Nein, ich wurde nicht ernsthaft verletzt (p=0,112)	54,1	64,8	56,5

Die Gründe für eine Nichtmeldung der Angriffe wurden in dieser Frage, im Vergleich zur Anzeige bei der Polizei, um einen erweitert. Allerdings gaben nur 4 % an, den Meldeweg gegenüber ihrem Dienstherrn nicht zu kennen und deshalb auch keine Meldung gemacht zu haben. Bei den Gründen einer Nichtmeldung waren auch hier Mehrfachnennungen möglich. Dass eine Meldung gegenüber dem Dienstherrn nichts gebracht hätte, gaben insgesamt 18,9 % an, dass solche Angriffe zum Beruf gehören, nur 7,6 %. Die meisten gaben mit 56,5 % an, dass sie den Angriff nicht meldeten, da sie nicht ernsthaft verletzt worden seien.

f. Allgemeine Einschätzungen

Der letzte Abschnitt des Fragebogens bezog sich auf verbale und auf körperliche Angriffe. Es ging darum, von den Befragungspersonen allgemeine Einschätzungen zum Täterkreis, zu Tatorten und Tatzeiten, aber besonders auch zu den Auswirkungen dieser Angriffe auf sie persönlich zu erhalten. Mittels der Filterfunktionen wurden alle Befragungspersonen zu diesem Fragenkomplex gelotst, egal ob sie schon einmal Opfer eines verbalen bzw. körperlichen Angriffs waren oder nicht. Hierdurch wurde auch denjenigen Befragungspersonen, die zwar keine Angriffe gegen sich selbst, jedoch gegen bspw. Kolleginnen und Kollegen oder gegenüber Notärztinnen und Notärzten, erlebt hatten, die Möglichkeit gegeben, sich zu Angriffen zu äußern. Somit konnte hier ein breiteres Spektrum an allgemeinen Einschätzungen akquiriert werden.

i. Täterkreis

Der Bewertung des Täterkreises wurden gleich vier Fragen gewidmet. Die Befragungspersonen sollten die Angreiferinnen und Angreifer bezogen auf Geschlecht, Alter, Gruppe und Migrationshintergrund hin einschätzen.

1. Geschlecht

Betrachtet man die Angaben zum Geschlecht, wird deutlich, dass der Anteil der Männer überwiegt. 59,7 % der Befragungspersonen gaben an, dass diese „häufig" männlich sind. Demgegenüber gaben nur 4,5 % an, dass diese „häufig" weiblich sind. Zusammengefasst bewerteten 85,7 % das Geschlecht „häufig" oder „manchmal" als männlich und 42,8 % als weiblich, vgl. Tabelle 5.25.

Tabelle 5.25: Täterkreis / Geschlecht (Prozent)

	häufig	manchmal	selten	nie
männlich (n=749) (p=0,000)	59,7	26	12,6	1,7
weiblich (n=618) (p=0,000)	4,5	38,3	48,4	8,7
weder noch/weiß nicht (n=62) (p=0,000)	6,5	1,6	6,5	85,5

2. Alter

Das Alter der Täterinnen und Täter wurde von den Befragungspersonen ebenfalls bewertet. Die Frage war so ausgestaltet, dass Mehrfachnennungen möglich waren. Mit 70,1 % bewerteten mit Abstand die meisten Rettungskräfte das Alter der Täter als zwischen 20 und 29 Jahren. Die Altersgruppe der 30 bis 39-jährigen wurde von 41,8 % der Befragungspersonen auf Platz zwei eingestuft, vgl. Tabelle 5.26.

Tabelle 5.26: Täterkreis / Alter (n=775)

Alter (p=0,000)	<15	15-19	20-29	30-39	40-59	>60
Prozent	2,5	29,9	70,1	41,8	29,8	14,2

3. Gruppe

Bei der Eingrenzung des Täterkreises war ebenso von Interesse, aus welcher Gruppe von Personen die Angreiferinnen und Angreifer entstammen. Mit Gruppen waren hier die verschiedenen Personengruppen gemeint, auf die die Rettungskräfte während eines Einsatzes in der Regel treffen. Dies sind zum einen selbstverständlich die Patientinnen und Patienten selbst, aber auch deren Angehörige, Arbeitskollegen und Freunde der Patienten. Bei Einsätzen im öffentlichen Bereich, wie bspw. bei Straßenverkehrsunfällen oder Notfällen in gastronomischen Betrieben oder auf öffentlichen Plätzen, kommen häufig noch unbeteiligte Passanten oder Schaulustige hinzu. Gerade für die Entwicklung von Präventionsmaßnahmen ist es wichtig zu sehen, aus welchen Bereichen die Angriffe entstammen. Wie aus Tabelle 5.27 zu ersehen ist, stimmen die meisten Rettungskräfte mit 31,2 % der Aussage „voll" zu, dass es sich bei den Täterinnen und Tätern um Patientinnen und Patienten handelt. Erst mit einigem Abstand werden mit 8,9 % die Angehörigen genannt. Zusammengerechnet stimmen 85,8 % der Befragungspersonen der Aussage, dass es sich um Patientinnen und Patienten handelt, „voll" oder „eher" zu. Bei den Angehörigen beträgt dieser Anteil 57,3 %, bei den Schaulustigen 32,8 % und bei den Unbeteiligten nur noch 20,7 %. Mithin entstammen die meisten Angriffe aus der Gruppe der Patientinnen und Patienten.

Tabelle 5.27: Täterkreis / Gruppe (Prozent)

	trifft voll zu	trifft eher zu	trifft weniger zu	trifft gar nicht zu
Patientinnen und Patienten (n=735) (p=0,000)	31,2	54,6	12,4	1,9
Angehörige (n=623) (p=0,000)	8,9	48,4	37,1	5,6
Schaulustige (n=580) (p=0,000)	5,9	26,9	36,9	30,3
Unbeteiligte (n=555) (p=0,000)	4,5	16,2	34,8	44,5

4. Körperlicher Zustand

Um die Kommunikation zwischen Rettungskräften und Angreiferinnen und Angreifern bewerten zu können, war auch von Interesse, in welcher körperlichen und oder geistigen Verfassung die Protagonisten waren. In Frage 16 sollten die Befragungspersonen angeben, welchen Eindruck die Angreiferinnen und Angreifer auf sie persönlich gemacht hatten. Hierbei wurden verschiedene Antwortmöglichkeiten vorgegeben und auch die Möglichkeit einer Freitextantwort war eingerichtet. Mehrfachnennungen waren nicht möglich.

Tabelle 5.28: Kommunikation / Eindruck (Prozent) / (n=195)

	män. (p=0,060)	weib. (p=0,060)	ges.
Alkoholisiert	45,8	44	45,1
Unter Einfluss von Drogen	6,3	6	6,2
Psychisch krank / auffällig	24,3	22	23,6
Dement	4,9	14	7,7
Unauffällig	16	14	15,4
Sonstiges	2,8		2,1

Die Teilnehmerinnen und Teilnehmer sollten mithin den vordringlichsten Verdacht nennen. 45,1 % gaben an, dass die Angreiferin oder der Angreifer alkoholisiert war. 23,6 % schätzten sie als psychisch krank oder zumindest psychisch auffällig ein. 15,4 % gaben jedoch an, dass die Angreifer einen unauffälligen Eindruck auf sie machten. Der Einfluss von Drogen oder einer Demenzerkrankung wurde von 6,2 % bzw. 7,7 % angegeben. Die übrigen

2,1 % gaben auch sonstige Gründe an, vgl. Tabelle 5.28. In den Freitextflächen wurden verschiedene Eindrücke geschildert. Diese Kategorie wurde ausschließlich von männlichen Rettungskräften genutzt. Eine Befragungsperson hat angegeben, dass der Angreifer von Anfang an aggressiv war. Eine weitere Befragungspersonen schilderte, dass der Angreifer erbost war, weil sich seine Frau von ihm getrennt hatte. Eine weitere Person bezeichnete den Angreifer bzw. die Angreiferin als asozial und ein weiterer schilderte, dass der Angreifer gezielt Mitarbeiter vom Rettungsdienst attackieren wollte. Neben der Tatsache, dass die Kategorie „Sonstiges" nur von männlichen Befragungspersonen genutzt wurde, ist weiterhin auffällig, dass mit 14 % knapp dreimal so viele Frauen die Angreiferinnen und Angreifer als dement einschätzten, als männliche Rettungskräfte dies taten. Weitere gruppenspezifische Besonderheiten waren hier nicht ersichtlich.

5. Migrationshintergrund

Die Befragungspersonen wurden ebenfalls gebeten, sich zu einem möglichen Migrationshintergrund der Täterinnen und Täter mit „Ja" oder „Nein" zu äußern. Eine Person hat einen Migrationshintergrund, wenn sie selbst oder mindestens ein Elternteil die deutsche Staatsangehörigkeit nicht durch Geburt besitzt. Im Einzelnen umfasst diese Definition zugewanderte und nicht zugewanderte Ausländerinnen und Ausländer, zugewanderte und nicht zugewanderte Eingebürgerte, (Spät-) Aussiedlerinnen und (Spät-) Aussiedler sowie die als Deutsche geborenen Nachkommen dieser Gruppen. Die Vertriebenen des Zweiten Weltkrieges haben (gemäß Bundesvertriebenengesetz) einen gesonderten Status; sie und ihre Nachkommen zählen daher nicht zur Bevölkerung mit Migrationshintergrund.[451] Die vorliegenden Ergebnisse beruhen allerdings ausschließlich auf den subjektiven Wahrnehmungen der Befragten. Einen solchen Hintergrund nahmen 16,3 % der Befragungspersonen „häufig", weitere 40,1 % „manchmal" an, vgl. Tabelle 5.29.

Tabelle 5.29: Täterkreis / Migrationshintergrund (Prozent)

	häufig	manchmal	selten	nie
Ja (n=644) (p=0,000)	16,3	40,1	30,3	13,4

451 Statistisches Bundesamt, Fachserie 1 Reihe 2.2, 2019, S. 4.

ii. Tatort

Bezogen auf die Tatorte der verbalen und körperlichen Angriffe wurde sich zum einen auf typische Einsatzgebiete bezogen. So konnten die Befragungspersonen schildern, wie häufig Angriffe bspw. in den Wohnungen der Patientinnen und Patienten, an Unfallstellen, bei Großveranstaltungen oder in gastronomischen Betrieben erfolgen. Zum anderen wurde auch erfragt, in welcher Häufigkeit sich Angriffe in bürgerlichen Wohngegenden im Vergleich zu sozial schwachen Wohngegenden ereignen. Um den Rettungskräften die Möglichkeit zu bieten auch andere Orte zu nennen, wurde der Frage eine Freitextantwort „Sonstiges“ angefügt. Wie der Tabelle 5.30 zu entnehmen ist, bewerteten mit 37,6 % die meisten Befragungspersonen Angriffe bei Großveranstaltungen als „häufig“, dicht gefolgt von Angriffen in gastronomischen Betrieben wie Kneipen und Clubs. Diese wurden von 35 % als „häufig“ eingestuft. An dritter Stelle reiht sich die Wohnung der Patientinnen und Patienten als Tatort ein. 19,4 % der Rettungskräfte gaben an, dass Angriffe „häufig“ dort erfolgen.

Tabelle 5.30: Tatort (Prozent)

	häufig	manchm.	selten	nie
In der Wohnung der Patientin / des Patienten (n=697) (p=0,000)	19,4	49,8	27,8	3
An einer Unfallstelle (n=647) (p=0,000)	6,5	39,1	39,6	14,8
Im Rettungswagen (n=674)	12,9	50	32,5	4,6
Bei Großveranstaltungen (n=651) (p=0,000)	37,6	42,7	12,9	6,8
In Gaststätten / Kneipen / Clubs (n=674) (p=0,000)	35	43,6	16,5	4,9
In bürgerlichen Wohngegenden (n=620) (p=0,000)	1,6	19	64,5	14,8
In sozial schwachen Wohngegenden (n=666) (p=0,000)	27,9	51,5	17,4	3,2
Sonstiges (n=70) (p=0,000)	22,9	38,6	7,1	31,4

In den Freitextantworten wurden zahlreiche weitere Orte genannt, an denen Übergriffe stattfinden. Sehr oft wurde die Notaufnahme als Ort für verbale oder körperliche Angriffe genannt. Die Notaufnahme der Zielklinik ist in der Regel der letzte oder der erste Ort eines Rettungseinsatzes, je nachdem, ob ein Patient dort dem Team der Klinik zur weiteren Behandlung übergeben wird oder ob ein Patient dort zum Weitertransport abgeholt wird. Zweitmeistgenannt waren öffentliche Plätze, darunter wurden am häufigsten Bahnhofsplätze genannt. Ferner wurden Aufnahmestationen für geflüchtete Personen, Hilfeeinrichtungen für psychisch erkrankte Personen, auffällige Jugendliche und Alkoholiker sowie Alten- und Pflegezentren als Tatorte angeführt. Auffällig ist die Einschätzung der Befragungspersonen bezogen auf die Wohngegenden, in denen die Angriffe stattfinden. Zusammengefasst bewerteten 79,4 % der Befragungspersonen Angriffe in sozial schwachen Wohngegenden mit „häufig" oder „manchmal". Demgegenüber werden Angriffe in bürgerlichen Wohngegenden zusammengefasst von nur 20,6 % so bewertet.

iii. Tatzeit

Die Eingrenzung der Tatzeit wurde in zwei verschiedenen Richtungen betrieben. Zunächst sollte ermittelt werden, ob die Befragungspersonen die Angriffe eher an Werktagen oder am Wochenende erleben oder ob es diesbezüglich keinerlei Unterschiede gibt. Weiterhin war von Interesse, ob sich Angriffe zu gewissen Tageszeiten häufen. Hier wurde vom Verfasser eine Einteilung des Tages in Morgen, Mittag, Nachmittag, Abend und Nacht mit jeweiliger Zuordnung der Tagesuhrzeiten vorgenommen.

1. Wochentag

Aus der Tabelle 5.31 kann ersehen werden, dass zusammengefasst 93,7 % der Befragungspersonen der Aussage, dass es überwiegend an den Wochentagen Freitag bis Sonntag zu Übergriffen kommt, „voll" oder „eher" zustimmen. Im Vergleich dazu liegt dieser Anteil bezogen auf die Wochentage Montag bis Freitag bei nur 44 %. Mithin scheint es eine deutliche Konzentration der Übergriffe auf das Wochenende zu geben.

Tabelle 5.31: Tatzeit / Wochentag (Prozent)

	trifft voll zu	trifft eher zu	trifft weniger zu	trifft gar nicht zu
Montag bis Freitag (n=591) (p=0,000)	7,1	36,9	53,1	2,9
Freitag bis Sonntag (n=714) (p=0,000)	28	65,7	4,6	1,7

2. Uhrzeit

Bei der Frage, zu welcher Tageszeit es zu Angriffen kommt, wurden die Befragungspersonen abermals gebeten Häufigkeiten anzugeben. Zusammengerechnet gaben 58 % der Rettungskräfte an, dass es „häufig" nachts zwischen 22:00 und 07:00 Uhr zu Angriffen komme. Weitere 30,4 % gaben an, dass dies „häufig" abends, zwischen 17:00 und 22:00 Uhr geschehe. Angriffe in den Morgen- oder Mittagsstunden wurden deutlich seltener verzeichnet. Zusammengefasst gaben 78,5 % an, dass es morgens „selten" oder „nie" zu Angriffen kommt, bezogen auf die Mittagsstunden gaben dies sogar 82,2 % an. Somit sind die Rettungskräfte in den Abend- und noch mehr in den Nachtstunden mit körperlicher oder verbaler Gewalt am häufigsten belastet.

Tabelle 5.32: Tatzeit / Uhrzeit (Prozent)

	häufig	manchm.	selten	nie
Morgens / zwischen 7 und 11 Uhr (n=475) (p=0,000)	3,4	18,1	60	18,5
Mittags / zwischen 11 und 14 Uhr (n=474) (p=0,000)	1,1	16,7	62,2	20
Nachmittags / zwischen 14 und 17 Uhr (n=474) (p=0,000)	2,7	31	54	12,2
Abends / zwischen 17 und 22 Uhr (n=592) (p=0,000)	30,4	50,7	15,7	3,2
Nachts / zwischen 22 und 7 Uhr (n=643) (p=0,000)	58	32,3	8,2	1,4

iv. Auswirkungen

Die Befragungspersonen wurden an verschiedenen Stellen des Fragebogens zu den Auswirkungen der Angriffe befragt. Zum einen zu möglichen physischen Verletzungen durch körperliche Angriffe und deren Schweregrade, aber auch zu Auswirkungen auf den Verlauf des Rettungseinsatzes und die betroffenen Patienten. Dies sind allesamt äußere Faktoren, die auch durch Außenstehende oder Kollegen und Vorgesetzte direkt wahrnehmbar sind. Ebenso wichtig ist jedoch die Erhebung von psychischen Belastungen, die solche Angriffe hinterlassen können. Solche sind auf den ersten Blick nicht wahrnehmbar, oftmals selbst durch die Betroffenen nicht. Die psychischen Belastungen können jedoch zu Erkrankungen führen und die Belastbarkeit und Einsatzfähigkeit der Rettungskräfte merklich verschlechtern. Die Erkrankung der Personen tritt in vielen Fällen erst einige Zeit nach dem belastenden Ereignis auf. Daher wurde den Befragungspersonen abschließend auf drei Fragen verteilt die Möglichkeit gegeben, in der Anonymität des Fragebogens solche psychischen Belastungen anzugeben.

1. Psychische Belastung

Zunächst wurden die Rettungskräfte in Frage 30 gefragt, ob sie verbale oder körperliche Angriffe in ihrem Dienstalltag belasten.

Zusammengerechnet stimmten 22,4 % der Aussage, dass sie verbale Gewalt belastet, „voll“ oder „eher“ zu. 29,2 % fühlen sich „gar nicht“ dadurch belastet und 48,5 % „weniger“.

Tabelle 5.33: Belastung (Prozent)

	trifft voll zu	trifft eher zu	trifft weniger zu	trifft gar nicht zu
Verbale Gewalt belastet mich (n=743) (p=0,000)	5,7	16,7	48,5	29,2
Körperliche Gewalt belastet mich (n=708) (p=0,000)	19,4	40	28,7	12
Ich fühle mich seelisch in der Lage einen Angriff zu verarbeiten (n=751) (p=0,000)	43	47	6,1	3,9

Bezogen auf die Belastung durch körperliche Gewalt gaben 19,4 % an, dass sie dieser Aussage „voll“ zustimmen, 40 % stimmten „eher“ und noch 28,7 % „weniger“ zu. Mit 90 % stimmten zusammengefasst jedoch die meisten Befragungspersonen der Aussage, dass sie sich seelisch in der Lage sehen einen Angriff zu verarbeiten „voll“ oder „eher“ zu, vgl. Tabelle 5.33.

2. Eindrücke

Die Formulierung der Frage 30 enthielt bewusst den Begriff einer Belastung. Dieser ist recht weit gefasst und wird von jeder Befragungsperson anders interpretiert und definiert. Allen Interpretationen gemein ist jedoch eine negative Assoziation. Um diese negativen Auswirkungen zu konkretisieren wurde in Frage 32 nochmals gezielt nach einzelnen belastenden Eindrücken gefragt. Die Befragungspersonen sollten angeben, welche Eindrücke die körperlichen und verbalen Angriffe bei ihnen hinterlassen. Hier waren Mehrfachnennungen möglich. Um den Teilnehmerinnen und Teilnehmern über die vorgegebenen Antworten hinaus noch die Möglichkeit zu geben, eigene Eindrücke zu schildern, wurde auch eine Freitextantwortmöglichkeit eingebaut.

Tabelle 5.34: Eindrücke (Prozent) / (n=768)

Angstzustände (p=0,000)	1,7
Schlafstörungen (p=0,000)	3,5
Depressionen (p=0,000)	1,3
Wut (p=0,000)	22,1
Ich bin vorsichtiger geworden (p=0,000)	64,6
Gar keine (p=0,000)	31,4
Sonstiges (p=0,000)	2,9

Tabelle 5.34 zeigt, dass Angstzustände, Schlafstörungen oder Depressionen nur selten als Eindrücke bzw. Belastungen bei den Rettungskräften verblieben sind. Wut hingegen äußerten beinahe ein Viertel. Mit 64,6 % gaben fast zwei Drittel der Teilnehmerinnen und Teilnehmer an, dass sie vorsichtiger geworden sind. Bei 31,4 % hinterließen die verbalen und körperliche Angriffe keine Eindrücke. Abschließend wurden die Teilnehmerinnen und Teilnehmer gebeten, Aussagen zu Auswirkungen verbaler und körperlicher Angriffe zu bewerten. Die Ergebnisse sind in Tabelle 5.35 ersichtlich. Der Aussage „Ich

habe in jeder Schicht Angst Opfer eines Angriffs zu werden“ stimmten nur 1,4 % „voll“ und 5,1 % „eher“ zu. Das diese Aussage „gar nicht“ zuträfe gaben 56,5 % der Befragungspersonen an. Die Zustimmungen bzw. Ablehnungen zu der Aussage „Ich fühle mich im Dienst sicher“ spiegeln diesen Trend wider, denn hier gaben zusammenfasst 15,6 % der Befragungspersonen an, dass sie „weniger“ bzw. „gar nicht“ zustimmen. Der Aussage, „Ich schätze das Risiko, Opfer eines Angriffs zu werden, als hoch ein“ stimmten jedoch 7,4 % „voll“ und 28,3 % „eher“ zu.

Tabelle 5.35: Auswirkungen (Prozent)

	trifft voll zu	trifft eher zu	trifft weniger zu	trifft gar nicht zu
Ich habe in jeder Schicht Angst Opfer eines Angriffs zu werden (n=740) (p=0,000)	1,4	5,1	37	56,5
Ich fühle mich im Dienst sicher (n=754) (p=0,000)	22,1	62,2	12,7	2,9
Ich wünsche mir eine Fortbildung in Selbstverteidigung (n=747)	36	34	23,8	6,2
Ich schätze das Risiko, Opfer eines Angriffs zu werden, als hoch ein (n=746) (p=0,000)	7,4	28,3	53,4	11
Ich fühle mich in der Lage mich körperlich zu wehren (n=764)	22,6	49,9	23	4,5
Ich spüre einen Respektverlust gegenüber den Rettungsdiensten und der Feuerwehr (n=772) (p=0,000)	53,5	33,9	10,1	2,5
Ich habe das Gefühl, dass körperliche Gewalt gegen Rettungskräfte zunimmt (n=770) (p=0,000)	42,9	35,8	17,8	3,5

Somit zeigt sich, dass die Rettungskräfte zwar weit überwiegend keine Angst vor Angriffen haben, das Risiko, Opfer zu werden, schätzen zusammengefasst jedoch beinahe ein Drittel „voll“ oder „eher“ als hoch ein. Insgesamt hat auch eine deutliche Mehrheit der Befragungspersonen das Gefühl, dass körperliche Gewalt gegen Rettungskräfte zunimmt. Dieser Aussage stimmten 42,9 % „voll“ und immer noch 35,8 % „eher“ zu. Auch zu ihren Fähigkeiten bezogen auf Selbstverteidigung wurden die Rettungskräfte gefragt.

22,6 % stimmten der Aussage „Ich fühle mich in der Lage, mich körperlich zu wehren“ „voll“ zu. Weitere 49,9 % stimmten „eher“ zu. Dennoch wünscht sich der überwiegende Teil der Rettungskräfte eine Fortbildung in Selbstverteidigung. Dieser Aussage stimmten 36 % „voll“ und noch 34 % „eher“ zu. Der Aussage „Ich spüre einen Respektverlust gegenüber den Rettungsdiensten und der Feuerwehr“ stimmten 53,5 % „voll“ und weitere 33,9 % „eher“ zu.

VI. Analyse der Ergebnisse

Im Folgenden sollen die ermittelten Werte genauer analysiert werden, insbesondere im Vergleich zu den Hellfelddaten und den Ergebnissen vorangegangener Studien. Überdies soll eine Einordnung vor dem Hintergrund der entsprechenden Erkenntnisse der kriminologischen Forschung erfolgen. Gerade der Vergleich mit vorangegangen Studien ist nicht ohne weiteres möglich,[452] da sie häufig nur das Kernthema betreffend vergleichbar sind.

a. Grundgesamtheit

Die Grundgesamtheit oder auch Zielpopulation der Studie umfasst letztlich alle Rettungskräfte, die zum Befragungszeitraum im rheinland-pfälzischen Rettungsdienst tätig waren. Wie bereits im Rahmen der Beschreibung der empirischen Untersuchung geschildert, beziehen sich die getroffenen Aussagen jedoch nur auf die 823 Teilnehmerinnen und Teilnehmer der Befragung. Diese stellten zum Zeitpunkt der Befragung ca. 23,2 % aller Rettungskräfte in Rheinland-Pfalz dar. Vorliegend waren 75,1 % der Befragungspersonen männlichen Geschlechts, 24,7 % weiblich und 0,2 % gaben „weder noch/weiß nicht" an.[453] Das Geschlecht der Befragungspersonen wurde nur in wenigen anderen Studien ermittelt. *Feltes/Weigert* haben diese Variable jedoch ebenfalls erhoben. Hier lag der Anteil der männlichen Befragungspersonen bei 92,4 %, die übrigen waren allesamt weiblich.[454] Die Untersuchung von *Lenk* ermittelte einen Anteil männlicher Rettungskräfte von 88 %,[455] *Jüchser/Richter* einen von 88,8 %.[456] Es zeigt sich also, dass auch bei diesen Studien der Anteil männlicher Rettungskräfte deutlich überwiegt. Den mit Abstand größten Anteil am Rettungsdienstpersonal in Rheinland-Pfalz stellt das Deutsche-Rote-Kreuz. Für das Jahr 2018 wurden dem DRK 2284 Planstellen zugewiesen. Dies entspricht ca. 84 % der Rettungskräfte in diesem

452 *Rau/Leuschner*, NK 2018, S. 320.
453 Vgl. Tabelle 5.2.
454 *Feltes/Weigert*, S. 9.
455 *Lenk*, S. 44.
456 *Jüchser/Richter*, MschrKrim 2021, S. 71.

Bundesland. Besonders im Vergleich mit den Zahlen des DRK wird deutlich, dass die Studienteilnehmerinnen und -teilnehmer, bezogen auf Alter und Geschlecht, dem Querschnitt der Rettungskräfte im Land entsprechen. Hier lag das Verhältnis zwischen Männern und Frauen bei 80 % zu 20 %. Aber auch der Vergleich mit den Angaben der übrigen Rettungsdienstorganisationen zeigt eine starke Überrepräsentation der männlichen Rettungskräfte.[457] Die Altersstruktur der Zielpopulation dieser Studie ist beinahe identisch mit der tatsächlichen Altersverteilung der Rettungskräfte in Rheinland-Pfalz, vgl. Tabelle 5.3. Auffallend ist der recht hohe Anteil an Rettungskräften unter 30 Jahren. Dieser liegt bei 43 %. In der zweiten Bochumer Studie lag dieser Anteil bei ca. 34 %[458] und in der Bonner Untersuchung bei ca. 28,8 %.[459] Im Rettungsdienst ist jedoch seit längerem eine erhöhte Personalfluktuation zu beobachten, welche den recht hohen Anteil der Rettungskräfte unter 30 Jahren erklären kann.[460] Auch dem Verfasser ist aus seiner eigenen Beschäftigungszeit der große Anteil junger Kolleginnen und Kollegen sowie die hohe Fluktuation bekannt. In der vorliegenden Studie sind die 31 bis 40-Jährigen mit 23,9 %, die 41 bis 60-Jährigen mit 31,9 % und die 61 bis 70-Jährigen mit 1,2 % vertreten.

Tabelle 6.1: Alter / Diensterfahrung (Prozent)

	Bis 30	31-40	41-60	61-70
0-1 (p=0,000)	7,4	1,0	1,1	0
2-5 (p=0,000)	49,6	9,2	2,3	0
6-10 (p=0,000)	39,1	22,1	6,5	0
11-15 (p=0,000)	3,7	32,8	4,2	0
> 15 (p=0,000)	0,3	34,9	85,8	100
Ges.	n = 353	n = 195	n = 261	n= 10

Trotz der hohen Anzahl an jungen Rettungskräften ist das Niveau der Diensterfahrung ebenso hoch. Tabelle 6.1 macht diesbezüglich deutlich, dass bspw. 39,1 % der bis 30-Jährigen schon zwischen sechs und zehn Jahren Diensterfahrung vorweisen können. Um ermitteln zu können, ob die Diensterfahrung einen Einfluss auf die Häufigkeit und oder Qualität der Übergriffe gegenüber

457 Vgl. Tabelle 5.2.
458 *Feltes/Weigert*, S. 10.
459 *Dressler*, S. 78.
460 *Lechner*, S. 15.

den Rettungskräften hat, wurden die Befragungspersonen gebeten anzugeben, seit wie vielen Jahren sie bereits im Rettungsdienst tätig sind. Aus Gründen des Datenschutzes wurden die Antwortmöglichkeiten in fünf Kategorien zusammengefasst. Insgesamt gaben 3,8 % an, erst seit weniger als einem Jahr im Rettungsdienst beschäftigt zu sein. Jeweils 24,2 % sind bereits seit zwei bis fünf und seit sechs bis zehn Jahren im Rettungsdienst. Zwischen elf und 15 Jahren sind 10,7 % der Befragungspersonen und mit 37 % der größte Anteil bereits seit über 15 Jahren im Rettungsdienst aktiv.[461] In der zweiten Bochumer Studie zeigt sich ein vergleichbares Bild. Hier gaben 43 % der Befragungspersonen an, seit mehr als 15 Jahren im Rettungsdienst zu arbeiten,[462] im Rahmen der Befragung von *Dressler* ergab sich ein Anteil von 39,7 %.[463] Die Untersuchung von *Lenk* ergab keine Besonderheiten bezogen auf die Verteilung der Diensterfahrung. Allerdings wurde hier auch eine genaue Zahl an Berufsjahren erfragt und die Ergebnisse wurden später zusammengefasst.[464] Insgesamt zeigt sich also, dass trotz des sehr hohen Anteils an Rettungskräften unter 30 Jahren, die Berufserfahrung dennoch recht hoch ist. Zusätzlich wurden die Einsatzkräfte nach ihrem Einsatzgebiet gefragt. Sie sollten angeben, wie groß, gemessen an der Einwohnerzahl, die Stadt bzw. Gemeinde ist, in der sie vorwiegend eingesetzt werden. Hierdurch sollten unter anderem Rückschlüsse auf ein eventuelles Stadt-Land-Gefälle bezogen auf die Häufigkeit und Qualität der Übergriffe gewonnen werden. 22,8 % der Befragungspersonen gaben an, in einer Stadt bzw. Gemeinde mit über 100.000 Einwohnern eingesetzt zu sein. Rheinland-Pfalz ist ein sog. Flächenland mit kleinteiligen Strukturen. Es gibt nur zwölf kreisfreie Städte.[465] Insgesamt haben nur fünf rheinland-pfälzische Städte mehr als 100.000 Einwohner. Dies sind Kaiserslautern[466] (101.566 Einwohner), Trier[467] (110.186 Einwohner), Koblenz[468] (114.657 Einwohner), Ludwigshafen[469] (176.925 Einwohner) und Mainz[470] (217.272 Einwohner). Somit können die Antworten im Wesentlichen direkt diesen Städten zugeordnet werden. In Städten bzw. Gemeinden mit 20.000 bis 100.000 Einwohnern sind 34,7 % und in Städten bzw.

461 Vgl. Tabelle 5.4.
462 *Feltes/Weigert*, S. 11.
463 *Dressler*, S. 79.
464 *Lenk*, S. 44f.
465 *Stubenrauch*, S. 6.
466 *Stadt Kaiserslautern*, Stand 31.12.2020.
467 *Stadt Trier*, Stand 31.12.2021.
468 *Stadt Koblenz*, Stand 31.05.2022.
469 *Stadt Ludwigshafen*, Stand 31.12.2021.
470 *Landeshauptstadt Mainz*, Stand 30.11.2021.

Gemeinden mit 5.000 bis 20.000 Einwohnern 36,1 % eingesetzt. Nur 6,4 % gaben an, in Bereichen mit unter 5.000 Einwohnern eingesetzt zu sein. Zusammenfassend lässt sich somit für die vorliegende Untersuchung feststellen, dass 75,1 % der Befragungspersonen männlich sind, 66,9 % unter 40 Jahre alt und 71,9 % seit mehr als fünf Jahren im Rettungsdienst beschäftigt sind. Außerdem wird etwa ein Drittel in Städten bzw. Gemeinden mit 5.000 bis 20.000 Einwohnern und ein Drittel in Städten bzw. Gemeinden mit 20.000 bis 100.000 Einwohnern eingesetzt.

b. Verbale Gewalt

Betrachtet man ausschließlich die Ergebnisse der Frage nach der Konfrontation mit verbaler Gewalt, bezogen auf die gesamte Dienstzeit oder bezogen auf die letzten zwölf Monate, so kann man schnell zu dem Ergebnis kommen, dass die Rettungskräfte in erschreckend hohem Maße mit verbaler Gewalt konfrontiert werden. So gaben 94,2 % mit Blick auf die gesamte Dienstzeit und 77,1 % mit Blick auf die letzten zwölf Monate an, verbale Gewalt gegen sich selbst erlebt zu haben. Auch frühere Studien wiesen zu verbaler Gewalt Werte in vergleichbarer Höhe aus. Für die gesamte Dienstzeit ermittelte *Heinemann* einen Wert von 91,9 % bezogen auf „Beleidigungen“,[471] bei *Dressler* lag dieser Wert bei 93,4.[472] Für die zurückliegenden zwölf Monate ermittelte *Schmidt* einen Wert von 97,5 %[473] und *Feltes/Weigert* einen von 60 %.[474] Bei *Jüchser/Richter* lag der Anteil bei nur 25,1 %, errechnet mit Bezug auf alle Befragungsteilnehmerinnen und -teilnehmer.[475] Wie dieser Untersuchung zu entnehmen ist, bezieht sich der höchste Anteil auf verbale Gewalt in Form von Beleidigungen, Beschimpfen und Bespucken. Hier gaben nur 0,5 % der Befragungspersonen an, noch nie solche verbale Gewalt erlebt zu haben.

i. Relativierung der Häufigkeitszahlen

Um die Häufigkeit noch genauer eingrenzen zu können, wurden weitere Fragen hierzu entwickelt. In Frage sieben wurden die Teilnehmerinnen und

471 *Heinemann*, S. 9.
472 *Dressler*, S. 83.
473 *Schmidt*, 2012, S. 7.
474 *Feltes/Weigert*, S. 15.
475 *Jüchser/Richter*, MschrKrim 2021, S. 68.

Teilnehmer gebeten anzugeben, in wie viel Prozent der Einsätze sie verbale Gewalt erleben. Das mögliche Antwortspektrum reichte von 0 % stufenlos bis zu 100 %, sodass jede Prozentzahl genannt werden konnte. Die einzelnen Arten der verbalen Gewalt wurden nicht mehr unterschieden. Insgesamt beantworteten 684 Personen diese Frage. Hieraus konnte ein Mittelwert von 17,02 % errechnet werden. Somit gaben die Befragungspersonen an, im Schnitt in fast jedem sechsten Einsatz verbale Gewalt gegen sich selbst zu erleben. Während der Phase der Datenerhebung und der Eingabe in den PC fiel dem Verfasser auf, dass die Befragungspersonen Frage sieben im Verhältnis zu den thematisch gleichen Fragen häufig paradox beantworteten. Bei einigen Fragebögen kam es bspw. vor, dass verbale Angriffe als „selten" eingestuft wurden, dennoch in Frage sieben eine Prozentzahl von über 35 angegeben wurde. Es erschien möglich, dass manche Befragungspersonen bei der Angabe von Prozentzahlen eventuell Schwierigkeiten haben und sich somit verschätzen. Um dies bewerten zu können, wurde im Verlauf der Befragung eine Zusatzfrage angefügt. Von den insgesamt 823 ausgewerteten Fragebögen waren schließlich 428 mit der Zusatzfrage Nr. 34 versehen, die übrigen 395 nicht. Gefragt wurde diesmal nach absoluten Zahlen bezogen auf die gesamte Dienstzeit. Wie in Tabelle 6.2 ersichtlich ist, gab beinahe ein Viertel der Befragungspersonen an, während ihrer gesamten Dienstzeit ein bis fünfmal verbale Gewalt gegen sich erlebt zu haben. Ein weiteres knappes Viertel gab an, sechs- bis zehnmal mit verbaler Gewalt konfrontiert worden zu sein. Die Mehrheit gab mit fast 40 % an, über 15 Mal verbale Gewalt gegen sich selbst erlebt zu haben. Die übrigen Teilnehmerinnen und Teilnehmer gaben an, zwischen elfmal und 15 Mal betroffen gewesen zu sein.

Tabelle 6.2: Verbale Gewalt / absolute Zahlen

Anzahl	1-5 Mal	6-10 Mal	11-15 Mal	über 15 Mal
Prozent	24,2	23,6	12,6	39,6

Bei der Bewertung der Kontrollfrage wird deutlich, dass insgesamt 59,4 % angaben, in ihrer gesamten Dienstzeit zwischen einmal und 15 Mal verbal angegriffen worden zu sein. Dies steht in einem deutlichen Widerspruch zu den Prozentangaben aus Frage sieben. Hier gaben die Befragungspersonen an, im Schnitt in 17,02 % ihrer Einsätze verbale Gewalt gegen sich zu erleben. Besonders vor dem Hintergrund der sehr hohen Diensterfahrung der Befragungspersonen wird hier ein Ungleichgewicht deutlich. Tabelle 5.4 zeigt die Diensterfahrung der Befragungspersonen auf. 3,8 % sind erst seit einem Jahr,

24,2 % sind bereits seit zwei bis fünf Jahren, genauso viele seit sechs bis zehn Jahren, 10,7 % seit elf bis 15 Jahren und sogar 37,0 % seit über 15 Jahren im Rettungsdienst tätig. Zusammengefasst heißt das, dass die überwältigende Mehrheit von

96,1 % bereits seit zwei bis über 15 Jahren im Rettungsdienst beschäftigt ist, und immer noch 71,9 % seit sechs bis über 15 Jahren. Die große Mehrheit ist somit sehr diensterfahren und hat folglich auch schon sehr viele Einsätze erlebt. Im Jahr 2018 kam es in Rheinland-Pfalz zu insgesamt 984.766 Einsätzen.[476] Teilt man diese Gesamtzahl durch die Anzahl der rund 3.550 Beschäftigten, so erhält man einen Schnitt von 277,4 Einsätzen pro Beschäftigten, allein für das Jahr 2018. Laut den Einsatzstatistiken des Ministeriums des Inneren und für Sport Rheinland-Pfalz steigt die Anzahl der Einsätze jährlich an. Im Jahre 2013 lag die Gesamtzahl noch bei 919.879.[477] Somit muss das Einsatzaufkommen pro Rettungskraft für die Vergangenheit konservativ geschätzt werden. Aber selbst bei einer zurückhaltenden Schätzung von bspw. 250 Einsätzen pro Jahr ergibt sich ein Missverhältnis zwischen den Antworten zu Frage sieben und denen zu Kontrollfrage 34. In Frage sieben ergab sich ein Mittelwert von 17,02 %. Dies würde bedeuten, dass bei einer Gesamtdienstzeit von einem Jahr die Rettungskräfte bereits bei knapp 42 Einsätzen verbale Gewalt erlebt hätten. Bei zwei Jahren Gesamtdienstzeit wären es schon ca. 84 verbale Angriffe und bei zehn Jahren insgesamt ca. 420. Im Vergleich dazu gaben in Kontrollfrage 34 insgesamt rund 60 % der Befragungspersonen an, zwischen einem und 15 verbale Übergriffe in ihrer gesamten Dienstzeit erlebt zu haben. Die übrigen rund 40 % gaben hingegen an, mehr als 15 Angriffe erlebt zu haben. Es ist jedoch zu bezweifeln, dass diese 40 % der Befragten die gesamte Masse an verbalen Angriffen erlebt hat, die rechnerisch noch erfolgt sein müsste. Eher wahrscheinlich ist, dass die Bearbeiterinnen und Bearbeiter tatsächlich Schwierigkeiten bei der Angabe von geschätzten Prozentzahlen, zu einer regelmäßigen Belastung mit verbaler Gewalt, hatten. Somit muss das Ergebnis der Frage sieben vor dem Hintergrund der Ergebnisse der Kontrollfrage 34 relativiert und nach unten korrigiert werden. Selbiges wird auch für die vorherigen Studien gelten müssen. Bei der Auswertung des Dunkelfeldes entstammen die Rohdaten der Wahrnehmung der Befragungspersonen. Hierbei ist es verständlich, dass kein exaktes Bild der Realität abgebildet werden kann.

476 *Bruckner*, MDI, 2019.
477 *Bruckner*, MDI, 2014.

ii. Intensität und Häufigkeit

Ein weiterer interessanter Punkt ergibt sich aus der Auswertung der Häufigkeiten der verschiedenen Arten von verbalen Übergriffen. Er gibt Anlass zur Aussage, dass die steigende Intensität des Übergriffs mit der Häufigkeit in Verbindung steht. Dieser Trend ist sowohl bezogen auf die gesamte Dienstzeit als auch bezogen auf die letzten zwölf Monate zu beobachten. Während, im Hinblick auf die gesamte Dienstzeit, nur 0,5 % der Befragungspersonen angaben, noch nie eine Beleidigung erfahren zu haben, gaben 22 % an, noch nie ohne Waffe oder gefährliches Werkzeug und 61,6 % noch nie mit einer Waffe oder einem gefährlichen Werkzeug bedroht worden zu sein. Dieses Ergebnis deckt sich mit den Erkenntnissen vorangegangener Studien, beispielsweise bei *Lorei et al.*[478] Somit kann bezogen auf die verbale Gewalt die Aussage getroffen werden, dass sie mit zunehmender Intensität der einzelnen Übergriffe zahlenmäßig abnimmt.

iii. Physische und psychische Folgen sowie das Sicherheitsgefühl

Wichtiger Punkt dieser Untersuchung war zudem, welche Folgen die verbalen Übergriffe für die Opfer mit sich bringen. Es konnte ermittelt werden, dass die verbalen und körperlichen Angriffe nur in geringem Maße negative Auswirkungen bei den Rettungskräften hatten. Gefragt nach den Eindrücken, die solche Übergriffe bei den Rettungskräften hinterlassen haben, gaben nur wenige an, dass sie Angstzustände (1,7 %), Schlafstörungen (3,5 %) oder Depressionen (1,3 %) erlebten. Die Zahlen lassen den Schluss zu, dass die verbalen und körperlichen Übergriffe kaum als enorme psychische oder physische Belastung aufgenommen werden. Dies bestätigen auch die Untersuchungen von *Schmidt* und *Feltes/Weigert.* Bei *Schmidt* verneinten 83 % der Befragungspersonen die Frage danach, ob sie sich durch verbale Übergriffe psychisch belastet fühlen,[479] bei *Feltes/Weigert* lag der Anteil bei fast identischen 83,3 %.[480] Diese Schlussfolgerung wird durch die Auswertung der Frage nach der Belastung durch verbale Übergriffe untermauert. Wie Tabelle 5.33 entnommen werden kann, stimmten nur 5,7 % der Befragungspersonen der Aussage, dass verbale Gewalt sie im dienstlichen Alltag belastet, „voll" zu. 16,7 % stimmten dieser Aussage „eher" zu und somit traf die Aussage auf die

478 *Lorei et al.*, Polizei&Wissenschaft 2019, S. 47.
479 *Schmidt*, 2012, S. 17.
480 *Feltes/Weigert*, S. 43.

überwiegende Mehrheit von 77,7 % „weniger“ bzw. „gar nicht“ zu. Auffällig ist zudem, dass darüber hinaus 90 % der Befragungspersonen in diesem Zusammenhang der Aussage „voll“ und „eher“ zustimmten, dass sie sich in der Lage sehen, verbale und körperliche Angriffe seelisch selbst zu verarbeiten, vgl. Tabelle 5.33. Dies unterstützt erneut die o.g. Aussage zur geringen Belastung aufgrund von verbalen Übergriffen. Vor diesem Hintergrund soll jedoch nicht verschwiegen werden, dass 87,4 % der Befragungspersonen der Aussage, dass sie einen Respektverlust gegenüber den Rettungsdiensten und der Feuerwehr spüren, „voll“ bzw. „eher“ zustimmen, wobei mit 53,5 % der größere Anteil der Aussage „voll“ zustimmt, vgl. Tabelle 5.35. Auch ein empfundenes gesunkenes Ansehen in der Bevölkerung kann sich negativ auf die Rettungskräfte auswirken. Eine so entstehende psychische Belastung ist dann jedoch nicht Folge von Angriffen auf Rettungskräfte. Der gefühlte Respektverlust gegenüber Rettungskräften kann dazu führen, dass die Rettungskräfte annehmen, dass auch die Abschreckung für Täter, die Rettungskräfte verbal herabzuwürdigen, gesunken ist. Der gefühlte Respektverlust, den knapp 90 % der Befragungspersonen schildern, kann sich ebenso negativ auf die Eigenwahrnehmung auswirken. Die Rettungskräfte können das Gefühl des gesunkenen Respekts gegenüber ihrer Berufsgruppe als negative Außenwahrnehmung ihrer Personen übernehmen. Mit dieser gefühlten Außenwahrnehmung kann es dazu kommen, dass diese sich negativ auf die Kommunikation der Rettungskräfte während des Einsatzes auswirkt. Es ist vorstellbar, dass die Rettungskräfte schon eine gewisse unbewusste Verteidigungshaltung in ihre Kommunikation einfließen lassen, da sie vermuten, dass ihnen respektlos gegenübergetreten wird. Diese Aspekte stärken die Forderung der Aus- und Fortbildung der qualitativen Eigensicherung der Rettungskräfte auch in Bezug auf eine verbale Deeskalation. Insgesamt lässt sich jedoch resümieren, dass die verbalen Angriffe trotz ihrer Häufigkeit nicht dazu führen, dass das Sicherheitsgefühl der Rettungskräfte maßgeblich beeinträchtigt wird.

iv. Zusammenfassung der verbalen Gewalt

Die Auswertung der vorliegenden Rohdaten, insbesondere unter Einbeziehung der Kontrollfragen, führt also zu folgenden Ergebnissen bezogen auf die verbale Gewalt. Die eingangs geschilderten hohen Belastungszahlen müssen unter Bezugnahme auf die Kontrollfragen nach unten korrigiert werden. Zudem konnte eine Verbindung zwischen der Häufigkeit der verbalen Angriffe und dem jeweiligen Schweregrad ausgemacht werden, dies insofern, dass sie mit steigender Intensität abnehmen. Insgesamt kann ebenso gesagt werden, dass diese verbalen Angriffe bei der überwiegenden Zahl der Rettungskräfte keine ernsthaften Auswirkungen auf ihre Gesundheit oder ihr Angstniveau hatten.

c. Körperliche Gewalt

Deutlich höhere Aufmerksamkeit genießen körperliche Übergriffe auf Rettungskräfte und ein erster unreflektierter Blick auf die Belastungszahlen lässt den Schluss zu, dass die Arbeitsrealität für die Rettungskräfte in Rheinland-Pfalz besorgniserregend ist. Zusammengefasst gaben 64,7 % der Befragungspersonen, bezogen auf ihre gesamte Dienstzeit, an, bereits Opfer körperlicher Gewalt geworden zu sein. Bezogen auf das zurückliegende Jahr stellt sich die Situation für die Befragungspersonen anders dar: 40,6 % gaben an, innerhalb der letzten zwölf Monate körperliche Gewalt erlebt zu haben. In der Untersuchung von *Dressler* wird keine Zahl zur Gesamtbetroffenheit genannt, allerdings gaben dort 75,5 % der Befragten an, in ihrer gesamten Dienstzeit schon mal „geschubst oder angerempelt" worden zu sein.[481] Diese Kategorie der körperlichen Übergriffe war, wie auch in der vorliegenden Untersuchung, die häufigste Form der physischen Gewalt. Insofern lässt sich sagen, dass bei *Dressler* mindestens 75,5 % bereits körperliche Gewalt erlebten. Daher kann festgestellt werden, dass in der vorliegenden Studie der Anteil an körperlichen Angriffen bezogen auf die Lebenszeitprävalenz niedriger ist als in der Großstadtanalyse von *Dressler.* Bezogen auf die letzten zwölf Monate ermittelten *Lorei et al.* einen Anteil von 46,8 %[482], welcher leicht über dem Wert der vorliegenden Studie liegt. Dieser Anteil lag in der Studie von *Lenk* aus dem Jahr 2008 bei 23 %[483], bei *Schmidt* aus dem Jahr 2012 bei 27 %[484], in der Studie von *Feltes/Weigert* aus dem Jahr 2018 bei 12,7 %[485] und bei *Jüchser/Richter* im Jahr 2021 bei 12,8 %.[486] Im Vergleich mit den anderen Studien kann insofern gesagt werden, dass die vorliegende Untersuchung recht hohe Belastungszahlen hervorbrachte, wobei auf die sehr eingeschränkte Vergleichbarkeit der Studien untereinander nochmals seitens des Verfassers hingewiesen wird.

---

481 *Dressler*, S. 88.

482 *Lorei et al.*, Polizei&Wissenschaft 2019, S. 48.

483 *Lenk*, S. 53.

484 *Schmidt*, 2012, S. 1.

485 *Feltes/Weigert*, S. 18.

486 Berechnet auf 1717 Befragungspersonen, *Jüchser/Richter*, MschrKrim 2021, S. 68.

i. Relativierung der Häufigkeitszahlen

Auch im Rahmen des Fragenkomplexes zur körperlichen Gewalt wurden die Befragungspersonen gebeten, zu bewerten, in wieviel Prozent der Einsätze sie körperlichen Angriffen ausgesetzt sind. Die Auswertung der Angaben ergab einen Mittelwert von 8,73 % (n=539), vgl. Frage zwölf. Wenn man auch hier von 250 Einsätzen pro Rettungskraft und Jahr ausgeht, ergäbe der Mittelwert von 8,73 % knapp 22 körperliche Angriffe pro Jahr. Mit 71,9 % der Befragungspersonen ist die ganz überwiegende Mehrheit bereits seit über sechs Jahren im Rettungsdienst beschäftigt. Allein diese Beispielsrechnung ergäbe mindestens 132 körperliche Angriffe pro Befragungsperson innerhalb von sechs Jahren. Diese enorme Zahl an Übergriffen sollte ebenfalls anhand einer Kontrollfrage verifiziert werden. Daher wurden die Befragungspersonen zusätzlich gebeten, die absoluten Zahlen an körperlichen Angriffen zu nennen. Um die Angaben zur Frage nach den absoluten Zahlen der körperlichen Angriffe bewerten zu können, wurde somit im Laufe der Befragung die Kontrollfrage 35 erstellt. In dieser Frage sollte angegeben werden, wie viele körperliche Angriffe die einzelne Rettungskraft in der Lebenszeitprävalenz erlebt hat. Diese Kontrollfrage lag jedoch, genau wie Kontrollfrage 34 für Frage sieben, nur 428 von 823 Befragungspersonen vor. Von diesen 428 Befragungspersonen beantworteten diese 244. Wie in Tabelle 6.3 deutlich wird, gaben nur 4,5 % der Teilnehmerinnen und Teilnehmer an, bereits über 15 körperliche Angriffe in ihrer gesamten Dienstzeit erlebt zu haben. Die überwiegende Mehrheit von 68 % gab an, einen bis fünf körperliche Angriffe erlebt zu haben, weitere 20,1 % nannten sechs bis zehn körperliche Angriffe und 7,4 % gaben an elf bis 15 Mal körperlich angegriffen worden zu sein.

Tabelle 6.3: Körperliche Gewalt / absolute Zahlen

Anzahl	1-5 Mal	6-10 Mal	11-15 Mal	über 15 Mal
gült. %	68	20,1	7,4	4,5

Insofern ist auch der Mittelwert aus Frage zwölf wie der aus Frage sieben anhand der Ergebnisse der Kontrollfragen zu bewerten und muss daher weit unter der errechneten Prozentzahl liegen.

ii. Qualität der körperlichen Angriffe

Sowohl bezogen auf die gesamte Dienstzeit als auch bezogen auf die Angriffe innerhalb der letzten zwölf Monate liegen die Prozentzahlen zur Art des körperlichen Angriffs eng beieinander, vgl. Tabellen 5.8 und 5.9. Der Unterschied ist dermaßen marginal, dass im Folgenden die Zahlen bezogen auf die gesamte Dienstzeit und bezogen auf die letzten zwölf Monate gemeinsam gerundet präsentiert werden können. Die häufigste Art des Übergriffs ist demnach „Schubsen und Anrempeln". Rund 36 % werteten diese Form als „häufig" und „manchmal", wobei der Anteil von „häufig" hier nur bei rund 5 % lag. Die zweithäufigste Art des Übergriffs ist das „Einsperren, den Weg versperren". Rund 20 % bewerteten die Frequenz mit „häufig" und „manchmal", wobei auch hier der Anteil „häufig" bei nur 2,1 % bezogen auf die gesamte Dienstzeit und bei 3,1 % bezogen auf die letzten zwölf Monate lag. Erst mit deutlichem Abstand wurden die Kategorien „Schlagen", rund 13 %, „Treten", rund 11 %, und „Angriff mit einer Waffe oder gefährlichem Werkzeug", rund 4 %, als „häufig" oder „manchmal" bewertet. In der Kategorie „Sonstiges" wurden in den Freitextantworten weitere Übergriffe genannt. Hier gaben die Befragungspersonen mitunter an, mit Gegenständen beworfen oder festgehalten worden zu sein. Diese Übergriffe wären jedoch wahrscheinlich als „Angriff mit einer Waffe oder einem gefährlichen Werkzeug" bzw. als „Einsperren, den Weg versperren" zu bewerten gewesen. Es gab allerdings auch Angaben zu weiteren nicht aufgelisteten Arten von Übergriffen. So gaben einige wenige an, gebissen oder mit Blut beschmiert worden zu sein. Andere gaben an, gekratzt oder gar angefahren worden zu sein. Insgesamt wurde die Kategorie Sonstiges jedoch nur von 149 Personen bezogen auf die gesamte Dienstzeit und von 103 Personen bezogen auf die letzten zwölf Monate beantwortet. Von diesen gaben 70,5 %, bzw. 83,3 % an „nie" sonstige körperliche Gewalt erlebt zu haben. Wenn man davon ausgeht, dass ein Angriff mit einer Waffe oder einem gefährlichen Werkzeug sowie gebissen, angefahren, geschlagen oder getreten zu werden, eine intensivere körperliche Gewalt darstellt, als geschubst oder angerempelt zu werden bzw. den Weg versperrt oder eingesperrt zu werden, dann kann zurecht gefolgert werden, dass auch bei der körperlichen Gewalt die Anzahl der Übergriffe mit der Qualität in Verbindung steht. Es kann also wie bei der verbalen Gewalt geschlussfolgert werden, dass die Häufigkeit mit steigender Intensität des körperlichen Angriffs abnimmt. Dies kann jedoch nicht darüber hinwegtrösten, dass in absoluten Zahlen bezogen auf die gesamte Dienstzeit immerhin ca. 24 Personen angaben, „häufig“ geschubst und angerempelt zu werden, und immer noch ca. vier, dass sie „häufig“ geschlagen werden.

iii. Physische Folgen

Nachdem die Zahlen über die Häufigkeit und Qualität der einzelnen körperlichen Angriffe nun dargestellt wurden, ist von Interesse, welche körperlichen Folgen diese Angriffe für die Betroffenen mitbringen. Die Verletzungen durch körperliche Gewalt, deren Verteilung und die Häufigkeiten wurden bezogen auf die gesamte Dienstzeit und bezogen auf die Lebenszeitprävalenz erhoben. Es ergaben sich jedoch keine nennenswerten Unterschiede für beide Zeiträume. Unterschiedlich ist lediglich die Zahl der Gesamtbelastung. Während, bezogen auf die gesamte Dienstzeit, 30,2 % angaben, jemals verletzt worden zu sein, waren es bezogen auf die letzten zwölf Monate 14,8 %. *Jüchser/Richter* ermittelten hier 6,6 %[487] und *Scheunpflug/Klewer* 5,5 %.[488] Für beide Zeiträume gilt jedoch, dass Häufigkeit und Intensität der Verletzungen derart in Verbindung stehen, dass die Häufigkeit mit steigender Intensität der Verletzungen abnimmt. Ein ähnliches Verhältnis ermittelte auch *Dressler*, wenn auch bezogen auf den „schlimmsten Vorfall“. Hier wurde ermittelt, dass zwei Drittel unverletzt blieben, und auch stand die Intensität mit der Häufigkeit in Verbindung.[489] Insgesamt scheinen körperliche Angriffe nur selten zu Verletzungen zu führen und wenn, dann meist zu solchen von geringer Intensität. So gaben bei der niedrigsten Stufe der Verletzungsgrade, den „geringen Verletzungen ohne ärztliche Behandlung“, rund 75 % der Befragungspersonen an, dass diese nur „selten“ vorkommen. Bei der nächsten Intensitätsstufe, der „leichten bis mäßigen Verletzungen mit ambulanter ärztlicher Abklärung“, wurde die Häufigkeit von rund 30 % mit „selten“ und von rund 60 % mit „nie“ bewertet. Verletzung höherer Intensitäten kommen praktisch kaum vor, vgl. Tabellen 5.10 und 5.11. Bekräftigt wird dies durch die Auswertung der Frage danach, ob die Befragungspersonen, bezogen auf den letzten körperlichen Angriff, eine Strafanzeige bei der Polizei erstattet haben bzw. ob sie diesen ihrem Dienstherrn gemeldet haben. Nur 19,8 % gaben an, Strafanzeige erstattet zu haben, und nur 33,5 % meldeten den letzten körperlichen Angriff dem Dienstherrn. Interessant sind diesbezüglich die Gründe,

487 *Jüchser/Richter*, MschrKrim 2021, S. 69.
488 *Scheunpflug/Klewer*, HeilberufeSCIENCE 2013, S. 91.
489 *Dressler*, S. 123.

warum eine Anzeige unterblieb. 67,2 % gaben an, keine Anzeige erstattet zu haben, weil sie nicht ernsthaft verletzt wurden. Dies untermauert die geringe Belastungsquote. Dass solche Übergriffe zum Beruf einer Rettungskraft gehören und deshalb die Anzeige unterblieb, empfanden jedoch nur 8,5 %. 32,5 % gaben an, dass eine Anzeigenerstattung nichts gebracht hätte. Bei der unterbliebenen Meldung gegenüber dem Dienstherrn ist die Verteilung der Gründe ähnlich. Dass dies zum Beruf gehöre, gaben nur 7,6 % an. Dass man nicht ernsthaft verletzt wurde, gaben 56,5 % an. Auch diese Auswertungsergebnisse bestätigen, dass sich die überwältigende Mehrheit der Rettungskräfte glücklicherweise nicht physisch belastet sieht. Ein geschlechtsspezifischer oder altersspezifischer Unterschied bei der Verletzung von Rettungskräften konnte nicht ermittelt werden. Die Gefahr verletzt zu werden ist für alle gleich hoch bzw. gleich niedrig. Ein wenig überraschendes Ergebnis war, dass die Gefahr jemals Opfer zu werden mit steigender Diensterfahrung anwächst. Von Interesse war ebenfalls die Frage, ob es Unterschiede bezogen auf die Einwohnerzahlen des Einsatzgebietes gab; anders ausgedrückt, ob körperliche Angriffe in Ballungsräumen häufiger zu Verletzungen führen als in ländlichen Regionen. Wenn es Regionen mit erhöhter Verletzungswahrscheinlichkeit gibt, könnte geschlussfolgert werden, dass die Übergriffe dort somit auch brutaler, zumindest gefährlicher für Leib und Leben sind. Die Auswertung der Tabelle 5.13 zeigt, dass in Einsatzgebieten mit einer Einwohnerzahl von unter 5.000 die Verletzungsquote bei 23,1 % liegt und damit am geringsten ist. Alle anderen Einsatzgebiete in Rheinland-Pfalz weisen eine Verletzungsquote von im Schnitt 30,2 % aus. Hier ergaben sich keine merklichen Unterschiede. Mithin lässt sich auch nicht nachweisen, dass Angriffe bspw. in urbanen Regionen brutaler sind als in ländlichen. Es kann festgehalten werden, dass die körperlichen Angriffe nur selten zu Verletzungen führen und diese dann zumeist von geringer Intensität sind. Zudem gibt es weder persönliche Merkmale noch Situationsumstände, die die Verletzungsquote merklich beeinflussen. Die Gefahr, als Opfer von körperlicher Gewalt auch verletzt zu werden, ist für alle Rettungskräfte gleich hoch, lediglich Rettungskräfte in Einsatzgebieten mit weniger als 5.000 Einwohnern scheinen ein etwas geringeres Verletzungsrisiko zu tragen. Dieses Ergebnis ist für die Präventionsarbeit ernüchternd, aber wichtig.

iv. Psychische Folgen

Körperliche Angriffe können nicht nur unmittelbar körperliche, sondern auch psychische Folgen haben. Diese psychischen Folgen können sich dann später auch in Form von Erkrankungen der Rettungskräfte niederschlagen. Insofern wurden auch diese möglichen Folgen in der vorliegenden Untersuchung betrachtet. Allein bezogen auf die körperliche Gewalt stimmten 19,4 % der Aussage, dass sie diese belaste, „voll" und weitere 40 % „eher" zu.

Jüchser/Richter ermittelten einen Anteil von 12,3 % bezogen auf die letzten zwölf Monate.[490] Hier zeigt sich ein Unterschied zu der Untersuchung von *Feltes/Weigert*. Dort gaben 79,4 % an, nicht psychisch belastet zu sein.[491] Der Anteil derer, die in der vorliegenden Untersuchung angaben, psychisch belastet zu sein, wird allerdings durch zwei weitere Faktoren relativiert. Zum einen stimmen 43 % der Aussage, dass sie sich seelisch in der Lage sehen einen Angriff zu verarbeiten, „voll" und weitere 47 % „eher" zu. Nur 3,9 % sehen sich dazu nicht in der Lage. In der Untersuchung von *Feltes/Weigert* sahen sich insgesamt 67,1 % in der Lage, einem solchen Übergriff psychisch selbst zu verarbeiten.[492] Zum anderen führen die verbalen und körperlichen Übergriffe nur in sehr geringem Maße zu tatsächlichen psychischen Belastungen wie Angstzuständen (1,7 %), Schlafstörungen (3,5 %) oder Depressionen (1,3 %). Die Auswertung der psychischen Folgen in den Großstädten Deutschlands ergab diesbezüglich höhere Werte. In der Studie *Dresslers* gaben 11,9 % Schlafstörungen, 10,3 % Depressionen und 4,8 % Angstzustände als Folge von verbalen und körperlichen Übergriffen an.[493] Interessant war auch die Auswertung der Freitextantworten. Hier wurde häufig Unverständnis gegenüber den Übergriffen auf die eigene Person geäußert. Viele schilderten Situationen, in denen sie Hilfe leisten wollten und dann scheinbar grundlos attackiert wurden. Insgesamt wurde die Kategorie „Sonstiges" jedoch nur von 2,9 % der Befragungspersonen beantwortet. Psychische Belastungen aufgrund von körperlichen Übergriffen werden somit von knapp 60 % der Rettungskräfte angegeben. Jedoch sehen sich nur 3,9 % nicht dazu in der Lage, diese Angriffe psychisch selbst zu verarbeiten.

---

490 *Jüchser/Richter*, MschrKrim 2021, S. 69.

491 *Feltes/Weigert*, S. 45.

492 *Feltes/Weigert*, S. 43.

493 *Dressler*, S. 183.

v. Sicherheitsgefühl

Neben der Belastung durch tatsächlich erfolgte verbale oder körperliche Übergriffe kann auch eine gefühlte Unsicherheit bzw. eine Kriminalitätsfurcht eine veritable Belastung darstellen. Die Kriminologie unterscheidet in diesem Zusammenhang drei Dimensionen der Kriminalitätsfurcht. Die affektive Dimension, die sich durch die eigentliche Angst vor Kriminalität auszeichnet, die kognitive Dimension, die eine rationale Erfassung des tatsächlichen Risikos beinhaltet, und die konative Dimension, welche sich darauf bezieht, dass Personen versuchen, vermeintlichen Gefahren aus dem Weg zu gehen.[494] Die vorliegende Untersuchung hat durch verschiedene Items im Fragebogen die drei Dimensionen erforscht. Zur affektiven Dimension lässt sich mithin sagen, dass 93,5 % der Befragungspersonen angaben, keine Angst zu haben, in ihrer Schicht bzw. in jeder Schicht Opfer eines körperlichen Übergriffes zu werden. Somit kann geschlussfolgert werden, dass diese Dimension der Kriminalitätsfurcht nur sehr gering ausgeprägt ist. Sie ist jedenfalls deutlich geringer als die ermittelte Beunruhigung im Rahmen des Viktimisierungssurveys 2017 des BKA. Gefragt danach, inwieweit die Befragten fürchten, geschlagen oder verletzt zu werden, gaben dort 18,2 % an „sehr" bzw. „ziemlich" beunruhigt zu sein. Die restlichen Befragten gaben indes an, „etwas" oder „gar nicht" beunruhigt zu sein.[495] Unterstützt wird dieses Zwischenergebnis durch den hohen Zustimmungswert zur Frage danach, ob sich die Rettungskräfte im Dienst sicher fühlen. Insgesamt stimmten 84,3 % der Aussage „voll" oder „eher" zu. *Feltes/Weigert* ermittelten ähnliche Werte, in deren Untersuchung gaben mit 7,3 % wenige Befragte an, sich unsicher zu fühlen.[496] Vor diesem Hintergrund soll aber nicht verschwiegen werden, dass die überwältigende Zahl von 87,4 % der Befragungspersonen der Aussage, dass sie einen Respektverlust gegenüber den Rettungsdiensten und der Feuerwehr spüren, „voll" bzw. „eher" zustimmen, wobei mit 53,5 % über die Hälfte der Aussage „voll" zustimmen, vgl. Tabelle 5.35. Auch bei der Untersuchung von *Dressler* verspürte mit 77,6 % ein sehr großer Anteil an Befragungspersonen einen Respektverlust gepaart mit einer latenten Aggressivität.[497] Es ist naheliegend, dass sich auch ein empfundener Respektverlust bzw. eine empfundene geringere Wertschätzung negativ auf das Sicherheitsgefühl

494 *Baier et al.*, 2011, S. 46.
495 *Birkel et al.*, DVS 2017, S. 47.
496 *Feltes/Weigert*, S. 14.
497 *Dressler*, S. 194.

der Rettungskräfte auswirken. Die Auswertung der Ergebnisse führt jedoch zu dem Schluss, dass dieses Gefühl zumindest nicht in die direkte affektive Dimension der Kriminalitätsfurcht durchschlägt, sprich dazu führt, dass die Rettungskräfte Angst vor körperlichen Übergriffen haben. Die kognitive Dimension wurde in zwei Items erfragt. 7,4 % der Befragten stimmten der Aussage, dass sie das Risiko, Opfer eines Angriffs zu werden, als hoch einschätzen, „voll" zu. Weitere 28,3 % stimmten „eher" zu. Dieser Anteil ist höher als bei *Feltes/Weigert,* die erfragten, ob die Teilnehmerinnen und Teilnehmer befürchten, innerhalb der nächsten zwölf Monate Opfer eines gewalttätigen Übergriffs zu werden. Dem stimmten 18,4 % zu.[498] Der Unterschied lässt sich aber mit der Fragestellung erklären. *Feltes/Weigert* bezogen sich auf den zeitlich begrenzten Raum von zwölf Monaten in die Zukunft, während die vorliegende Untersuchung auf die gesamte zukünftige Dienstzeit der Befragten ausgerichtet war. Interessant ist in diesem Zusammenhang ein erneuter Vergleich mit dem Viktimisierungssurvey 2017 des BKA. Auf der kognitiven Ebene wurden die Teilnehmerinnen und Teilnehmer gefragt, wie hoch diese die Wahrscheinlichkeit bewerten, innerhalb der nächsten zwölf Monate geschlagen und verletzt zu werden. Dort hielten es nur 3,3 % für „sehr" bzw. „ziemlich" wahrscheinlich und der Rest für „wenig" und „gar nicht" wahrscheinlich.[499] Dies spricht dafür, dass Rettungskräfte die Gefahr, Opfer körperlicher Gewalt zu werden, um ein Vielfaches höher bewerten als der Querschnitt der deutschen Bevölkerung, auf die sich der Viktimisierungssurvey als Datengrundlage beruft. Etwas über ein Drittel der Rettungskräfte bewertet das tatsächliche Risiko, Opfer eines Angriffs zu werden, als „hoch". Beachtlich ist in diesem Zusammenhang ebenfalls, dass die Rettungskräfte überwiegend das Gefühl haben, dass die körperliche Gewalt gegen sie zunimmt. Dieser Aussage stimmten 42,9 % „voll" und weitere 35,8 % „eher" zu, bei *Dressler* stimmten 40,7 % „voll" und weitere 37,5 % „eher" zu.[500] Daher steht fest, dass über ein Drittel der Befragten das Risiko, Opfer zu werden, als hoch einschätzen und beinahe 80 % eine Gewaltzunahme verspüren. Dennoch ist die tatsächliche affektive Dimension der Kriminalitätsfurcht sehr niedrig ausgeprägt und das Sicherheitsgefühl der Rettungskräfte kann als hoch bewertet werden. In der konativen Dimension wird im Kern ein Vermeidungsverhalten aufgrund der Kriminalitätsfurcht ausgedrückt.[501] Der Deutsche Viktimisierungssurvey

498 *Feltes/Weigert*, S. 13.
499 *Birkel et al.*, DVS 2017, S. 56.
500 *Dressler*, S. 195.
501 *Neubacher*, S. 139.

2017 konnte diesbezüglich ermitteln, dass Frauen häufiger zu einem Vermeidungsverhalten neigen als Männer. Beispielsweise antworteten auf die Frage, ob die Teilnehmerinnen und Teilnehmer Umwege in Kauf nehmen würden, um sich vor Kriminalität zu schützen, 43 % der Männer mit „nie". Bei den Frauen schlossen dies nur 25 % kategorisch aus. Gefragt danach, ob man bedrohlichen Personen ausweichen würde, um Kriminalität zu vermeiden, schlossen dies 27,2 % der Männer und nur 14,2 % der Frauen gänzlich aus.[502] Gefragt nach den Eindrücken, die körperliche Angriffe bei den Rettungskräften hinterlassen, antworteten in der vorliegenden Studie 64,6 % damit, dass sie vorsichtiger geworden seien. Die Verteilung zwischen Männern und Frauen war hier beinahe identisch. Die Verteilung lag bei 64,5 % der männlichen und 64,9 % der weiblichen Rettungskräfte. Interessant ist in diesem Falle insbesondere die Auswertung der Freitextantworten. Einige konkretisierten die Angabe „Ich bin vorsichtiger geworden". So gaben sie bspw. an, dass sie sich in Räumen explizit Fluchtmöglichkeiten einprägen und offenhalten, um bei Übergriffen ausweichen zu können. Eine Person gab an, selbst aggressiver geworden zu sein, eine andere, dass sie häufiger eine Schutzbrille und eine Schutzweste trage. Und schließlich gab noch eine Person an, ihr eigenes Verhalten gegenüber den Patienten und Angehörigen häufiger zu hinterfragen. Etwas paradox erscheint in diesem Zusammenhang die Auswertung der Frage danach, ob sich die Rettungskräfte in der Lage sehen, sich körperlich zu wehren. Dieser stimmten 72,5 % „voll" und „eher" zu, während sich gleichzeitig 70 % eine Fortbildung in Selbstverteidigung wünschen. Bei diesen Aussagen ist jedoch ein Unterschied zwischen den Geschlechtern festzustellen. 79,9 % der Männer fühlen sich in der Lage, sich körperlich zu wehren. Selbiges behaupten nur 50,8 % der weiblichen Rettungskräfte. Eine Fortbildung wünschen sich 67,1 % der männlichen und 78,2 % der weiblichen Befragten. Bezogen auf die Antworten von Männern und Frauen wünschten sich in der Studie von *Schmidt* 77,3 %[503] eine Fortbildung in Selbstverteidigung. In der Untersuchung von *Feltes/Weigert* lag der Anteil bei 71,1 %[504]. Explizit nach einer Fortbildung in Selbstverteidigung fragte *Dressler* in ihrer Untersuchung nicht, aber 83 % stimmten dort „voll" und „eher" zu, dass sie Ausbildungsbedarf beim Thema Eigensicherung sehen.[505] Der Wunsch nach Fortbildungen in Selbstverteidigung ist in mehreren Studien deutlich zum Ausdruck

502 *Birkel et al.*, DVS 2017, S. 59.
503 *Schmidt*, 2012, S. 23.
504 *Feltes/Weigert*, S. 56f.
505 *Dressler*, S. 223.

gebracht worden. Somit lässt sich festhalten, dass über ein Drittel der Rettungskräfte in der kognitiven Dimension die Wahrscheinlichkeit, Opfer zu werden, als hoch einschätzen und beinahe zwei Drittel geben an, in der Folge der Angriffe vorsichtiger geworden zu sein. Das Niveau der tatsächlichen Angst vor Angriffen ist jedoch sehr niedrig.

vi. Auswirkungen auf den Einsatzablauf

Die aktuelle Rechtslage in Bezug auf Angriffe auf Rettungskräfte gestaltet sich derart, dass tatbestandlich nur handelt, wer durch die Gewalt oder die Drohung mit Gewalt Hilfeleistende während eines Unglücksfalls oder einer gemeinen Gefahr oder Not behindert, vgl. § 115 III S. 1 StGB. Es muss somit ein Behinderungserfolg eintreten. Daher war es von hohem Interesse herauszufinden, wie sich die körperlichen Übergriffe auf den Einsatz der Rettungskräfte auswirkten. In Frage 13 wurden die Rettungskräfte daher gefragt, ob durch einen körperlichen Angriff ein Einsatzablauf behindert oder gestört wurde. Gleichzeitig sollte hier ermittelt werden, welche Qualität die Störungen bzw. Behinderungen der Einsätze aufwiesen und wie häufig sie auftraten. Diese Frage bezog sich auf die gesamte Dienstzeit der Rettungskräfte.

Tabelle 6.4: Körperliche Gewalt / Behinderung des Einsatzes

	0	1-2	3-5	>6	ges.
Ein Einsatz musste abgebrochen werden.	73,7 %	21,7 %	4 %	0,6 %	(n=479) (p=0,000)
Ein Einsatzablauf wurde kurzzeitig gestört.	15,9 %	48,2 %	25 %	10,9 %	(n=523) (p=0,000)
Ein Einsatzablauf wurde massiv gestört.	39,4 %	42,4 %	12,9 %	5,3 %	(n=510) (p=0,000)
Durch einen Angriff wurde eine Patientin / ein Patient geschädigt.	74,8 %	20,1 %	3,4 %	1,7 %	(n=477) (p=0,000)

Die Antwortmöglichkeiten enthielten unterschiedliche Störungen bzw. Behinderungen von Rettungseinsätzen. Die vorliegende Untersuchung ist diesbezüglich die erste und bisher einzige, bei der auch diese wesentlichen Umstände der Angriffe auf Rettungskräfte Berücksichtigung fanden. Es wurden unterschiedliche Niveaus der Störungen von Rettungseinsätzen ermittelt.

Diese unterschieden sich in ihrer Intensität. Die niedrigste Stufe war als kurzzeitige Störung des Einsatzablaufs vorgegeben, welche bezogen auf den Behinderungserfolg für eine Tatbestandlichkeit gemäß § 115 III S. 1 StGB bereits ausreichend ist. Hier gaben 15,9 % an, niemals eine solche Behinderung eines Einsatzes erlebt zu haben. „Ein- bis zweimal erlebten 48,2 % der Befragten solche Störungen, drei- bis fünfmal noch 25 % und 10,9 % erlebten solche Störungen bereits über sechs Mal, vgl. Tabelle 6.4. Somit gaben hier insgesamt 84,1 % der Befragten an, bereits bei einem Rettungseinsatz durch körperliche Gewalt kurzzeitig gestört worden zu sein. Insgesamt gaben 73,2 % an, ein- bis zwei- bzw. drei- bis fünfmal solche Störungen erlebt zu haben. Wie bereits geschildert, kann pro Jahr und Rettungskraft mit ca. 250 Einsätzen gerechnet werden. Außerdem wurde bereits festgestellt, dass die Befragungspersonen im Schnitt sehr diensterfahren sind.[506] Die absoluten Zahlen von ein bis zwei bzw. drei bis fünf Störungen insgesamt sind daher vor dem Hintergrund der Einsätze und der Dienstjahre zu bewerten. 96,1 % der Befragten sind zwischen zwei und über 15 Jahren im Rettungsdienst beschäftigt und noch 71,9 % zwischen sechs und über 15 Jahren. Nimmt man exemplarisch die Anzahl von sechs Dienstjahren und multipliziert diese mit den durchschnittlichen 250 Einsätzen, so stellt man fest, dass ein gestörter Einsatz 0,066 % aller 1500 Einsätze in diesem Rechenmodell entspricht. Mithin kann geschlussfolgert werden, dass es nur selten zu dieser mildesten Form der Behinderung von Einsatzabläufen kommt. Gemäß § 115 III S. 1, Alt. 2 StGB reicht als Tathandlung auch ein bloßes Androhen von Gewalt aus. Frage 13 bezog sich jedoch nur auf körperliche Gewalt, nicht auf die Androhung solcher. Insofern könnte die Zahl der tatbestandlichen Behinderungen von Hilfskräften theoretisch höher sein. Dass ein Rettungseinsatz durch eine Drohung jedoch häufiger behindert werden soll als durch einen körperlichen Angriff, will praktisch nicht recht verfangen. Auch wenn eine einfache Behinderung von Hilfeleistenden bereits für die Strafbarkeit ausreicht, war es von Interesse auch höhere Grade von Störungen der Einsatzabläufe zu ermitteln. In der Kategorie „Ein Einsatzablauf wurde massiv gestört" gaben 39,4 % an, dass sie so etwas noch nie erfahren mussten, 42,4 % gaben an, dies schon ein- bis zweimal erlebt zu haben. Weitere 12,9 % erinnerten sich an drei bis fünf und 5,3 % an über sechs Behinderungen dieser Kategorie. Dass ein Einsatz abgebrochen werden musste oder dass durch einen Angriff eine Patientin oder ein Patient geschädigt wurde, kam seltener vor. 73,7 % bzw. 74,8 % hatten solche Situationen noch nie erlebt.

506 Vgl. Kapitel VI.b.i.

21,7 % bzw. 20,1 % erinnerten sich an ein bis zwei, 4 % bzw. 3,4 % an drei bis fünf und nur 0,6 % bzw. 1,7 % erlebten Behinderungen dieser Kategorien über sechs Mal, vgl. Tabelle 6.4. Mithin liegt der Schwerpunkt der Behinderungen von Einsätzen durch körperliche Gewalt bei kurzzeitigen Störungen der Einsatzabläufe. Es kann somit resümiert werden, dass Behinderungen von Rettungseinsätzen durch körperliche Gewalt selten sind und mit steigender Intensität der Behinderung die Häufigkeit abnimmt.

vii. Zusammenfassung der körperlichen Gewalt

Zwei Drittel der Befragten gaben an, bezogen auf die gesamte Dienstzeit bereits körperliche Gewalt erlebt zu haben. Innerhalb der letzten zwölf Monate erlebten noch 40,6 % der Befragungspersonen körperliche Gewalt gegen die eigene Person. Der Vergleich mit anderen Studien lässt diesbezüglich den Schluss zu, dass insgesamt der Anteil der betroffenen Personen angestiegen ist. Ein direkter Vergleich mit den Daten des Hellfeldes ist zwar schwierig darstellbar. Dennoch weist die PKS für Rheinland-Pfalz einen Anstieg der Delikte in der Opfertabelle „Rettungsdienstkräfte" von 158 % in den Jahren 2011 bis 2019 aus. Ein solch hoher Anstieg ist durch die Auswertung der Dunkelfeldstudien nicht zu belegen. Dies lässt auf eine allmähliche Aufhellung des Dunkelfeldes aufgrund einer gestiegenen Anzeigebereitschaft der Betroffenen schließen. Es ist naheliegend, dass die enorme Medienpräsenz des Themenkomplexes positive Auswirkungen auf die Bereitschaft zur Anzeige hat. Es ist gut vorstellbar, dass sich viele Betroffene bestärkt sehen, Straftaten gegen ihre Person auch zur Anzeige zu bringen, da solche Taten von der Öffentlichkeit deutlich verpönt werden. Genaue Erkenntnisse zum Anstieg des Anteils der Betroffenen im Dunkelfeld könnte jedoch nur eine Längsschnittstudie liefern. Die vorliegende Querschnittanalyse kann nur belastbare Ergebnisse zu Momentaufnahmen liefern. Neben dem bloßen Anteil der Betroffenen sind insbesondere die Häufigkeitszahlen ein wichtiger Faktor. Diese Zahlen können nicht aus dem Gesamtkontext gerissen werden, sondern müssen anhand von Kontrollfragen und realistischen Vergleichsrechnungen ausgewertet werden. Die Angabe, dass in 8,73 % der Einsätze körperliche Gewalt erlebt wird, konnte anhand eines Vergleiches der durchschnittlichen Dienstzeit und des Gesamtaufkommens an Einsätzen als unrealistisch hoch bewertet werden. Zurückzuführen ist diese Zahl somit eher auf Bewertungsschwierigkeiten der Befragten. Die Angabe von Prozentzahlen erwies sich insofern als zu komplex und wenig greifbar für die Befragten. Die Angabe der absoluten Zahlen bringt daher das realistische Bild. Demnach gaben über zwei Drittel an, bezogen auf die gesamte Dienstzeit einen bis fünf körperliche Übergriffe erlebt zu haben. Weitere 20 % erlebten zwischen sechs und zehn. Mithin sind die Häufigkeitszahlen der Übergriffe insofern zu relativieren, dass die Werte tatsächlich niedriger liegen als es die unreflektiert betrachteten Zahlen vermuten lassen. Auch andere Studien verwiesen auf niedrige Häufigkeitszahlen im Vergleich zum Anteil der von körperlicher Gewalt Betroffenen.[507] Hinsichtlich der Qualität der Übergriffe kann eine deutliche Korrelation von Häufigkeit und Intensität dergestalt attestiert werden, dass die Häufigkeit mit steigender Intensität der körperlichen Übergriffe abnimmt. Für die physischen Folgen solcher körperlichen Übergriffe kann festgestellt werden, dass diese selten und in der weit überwiegenden Zahl von geringem Ausmaß sind. Es konnten keine klaren Merkmale ermittelt werden, die eine Gruppe besonders betroffener Personen umschreiben würde. Insofern muss die Präventionsarbeit hier bei allen Rettungskräften mit gleicher Intensität betrieben werden. Die psychische Belastung ist auf den ersten Blick weitaus höher. Etwa 60 % der Befragungspersonen gaben an, durch körperliche Angriffe psychisch belastet zu sein, wobei sich jedoch über 90 % in der Lage sehen, diese Belastung selbst zu verarbeiten. Auch der Anteil an tatsächlichen Belastungen, wie Angstzustände etc., ist im niedrigen einstelligen Prozentbereich. Die Auswertung des Sicherheitsgefühls oder, negativ ausgedrückt, der Kriminalitätsfurcht, ist ein wichtiger Indikator und zählt letztlich in die Bewertung der psychischen Belastung der Rettungskräfte mit ein. Ein Drittel der Rettungskräfte bewerten die Wahrscheinlichkeit, Opfer eines Übergriffs zu werden, objektiv als hoch. Dennoch führen weder diese Einschätzung noch der Umstand, dass 87,5 % einen Respektverlust gegenüber den Rettungskräften und der Feuerwehr verspüren, dazu, dass die Befragten Angst vor möglichen Übergriffen hätten. Im Gegenteil, 93,5 % gaben an, keine Angst zu haben, und 84,3 % fühlen sich im Dienst sicher. Auch diese Angaben relativieren die Angabe von 60 %, die sich durch die körperlichen Übergriffe psychisch belastet sehen. Dass ein körperlicher Angriff zu einer tatsächlichen Behinderung von Hilfeleistenden gem. § 115 III S. 1 StGB führt, ist selten und je intensiver das Niveau der Behinderung ausfällt, desto geringer werden die Häufigkeitszahlen. Diese Verbindung der Intensität mit der Häufigkeitszahl zieht sich somit durch die gesamte Betrachtung der körperlichen Gewalt und wird durch andere Untersuchungen bekräftigt.

507 *Lorei et al.*, Wissenschaft&Polizei 2019, S. 47.

d. Situative Merkmale

Um belastbare Aussagen zu Angriffen auf Rettungskräfte, gerade bezogen auf eine Prävention, treffen zu können, bedarf es einer genauen Analyse der situativen Umstände, die zu dieser Gewalt führen, bzw. selbige begünstigen. Nachfolgend sollen diese Umstände genauer dargestellt und bewertet werden.

i. Zeitpunkt

Die vorliegende Untersuchung konnte nachweisen, dass die Angriffe überwiegend an den Wochenenden, am häufigsten in den Nachtstunden zwischen 22:00 und 07:00 Uhr, gefolgt von den Abendstunden zwischen 17:00 und 22:00 Uhr erfolgen. Auch *Schmidt* und *Feltes/Weigert* sowie *Jüchser/Richter* und *Scheunpflug/Klewer* ermittelten, dass die Abend- und Nachtstunden der Wochenenden, insbesondere der Samstage, die höchste Wahrscheinlichkeit für Angriffe bieten.[508] Insofern kann geschlussfolgert werden, dass insgesamt die Abend- und Nachtstunden der Freitage und Samstage die häufigsten Tatzeitpunkte darstellen.

1. Einsatzphasen

Neben dem Wochentag und der Uhrzeit kann die Situation des Übergriffs noch genauer eingegrenzt werden, indem ein typischer Einsatzablauf in verschiedene Interaktionen eingeteilt wird. Die Einsatzphase weist sowohl eine zeitliche als auch eine örtliche Komponente auf. Vorliegend soll die örtliche vordergründig betrachtet werden. Es sollte ermittelt werden, in welcher Phase des Kontakts zwischen Rettungskraft und Täter, es zum körperlichen Übergriff kommt. In Frage 18 wurde ein typischer Einsatzablauf in verschiedene Teilbereiche der Interaktion gegliedert. Nach dem Eintreffen der Rettungskräfte vor Ort findet die Anamnese statt. In ihrer Ausbildung werden die Rettungskräfte daraufhin geschult, dass sie die Patienten zunächst begrüßen und sich vorstellen. Dann beginnt das Anamnesegespräch. In diesem werden die Patienten, sofern sie antworten können, befragt. Ebenso werden andere

508 *Schmidt*, 2012, S. 14; *Scheunpflug/Klewer*, HeilberufeSCIENCE 2013, S. 90; *Feltes/Weigert*, S. 34f; *Jüchser/Richter*, MschrKrim 2021, S. 69.

Personen wie Zeugen, Angehörige, Ersthelfer etc. zurate gezogen. Nach dem ersten Gespräch beginnt, sofern es das Notfall- oder Krankheitsbild erfordert, die eigentliche Anamnese in Form einer körperlichen Untersuchung und der Erhebung von Vitalparametern. Das Ausmaß der Untersuchung wird situationsbezogen auf das jeweilige Notfall- oder Krankheitsbild angepasst. Es kann von einer reinen Betrachtung, bspw. einer Rötung der Augen, über Blutdruckmessungen, EKG, Abhören mit Stethoskop bis hin zu einem sogenannten Bodycheck reichen. Dieser wird bspw. nach Sturz- oder Unfallgeschehen durchgeführt, um zu ermitteln, ob Frakturen vorliegen. Hierzu wird der Körper des Patienten mit den Händen abgetastet und durch leichten Druck auf mögliche Frakturen hin untersucht. Wesentlicher Bestandteil der Ausbildung ist ebenso, dass jede Maßnahme vorher gegenüber dem Patienten angekündigt und um Zustimmung zu dieser gebeten werden muss. Dies hat auch den juristischen Hintergrund, dass somit das objektive Rechtfertigungselement der Einwilligung in eine tatbestandliche Körperverletzung gem. § 223 I StGB vorliegt. Bei Patienten, die sich nicht äußern können, z.B. weil sie ohnmächtig sind, tritt an die Stelle der tatsächlichen Einwilligung ggfls. die mutmaßliche.[509] Die Anamnese ist zentraler Bestandteil des Rettungseinsatzes, an dessen Ende die Verdachtsdiagnose steht. Anhand dieser Diagnose werden alle weiteren Behandlungsmaßnahmen ausgeführt. Sofern eines der Notfallbilder in der Verdachtsdiagnose ermittelt wurde, werden die sogenannten SOP Standard Operating Procedures für eben dieses Notfallbild systematisch abgearbeitet. Die klar strukturierte standardisierte Vorgehensweise ermöglicht auch in belastenden Szenarien ein routiniertes ruhiges Vorgehen der Rettungskräfte. Die SOP werden auch bei den jährlichen Fortbildungen wiederholt und in einer Leistungskontrolle theoretisch sowie praktisch abgefragt. Inhalt der SOP sind dann auch medizinische Maßnahmen wie das Anlegen eines Venenkatheters und die Gabe bestimmter, für nichtärztliches Personal freigegebener, Medikamente. Je nachdem, wie mobil der Patient oder die Patientin ist, kommt es während der Einsätze häufig auch dazu, dass diese umgelagert werden müssen, bspw. vom heimischen Bett auf die Trage des Rettungswagens und später in der Zielklinik, von dieser auf die Untersuchungsliege der Notaufnahme. In Tabelle 6.5 wird deutlich, dass mit 45 % beinahe die Hälfte der Rettungskräfte angaben, dass es während der Anamnese bzw. Untersuchung im Rahmen der Anamnese zum körperlichen Angriff kam. Nur. 8,1 % gaben an, dass dies während einer medizinischen Maßnahme geschah. Weitere 13,7 % gaben an, während der Umlagerung der

509 *Rengier*, S. 231.

Patientin bzw. des Patienten körperlich angegriffen worden zu sein. Während des Transportes wurden 9,8 % angegriffen. Mit 16,6 % war die zweithäufigste Situation unmittelbar beim Eintreffen der Rettungskräfte am Einsatzort. Auch bei dieser Frage wurde die Kategorie „Sonstiges" angeboten, um den Befragungspersonen in den Freitextfeldern die Möglichkeit zu geben, weitere Situationen zu nennen. 6,8 % wählten die Kategorie „Sonstiges". Hier wurde beinahe von allen die Übergabe des Patienten an das Krankenhausteam genannt. Einmal wurde eine Situation im Straßenverkehr zwischen zwei Einsätzen und einmal eine Situation bei einem Bereitstellungseinsatz genannt. Ein Bereitstellungseinsatz kann mehrere Ursachen haben, beispielsweise ein größerer Polizeieinsatz, bei dem mit Gewalt gerechnet wird, oder aber ein größerer Löscheinsatz der Feuerwehren, bei dem Verletzte nicht auszuschließen sind. Für das Rettungsteam bedeutet ein Bereitstellungseinsatz, etwas abseits vom Geschehen Stellung zu beziehen und die medizinische Versorgung im Ernstfall zu gewährleisten.

Tabelle 6.5: Kommunikation / Situation (Prozent) / (n=307)

	män.	weib.	ges. (p=0,090)
Unmittelbar beim Eintreffen	17,3	14,7	16,6
Während der Anamnese / Untersuchung	46,8	40	45,0
Während einer medizinischen Maßnahme	6,5	12	8,1
Während der Umlagerung der Patientin / des Patienten auf Trage / Stuhl / Bett	12,1	18,7	13,7
Während des Transports	10,4	8	9,8
Sonstiges	6,9	6,7	6,8

Mithin schilderten zusammengerechnet 61,6 % der Rettungskräfte, dass sie „unmittelbar beim Eintreffen" oder „während der Anamnese / Untersuchung" angegriffen wurden. Geschlechtsspezifische Unterschiede lassen sich nicht eindeutig feststellen. In der Kategorie „Während einer medizinischen Maßnahme" ist der Anteil der Frauen mit 12 % jedoch beinahe doppelt so hoch als der der Männer mit 6,5 %. Auch bei der Analyse der Diensterfahrung und des Lebensalters im Verhältnis zum Antwortverhalten ergaben sich keine augenscheinlichen Besonderheiten zugunsten oder zulasten einer bestimmten Untergruppe. In der Untersuchung von *Schmidt* gaben mit 52 % ebenfalls die meisten Rettungskräfte als Einsatzsituation die Diagnose an. Zweithäufigste Situation war mit 21,3 % auch hier die des Eintreffens am Einsatzort. Hieraus schloss *Schmidt*, dass es sich bei diesen Übergriffen um gerechtfertigte Abwehrreaktionen von Patienten handelt.[510] Auch bei *Feltes/Weigert* zeichneten sich die Diagnoseerstellung gefolgt vom unmittelbaren Eintreffen der Rettungskräfte als am häufigsten genannte Einsatzphasen aus,[511] bei *Lenk* lag die Situation des Eintreffens mit 53 % zur Situation der Diagnoseerstellung mit 49 % leicht vorne.[512] Die von *Schmidt* aufgestellte These, dass es sich bei den Angriffen im Rahmen der Diagnoseerstellung um gerechtfertigte Abwehrreaktionen handelt, kann allein anhand der o.g. Daten weder belegt noch widerlegt werden. Hierzu bedarf es der Auswertung weiterer Daten wie der des Täterkreises, der Motivation der Täter und der Kommunikation zwischen Tätern und Opfern. Die Aussage kann sich zudem denklogisch nur auf die Patienten als Täter erstrecken, nicht auf Schaulustige, Passanten oder andere Gruppen.

ii. Ort

Der Tatort wurde vorliegend in zweierlei Hinsichten untersucht. Zum einen waren die Rettungskräfte aufgefordert, eine Unterteilung der Häufigkeit der Übergriffe in bürgerlichen Wohngegenden und sozial schwachen Wohngegenden vorzunehmen. Zum anderen war von Interesse, an welchen typischen Einsatzorten es zu Übergriffen kommt, um mögliche Präventionsmaßnahmen zu ermitteln.

1. Sozialräumliches Milieu

Sozial schwache Wohngegenden wurden mit 79,4 % im Vergleich zu bürgerlichen (20,6 %) als häufigere Tatortgegenden klassifiziert. Interessant war an dieser Stelle, ob die Rettungskräfte in den unterschiedlichen Einsatzgebieten diese Unterteilung anders bewerten. Analysiert werden sollte also, ob die Größe des Einsatzgebietes mit der Bewertung des sozialräumlichen Milieus in Verbindung steht.

510 *Schmidt*, 2012, S. 10.
511 *Feltes/Weigert*, S. 36.
512 *Lenk*, S. 50.

Tabelle 6.6: Tatort / Einsatzgebiet / Vergleich (Prozent gerundet)

	Sozial schwache Wohngegend	Bürgerliche Wohngegend
über 500.000 Einwohner	1	3
zwischen 100.000 – 500.000 Einwohner	24	23
zwischen 20.000 – 100.000 Einwohner	36	34
zwischen 5.000 – 20.000 Einwohner	33	34
unter 5.000 Einwohner	6	6
Gesamt	n=524 (p=0,208)	n=126 (p=0,560)

Tabelle 6.6 zeigt auf, wieviel Prozent der Rettungskräfte bezogen auf die Größe ihres Einsatzgebietes angaben, dass sie „häufig“ oder „manchmal“ in sozial schwachen oder in bürgerlichen Wohngegenden angegriffen werden. Es wird deutlich, dass die Unterschiede gering sind. Von denjenigen, die angaben, dass sie „häufig“ oder „manchmal“ in sozial schwachen Wohngegenden angegriffen werden, arbeiten 36 % in Einsatzgebieten mit zwischen 20.000 und 100.000 Einwohnern. Im Vergleich dazu arbeiten 34 % derjenigen, die angaben, „häufig“ oder „manchmal“ in bürgerlichen Wohngegenden angegriffen zu werden, ebenfalls in Einsatzgebieten mit zwischen 20.000 und 100.000 Einwohnern. So verhält es sich in allen Einsatzgebieten. Die Zahlen liegen stehts nah beieinander. Sie entsprechen auch annähernd exakt der Verteilung der Grundgesamtheit auf die einzelnen Größen der Einsatzgebiete, vgl. Tabelle 5.5. Somit kann geschlussfolgert werden, dass die Aussage, dass die überwiegende Anzahl der Angriffe in sozial schwachen Wohngebieten erfolgt, in sämtlichen Regionen annähernd gleich bewertet wird. Die Aussagen zu Regionen mit über 500.000 Einwohnern können zumindest für Rheinland-Pfalz vernachlässigt werden, da es dort keine Städte oder Gemeinde dieser Größenordnung gibt. Die Angaben können somit nur auf Fehleinschätzungen der Befragten beruhen oder diese Personen haben vorher vorwiegend in anderen Bundesländern gearbeitet. *Dressler* erfragte nicht nur die Einsatzgegend, sondern erweiterte den Themenkomplex zusätzlich durch den Sozialstatus der Täterinnen und Täter. Der Aussage, dass sich die kritischen Einsätze in sozial schwächeren Bevölkerungsschichten häufen, stimmten demnach 76,7 % „voll“ bzw. „eher“ zu.[513] Auch bei der direkten

513 *Dressler*, S. 150.

Frage nach dem Ort des Übergriffs kamen soziale Brennpunkte in den vier untersuchten Großstädten jeweils auf den ersten (Berlin und Köln) bzw. den zweiten (Hamburg und München) von acht Plätzen.[514] Bei *Schmidt* und *Feltes/Weigert* kam es ebenfalls häufiger in den sozial problematischen Wohngegenden als in den bürgerlichen zu Übergriffen, jedoch nicht in einem so deutlichen Verhältnis wie in der vorliegenden Studie.[515] *Scheunpflug/Klewer* erfragten diesbezüglich, ob der Angreifer bzw. die Angreiferin arbeitslos war. Dies lag in 35,2 % der Übergriffe vor.[516] Somit spricht die Datenlage deutlich dafür, dass das Risiko von Übergriffen auf Rettungskräfte in sozial schwächeren Milieus höher ist als in bürgerlichen Gegenden. Diese Feststellung wird jedoch sowohl in ländlichen als auch in städtischen Gebieten annähernd gleich bewertet. Auch die kriminologische Forschung kennt den Zusammenhang zwischen der Subkultur und der Kriminalität. Insbesondere Gewaltdelikte werden im Zusammenhang mit sozialschwachen Milieus häufig festgestellt und beschrieben.[517] Sozialisatorische Faktoren wirken sich also auch bei dem Phänomen der Angriffe auf Rettungskräfte auf die Entstehung von Gewaltkriminalität aus. Die Umstände des Aufwachsens und die anschließende berufliche Biografie sowie das Familien- und Freizeitverhalten und die sozialen Kontakte spielen hierbei eine Rolle. Die Forschung befasst sich diesbezüglich auch mit der Sozialpsychologie.[518]

2. Einsatzorte

Um den Tatort noch weiter eingrenzen zu können, wurden die typischen Einsatzorte der Rettungskräfte in der vorliegenden Untersuchung abgefragt.

514 *Dressler*, S. 177.

515 *Schmidt*, 2012, S. 13; *Feltes/Weigert*, S. 28.

516 *Scheunpflug/Klewer*, HeilberufeSCIENCE 2013, S. 90.

517 *Boers*, Soziale Probleme 1995, S. 171f; *Walter*, S. 72f; *Northoff*, S. 18f; *Eisenberg/Kölbel*, § 49, Rn. 12; *Schwind et al.*, in: Schwind et al., S. 90.

518 *Eisenberg/Kölbel*, § 56, Rn. 9.

Tabelle 6.7: Einsatzgebiet / Tatort (Prozent gerundet)

	Über 500tsd. EW	Zw. 100-500tsd. EW	Zw. 20-100tsd. EW	Zw. 5-20tsd. EW	Unter 5tsd. EW
Wohnung (p=0,228)	15	15	16	17	15
Unfallstelle (p=0,001)	15	12	10	10	8
Rettungswagen (p=0,402)	13	16	14	14	13
Großveranstaltung (p=0,348)	18	16	18	18	20
Gaststätten/ Kneipen/ Clubs (p=0,212)	13	16	18	19	18
Bürgerlich Wohngegenden (p=0,560)	10	4	4	4	4
Sozial schwache Wohngegenden (p=0,208)	13	18	19	17	19
Sonstiges (p=0,175)	3	2	1	1	3
	n=170	n=1022	n=1008	n=692	n=39

Als häufigste Tatorte wurden vorliegend Großveranstaltungen sowie Gaststätten/Kneipen/Clubs genannt. Dies deckt sich abermals mit den Aussagen der Rettungskräfte in den Großstädten. *Dressler* ermittelte, dass die „Partymeilen" dort stets unter den ersten drei Plätzen der Häufigkeit landeten. In Hamburg und München sogar jeweils auf Platz eins.[519] Auch bei der Untersuchung der typischen Einsatzorte war von Interesse, ob bezogen auf die Größe der Einsatzgebiete Unterschiede vorliegen. Dadurch sollten Rückschlüsse für die Präventionsarbeit gewonnen werden. Explizit sollte erforscht werden, ob es in ländlichen Regionen gänzlich andere Konzepte braucht als in Ballungsräumen. Tabelle 6.7 erlaubt die umgekehrte Betrachtung im Vergleich zu Tabelle 6.6. In Tabelle 6.7 wird angezeigt, wieviel Prozent der Rettungskräfte aus den verschiedenen Einsatzgebieten Angriffe an typischen Einsatzorten als „häufig" bzw. „manchmal" bewerten. Es ist zu erkennen, dass

519 *Dressler*, S. 177.

20 % der Rettungskräfte in Einsatzgebieten mit unter 5.000 Einwohnern Angriffe bei Großveranstaltungen als „häufig“ oder „manchmal“ bewerten. Vergleicht man die Werte miteinander, lässt sich damit die oben getätigte Aussage, dass es zwischen den verschieden Einsatzgebieten keine spürbaren Unterschiede der Bewertung gibt, untermauern. Mithin wurde ermittelt, dass sowohl in Ballungszentren als auch in ländlichen Regionen Großveranstaltungen und Gaststätten/Kneipen/Clubs als häufigste Tatorte genannt werden. Dieses Ergebnis unterscheidet sich deutlich von denen von *Feltes/Weigert.* Dort konnte bspw. eine Verbindung der Größe der Gebietskörperschaft mit der Angabe, dass Übergriffe in sozial problematischen Wohngegenden vorkommen, nachgewiesen werden. Je größer die Gebietskörperschaft, desto größer wurde auch der Anteil der Übergriffe in diesen sozialräumlichen Milieus. Jedoch verweisen *Feltes/Weigert* selbst auf eine verminderte Aussagekraft dieser ermittelten Werte aufgrund der relativ geringen Anzahl an Befragungspersonen.[520]

3. Zusammenfassung der Tatortkriterien

Die ermittelten Zahlen sprechen eine recht eindeutige Sprache. Die Übergriffe finden überwiegend in sozial schwachen Wohngegenden und in den Ausgehvierteln sowie auf Veranstaltungen statt. Dabei ist es nicht ihr Lebensstil, sondern ihr Dienst, welcher die Rettungskräfte zu diesen Orten führt, die Gewaltkriminalität per se begünstigen. Dort müssen sie mit Individuen agieren, die eher zu Gewalt neigen, und dies in potenziell gewaltgeneigten Situationen. Diese Kombination führt zu einer erhöhten Opferanfälligkeit.[521] Klassische „hot spots“ sind insbesondere die Amüsiermeilen, Discotheken, Bars und Kneipen und dies überwiegend an den Wochenenden, wo dort der meiste Andrang herrscht.[522] In den „hot spots“ stammen die Täter und die Opfer überwiegend aus derselben Personengruppe. Beide zeichnen sich dadurch aus, dass sie in der Regel jung und männlich sind und sich gegenseitig und untereinander in Gewaltdelikte verwickeln.[523] An diesen Brennpunkten kommt es regelmäßig zu Gewalt.[524] Die gewaltbereite Stimmung wird durch

520 *Feltes/Weigert*, S. 29ff.
521 *Schneider*, S. 35f.
522 *Neubacher*, S. 95; *Schneider*, S. 36.
523 *Northoff*, S. 28.
524 *Walter*, S. 72; *Northoff*, S. 27.

die enthemmende Wirkung des Alkohols weiter gesteigert.[525] Zudem wirkt sich der Alkoholrausch negativ auf die Fähigkeit zur Selbstkontrolle aus und senkt die Kritikfähigkeit. Die Paarung mit einem steigenden Aggressionsspiegel und einer erhöhten Risikobereitschaft führt schließlich erwiesenermaßen zu einer ansteigenden Gewaltbereitschaft.[526]

iii. Stadt-Land-Gefälle

In der Kriminologie ist vielerorten ein Stadt-Land-Gefälle zu beobachten. In Ballungsräumen kommt es demnach zu mehr Kriminalität als in ländlichen Regionen. Durch mehrere bivariate Auswertungen wurde auch in dieser Untersuchung ein Augenmerk auf ein mögliches Stadt-Land-Gefälle gelegt.

1. Verbale Gewalt und Einsatzgebiet

Um die Belastung der Rettungskräfte mit verbaler Gewalt noch exakter ermitteln zu können, wurde in der Studie auch danach gefragt, wo die Betroffenen vorwiegend eingesetzt werden. Die Bandbreite der Antwortmöglichkeiten war auf das Flächenland Rheinland-Pfalz angepasst. Sie reichte von Gemeinden oder Städten von unter 5.000 Einwohnern über mehrere Zwischenstufen bis zu Gemeinden oder Städten mit über 500.000 Einwohnern, s.o. Betrachtet man die Angaben zur Belastung während der gesamten Dienstzeit, so ist festzustellen, dass in jeder Kategorie von Einsatzgebieten über 90 % der Befragungspersonen bereits Opfer verbaler Gewalt wurden. Die Gruppe derer, die angab in Städten oder Gemeinden von über 500.000 Personen eingesetzt zu sein, beträgt nur zwölf Personen. Sie kann bei der Bewertung, zumindest bezogen auf das Land Rheinland-Pfalz, herausgerechnet werden, s.o., und wird hier somit nicht aufgelistet. Konzentriert man sich also auf die vier übrigen Kategorien, ist festzustellen, dass die Anzahl der betroffenen Rettungskräfte mit der Größe des Einsatzgebietes ansteigt. Bezogen auf die gesamte Dienstzeit steigt die Zahl der Betroffenen von 90,4 % bei Gemeinden oder Städten unter 5.000 Einwohnern auf 96 % bei Gemeinden oder Städten mit 100.000 - 500.000 Einwohnern. Selbiges gilt bei der Betrachtung der verbalen Gewalt bezogen auf die letzten zwölf Monate. Hier steigt die Belastung von 67,3 % auf 81,5 % an, vgl. Tabelle 6.8.

---

525 *Walter*, S. 45.

526 *Schwind*, § 27, Rn. 31.

Tabelle 6.8: Verbale Gewalt / Gesamtbelastung / Einsatzgebiet (Prozent)

	ges. Dienstzeit (p=0,432)	i. d. letzt. 12 Monat. (p=0,129)
100.000 - 500.000 EW	96	81,5
20.000 - 100.000 EW	95,1	79,5
5.000 - 20.000 EW	92,9	74,1
unter 5.000	90,4	67,3

Auch bei der Betrachtung der absoluten Zahlen lässt sich feststellen, dass die Anzahl der verbalen Angriffe mit der Anzahl der Einwohner pro Einsatzgebiet ansteigt. Besonders deutlich wird das bei der Betrachtung der Kategorien ein bis fünf verbale Angriffe und über 15 verbale Angriffe, vgl. Tabelle 6.9. Bei Einsatzgebieten mit unter 5.000 Einwohnern gaben 42,1 % der Befragungspersonen an, insgesamt zwischen einem und fünf verbale Angriffe während ihrer gesamten Dienstzeit erlebt zu haben. Dieser Prozentsatz wird immer kleiner, je mehr Einwohner das Einsatzgebiet hat. So beträgt der Anteil bei Einsatzgebieten mit 100.000 bis 500.000 Einwohnern nur noch 17,6 %. Genau andersherum verhält es sich, wenn man die Spalte mit über 15 verbalen Angriffen innerhalb der gesamten Dienstzeit betrachtet. Hier gaben 48,6 % der Rettungskräfte aus Einsatzgebieten mit 100.000 bis 500.000 Einwohnern an, über 15 verbale Angriffe erlebt zu haben. Dieser Anteil schrumpft mit jeder niedrigeren Einwohnerstufe auf 26,3 % bei Rettungskräften in Gebieten mit unter 5.000 Einwohnern. Somit weisen die absoluten Zahlen darauf hin, dass die Anzahl der Übergriffe gemeinsam mit der Anzahl der Einwohner im Einsatzgebiet ansteigt.

Tabelle 6.9: Verbale Gewalt / absolute Zahlen / Einsatzgebiet (Prozent)

	1-5 (p=0,128)	6-10 (p=0,128)	11-15 (p=0,128)	üb. 15 (p=0,128)
100.000 - 500.000 EW	17,6	17,6	16,2	48,6
20.000 - 100.000 EW	20,1	23,9	11,2	44,8
5.000 - 20.000 EW	29,9	26,5	13,7	29,9
unter 5.000 EW	42,1	26,3	5,3	26,3

2. Körperliche Gewalt und Einsatzgebiet

Vergleicht man die Zahlen zur gesamten Dienstzeit wird hier, wie auch bei der verbalen Gewalt, deutlich, dass Rettungskräfte in stärker besiedelten Gebieten häufiger von körperlichen Angriffen betroffen sind als in bevölkerungsärmeren Gegenden. Auch hier können die Ergebnisse der zwölf Personen, die innerhalb der Kategorie „über 500.000 EW" geantwortet haben, vernachlässigt werden, s.o. Ihre Antworten werden mithin nicht abgebildet. Ein direkter Vergleich der übrigen Kategorien zeigt, dass die Werte von 59,6 % bei Rettungskräften in Städten oder Gemeinden mit unter 5.000 Einwohnern bis 71,1 %, bei Rettungskräften in Städten oder Gemeinden mit 100.000 bis 500.000 Einwohnern stetig ansteigen. Betrachtet man die letzten zwölf Monate, so ist zu erkennen, dass die Rettungskräfte in Städten und Gemeinden mit 100.000 bis 500.000 und 20.000 bis 100.000 Einwohnern in etwa gleich hohe Anteile an Betroffenen aufweisen. Bei der Gruppe der Rettungskräfte in Städten oder Gemeinden mit 5.000 bis 20.000 Einwohnern beträgt der prozentuale Anteil mit 39,5 % dann schon etwas weniger. Der niedrigste Wert ist auch hier bei den kleinsten Städten und Gemeinden zu verzeichnen, vgl. Tabelle 6.10.

Tabelle 6.10: Körperliche Gewalt / Gesamtbelastung / Einsatzgebiet (Prozent)

	ges. Dienstzeit (p=0,119)	i. d. letzt. 12 Monat. (p=0,084)
100.000 - 500.000 EW	71,1	42,8
20.000 - 100.000 EW	65,0	43,8
5.000 - 20.000 EW	62,1	39,5
unter 5.000	59,6	32,7

Bei der Betrachtung der absoluten Zahlen aus Tabelle 6.11 ist die Verteilung zwischen einwohnerreichen und einwohnerarmen Regionen nicht mehr so offensichtlich ausgeprägt. Ganz eindeutig ist die Auswertung der Angaben der Rettungskräfte aus Städten und Gemeinden mit unter 5.000 Einwohnern. Diese gaben alle an, in ihrer gesamten Dienstzeit nur einen bis fünf körperliche Angriffe erlebt zu haben. Insofern ist die Belastung in solch kleinen Städten und Gemeinden auffallend gering im Vergleich zu allen anderen Gruppen. Deutlich stärker betroffen sind Rettungskräfte aus Städten und Gemeinden mit 20.000 bis 100.000 Einwohnern. Am stärksten betroffen ist diesmal jedoch nicht die Gruppe der Rettungskräfte aus Gemeinden mit

100.000 bis 500.000 Einwohnern, sondern die aus Städten und Gemeinden mit 20.000 - 100.000 Einwohnern. Die Auswertung der Daten aus Tabelle 5.28 zeigt also, dass nicht zwangsläufig jede höhere Stufe an Einwohnern auch eine höhere Belastung mit körperlicher Gewalt nach sich zieht. Zwischen den vom Verfasser gewählten Kategorien „100.000 - 500.000 Einwohner" und „20.000. - 100.000 Einwohner" wechseln sich die Belastungen mit körperlicher Gewalt in den Rangstufen schon mal ab. Sie sind jedoch stets auf Platz eins oder Platz zwei. Die dritthöchste Belastung weist stets die Kategorie „5.000 - 20.000 Einwohner" auf. Ebenso ist festzustellen, dass die Kategorie „unter 5.000 Einwohner" immer am wenigsten Belastung mit körperlicher Gewalt aufweist.

Tabelle 6.11: Körperliche Gewalt / absolute Zahlen / Einsatzgebiet (Prozent)

	1-5 (p=0,413)	6-10 (p=0,413)	11-15 (p=0,413)	üb. 15 (p=0,413)
über 500.000 EW	60	40	0	0
100.000 - 500.000 EW	60,4	26,4	9,4	3,8
20.000 - 100.000 EW	62,4	20	10,6	7,1
5.000 - 20.000 EW	75,3	16,9	4,5	3,4
unter 5.000 EW	100	0	0	0

3. Angriffe in Ballungsräumen

Die Auswertung der Daten weist darauf hin, dass mit der steigenden Größe der Gemeinde oder Stadt, in der Dienst verrichtet wird, auch die Gesamtbelastung mit verbaler und körperlicher Gewalt steigt. Hier konnte allerdings ein klarer Unterschied zwischen der Gesamtbelastung und der absoluten Anzahl an Übergriffen bzw. der Häufigkeit ermittelt werden. Während das Stadt-Land-Gefälle bezogen auf die Gesamtbelastung eher gering ausgeprägt ist, wird der Unterschied bei den absoluten Zahlen sofort deutlich.

Tabelle 6.12: Körperliche Gewalt / Stadt-Land-Gefälle (Prozent)

	1-5 (p=0,413)	6-10 (p=0,413)	11-15 (p=0,413)	üb. 15 (p=0,413)	ges. Dienstzeit (p=0,119)
100.000 - 500.000 EW	60,4	26,4	9,4	3,8	**71,1**
20.000 - 100.000 EW	62,4	20	10,6	7,1	**65,0**
5.000 – 20.000 EW	75,3	16,9	4,5	3,4	**62,1**
unter 5.000 EW	100	0	0	0	**59,6**

Aus Tabelle 6.12 wird diesbezüglich ersichtlich, dass die Verteilung der Gesamtbelastung mit Gewalt weniger deutlich ansteigt als die Quote der absoluten Zahl an Übergriffen. In Einsatzgebieten mit unter 5.000 Einwohnern gaben 59,6 % der Befragten an, dass sie bezogen auf ihre gesamte Dienstzeit schon einmal Opfer von körperlicher Gewalt wurden. Dieser Anteil steigt kontinuierlich an bis auf 71,1 % in Einsatzgebieten mit zwischen 100.000 und 500.000 Einwohnern. Gefragt nach der Gesamtzahl der jemals erlebten körperlichen Angriffe gaben 100 % der Rettungskräfte in Einsatzgebieten mit unter 5.000 Einwohnern an, dass sie insgesamt zwischen einem bis fünf Angriffe erlebten. In Einsatzgebieten mit zwischen 100.000 und 500.000 Einwohnern sinkt dieser Anteil auf 60,4 % und somit steigt der Anteil in den Kategorien sechs bis zehn Angriffe und mehr. Selbiges gilt für verbale Angriffe. Somit kann in der vorliegenden Untersuchung ein Stadt-Land-Gefälle nachgewiesen werden. Jedoch ist die Verbindung zwischen Einwohnerzahl des Einsatzgebietes und der Gewaltbelastung weniger deutlich als bei *Schmidt* und *Feltes/Weigert*. *Schmidt* ermittelte 1,8 % in Einsatzgebieten mit unter 5.000 Einwohnern und einen kontinuierlichen Anstieg auf 53,8 % in Metropolstädten über 500.000 Einwohner.[527] Bei *Feltes/Weigert* stieg die Belastung bezogen auf den letzten körperlichen Angriff von 0 % in Einsatzgebieten mit unter 5.000 Einwohnern kontinuierlich auf 53,7 % in Einsatzgebieten mit über 500.000 Einwohnern an.[528] Beide Studien bauen teilweise aufeinander auf und sind daher in einzelnen Punkten vergleichbar. Die Untersuchungen fanden beide in Nordrhein-Westfalen und damit im einwohnerreichsten Bundesland Deutschlands mit zahlreichen Groß- und Metropolstädten statt.

527 *Schmidt*, 2012, S. 12.
528 *Feltes/Weigert*, S. 27.

Hierin scheint die größere Ausprägung des Stadt-Land-Gefälles begründet zu sein. Vergleicht man diese Ergebnisse der Dunkelfeldstudien mit den Werten der PKS, bezogen auf den Deliktschlüssel „Widerstand gegen und tätlicher Angriff auf Vollstreckungsbeamte und gleichstehende Personen § 113-115 StGB" für die Berichtsjahre 2018 bis 2021, so fällt jedoch auf, dass dort kein so deutliches Stadt-Land-Gefälle zu verzeichnen ist. Zwar entfallen auch hier die wenigsten Angriffe auf Regionen mit unter 20.000 Einwohnern und die meisten auf Regionen mit über 500.000 Einwohnern, der Anstieg ist jedoch nicht kontinuierlich und auch nicht so ausgeprägt, wie es das Dunkelfeld hätte vermuten lassen, vgl. Tabelle 6.13.

Tabelle 6.13: PKS - Tatorte 2018 – 2021[529]

	2018	2019	2020	2021
Bis 20.000 EW	18,8 %	18,6 %	19,2 %	18,4 %
20.000 - 50.000 EW	29,5 %	29,4 %	28,3 %	28,0 %
100.000 - 500.000 EW	22,5 %	21,7 %	20,8 %	21,1 %
Über 500.000 EW	30,2 %	30,3 %	31,5 %	32,6 %
Gesamt	33260	36126	36760	37900

Für Rheinland-Pfalz ergeben sich in der PKS des Landeskriminalamtes für die Berichtsjahre 2018 bis 2021 jedoch andere Verhältnisse. Wie Tabelle 2.10 entnommen werden kann, wurden nur im Jahr 2018 die meisten Delikte in den einwohnerstärksten Gebieten registriert. In den Folgejahren wurden stets in den kleinsten Gemeinden und Städten (unter 10.000 Einwohner) die meisten Straftaten erfasst, direkt gefolgt von den größten Gemeinden und Städten (über 100.000 Einwohner). Dies könnte dadurch begründet sein, dass Rheinland-Pfalz eine sehr kleinteilige Gemeindestruktur in Kombination mit einer unterdurchschnittlichen Bevölkerungsdichte aufweist. Die meisten der rd. 4,09 Million Einwohnerinnen und Einwohner leben in ländlichen Gebieten und dort in kleinen Gemeinden. Die kleinteilige Gebietsstruktur mit Kreisen, Verbandsgemeinden und Ortsgemeinden führt auch dazu, dass 70 der 100 kleinsten deutschen Gemeinden in Rheinland-Pfalz zu finden sind.[530] Diese Fakten liefern eine naheliegende Erklärung dafür, dass die meisten Straftaten in den kleinsten Gemeinden und Städten registriert

529 PKS 2018 - 2021 - Falltabellen / Tabelle 01
530 *Erhardt*, KOMMUNAL online vom 16.09.2020.

werden. Der prozentuale Unterschied zu den größten rheinland-pfälzischen Gemeinden liegt jedoch im sehr niedrigen einstelligen Bereich. Es handelt sich somit mit großer Wahrscheinlichkeit um eine rheinland-pfälzische Besonderheit. Daher kann, nach Abgleich von Hell- und Dunkelfeld, insgesamt dennoch die Aussage getroffen werden, dass die Gebietsstruktur mit Angriffen auf Rettungskräfte insofern in Verbindung steht, dass die Angriffe in ländlichen Regionen seltener erfolgen als in Ballungsräumen. Diese Erkenntnis ist ein häufiges Phänomen in der Kriminologie und lässt sich demnach für zahlreiche Kriminalitätsbereiche nachweisen. Erklärt wird dies im Allgemeinen mit einem erhöhten Aufkommen an Tatgelegenheiten in Ballungsräumen in Verbindung mit einer geringeren sozialen Kontrolle aufgrund höherer Anonymität.[531] Im Hinblick auf die Angriffe auf Rettungskräfte kann das Argument der höheren Anzahl an Tatgelegenheiten ebenfalls verfangen. Zwar geben Rettungskräfte sowohl in ländlichen Regionen als auch in Ballungszentren als häufigste Tatorte Großveranstaltungen sowie Gaststätten/Kneipen/Clubs an, die Anzahl solcher Großveranstaltungen und auch die Dichte an Gaststätten/Kneipen/Clubs ist in Ballungszentren jedoch höher als in ländlich geprägten Regionen. Auch die geringere Anonymität in ländlichen Gebieten wird zumindest einen Teil der potenziellen Täterinnen und Täter von Angriffen abhalten. In Gebietskörperschaften mit unter 5.000 Einwohnern ist die Wahrscheinlichkeit, dass sich der potenzielle Täter, die potenzielle Täterin und die Rettungskraft persönlich kennen, recht hoch. Diese persönliche Bekanntheit erlaubt der Rettungskraft mitunter eine persönlichere Ansprache und schützt sie umgekehrt vor körperlichen Übergriffen.

e. Risikomerkmale der Rettungskräfte

Für eine erfolgreiche Präventionsarbeit zum Schutz der Rettungskräfte vor Angriffen war es wichtig zu ermitteln, ob sich spezifische Risikomerkmale bei Opfergruppen abzeichnen, oder anders gesagt, ob sich gewisse Faktoren wie das Geschlecht, das Alter oder die Diensterfahrung auf die Wahrscheinlichkeit, Opfer eines Angriffs zu werden, auswirken. Auch bei der Ermittlung von Risikogruppen bot es sich an, eine Unterteilung nach verbaler und körperlicher Gewalt vorzunehmen, da beide Formen in sehr unterschiedli-

531 *Neubacher*, S. 67.

chem Ausmaß auftreten und sich unterschiedlich auf die Opfer und die Rettungseinsätze auswirken.

i. Verteilung der verbalen Gewalt

Die bisherige Datenlage der Wissenschaft bietet leider nur wenige Anhaltspunkte bezogen auf typische Risikomerkmale von Rettungskräften.[532] Um eventuelle Risikomerkmale ermitteln zu können, wurden im folgenden Kapitel in mehreren Kreuztabellen die Daten bivariat ausgewertet und verglichen.

1. Verbale Gewalt und Geschlecht

Bezogen auf die gesamte Dienstzeit gaben 94,2 % der männlichen und 94,1 % der weiblichen Befragungspersonen an, bereits verbale Angriffe gegen ihre Person erlebt zu haben. Deutlich wird, dass der Unterschied zwischen männlichen und weiblichen Befragungspersonen, bezogen auf die Konfrontation mit verbaler Gewalt, bei nur 0,1 % liegt. Auch bezogen auf verbale Gewalt innerhalb der letzten zwölf Monate ist der Unterschied nur minimal. Insgesamt gaben 76,2 % der Männer und 79,8 % der Frauen an, betroffen gewesen zu sein.

Tabelle 6.14: Verbale Gewalt / ges. Dienstzeit / Geschl. (Prozent)

	Beleidigung, Beschimpfung, Bedrohung (p=0,590)		Bedrohung o. Waffe/ g.W. (p=0,788)		Bedrohung mit Waffe/g.W. (p=0,009)	
	männ.	weib.	männ.	weib.	männ.	weib.
Häufig	13,2	15,3	1,6	1,1	0,2	0
manchmal	43,7	47,1	23,2	21,5	4,6	4
Selten	42,6	37	54	53	37,1	23,7
Nie	0,5	0,5	21,2	24,3	58,1	72,3

Auch bei der Auswertung der Häufigkeiten, bezogen auf die gesamte Dienstzeit (vgl. Tabelle 6.14) oder bezogen auf die letzten zwölf Monate (vgl. Tabelle 6.15), ergeben sich keine nennenswerten Abweichungen. Die Zahlen

532 *Rau/Leuschner*, NK 2018, S. 329.

ergeben keine deutliche Mehrbelastung eines Geschlechts, sondern liegen stets eng beieinander.

Tabelle 6.15: Verbale Gewalt / 12 Monate zurück / Geschlecht (Prozent)

	Beleidigung, Beschimpfung, Bedrohung (p=0,404)		Bedrohung o. Waffe/ g.W. (p=0,192)		Bedrohung mit Waffe/g.W. (p=0,152)	
	männ.	weib.	männ.	weib.	männ.	weib.
Häufig	14	17,4	0,7	2	0	0
manchmal	39,5	40,4	18,6	16,9	2,8	2,7
Selten	45,4	42,2	43,2	36,5	20,8	13,6
Nie	1,1	0	37,5	44,6	76,3	83,7

Lediglich bei den absoluten Zahlen zu den Übergriffen bezogen auf die gesamte Dienstzeit gibt es eine deutlich sichtbare Verschiebung. Wie in Tabelle 6.16 erkennbar ist, gaben deutlich mehr männliche Befragungspersonen an, bereits über 15 Mal Opfer verbaler Gewalt geworden zu sein. Der Abstand gegenüber den Frauen beträgt hier 15,3 %.

Tabelle 6.16: Verbale Gewalt / absolute Zahlen / Geschlecht (Prozent)

(p=0,037)	1-5 Mal	6-10 Mal	11-15 Mal	über 15 Mal
männ.	23,5	20,5	12,5	43,6
weib.	26,1	32,6	13,0	28,3

2. Verbale Gewalt und Alter

Betrachtet man die Gesamtbelastung mit verbaler Gewalt und schlüsselt diese nach den verschiedenen Altersstufen auf, ergeben sich keine Auffälligkeiten. Weder bezogen auf die gesamte Dienstzeit noch auf die letzten zwölf Monate stechen einzelne Altersgruppen heraus. Dies wird in Tabelle 6.17 ersichtlich. Alle Werte liegen im vergleichbaren Bereich. Insgesamt gaben nur zehn von 821 Personen an, zwischen 61 und 70 Jahre alt zu sein. Daher sind diese Prozentzahlen etwas abweichend von den Werten der übrigen Altersstufen.

Tabelle 6.17: Verbale Gewalt / Gesamtbelastung / Alter (Prozent)

	bis 30	31-40	41-60	61-70
gesamte Dienstzeit (p=0,444)	94,1	95,9	92,7	100
in den letzten 12 Monaten (p=0,006)	82,7	74,5	72	60

Auch die Auswertung der Häufigkeiten zu den verschiedenen vordefinierten Formen der verbalen Gewalt ergab keine Auffälligkeiten, weder bezogen auf die gesamte Dienstzeit noch bezogen auf die letzten zwölf Monate. Auch hier stach keine Altersgruppe gesondert hervor. Erst bei der Betrachtung der absoluten Zahlen werden Unterschiede deutlich. Die Gruppe der 31 bis 40-Jährigen stellt 23,9 % der Befragungspersonen dar. Über die Hälfte gaben an, schon mehr als 15 verbale Angriffe erlebt zu haben. Die größte Altersgruppe ist mit 43 % die der bis 30-Jährigen. In dieser Gruppe gaben nur knapp ein Drittel der Teilnehmerinnen und Teilnehmer an, schon über 15 Mal verbale Gewalt erlebt zu haben, vgl. Tabelle 6.18.

Tabelle 6.18: Verbale Gewalt / absolute Zahlen / Alter (Prozent)

(p=0,251)	1-5 Mal	6-10 Mal	11-15 Mal	über 15 Mal
bis 30	24,2	29,9	14	31,8
31-40	22,9	15,7	8,4	53
41-60	24,1	21,4	14,3	40,2
61-70	66,7	0	0	33,3

3. Verbale Gewalt und Dienstzeit

Von Interesse war auch, herauszuarbeiten, wie sich die Diensterfahrung der Befragungspersonen zu der Belastung mit verbaler Gewalt verhält. In Tabelle 6.19 wird dargestellt, dass bezogen auf ihre gesamte Dienstzeit 80,6 % der Befragungspersonen, die erst zwischen null und zwei Jahren im Rettungsdienst tätig sind, bereits Opfer verbaler Gewalt wurden. Die übrigen Untergruppen der Diensterfahrung für zwei bis fünf, sechs bis zehn, elf bis 15 und über 15 Jahren gaben alle Werte über 91,5 % an. Insofern sind die Personen mit einer Diensterfahrung von unter zwei Jahren insgesamt weniger stark betroffen. Dies liegt augenscheinlich gerade an der geringeren Diensterfahrung und der damit einhergehenden geringeren Anzahl an Einsätzen. Dies wird deutlich, wenn man im Vergleich dazu die Angaben bezogen auf die letzten zwölf Monate betrachtet. Bezogen auf die letzten zwölf Monate liegen dann alle Untergruppen sehr eng beieinander. Hier gaben zwischen 74,9 % und 81,4 % der Personen aller Grade von Diensterfahrung an, mit verbaler Gewalt konfrontiert gewesen zu sein. Somit liegen die Bewertungen der letzten zwölf Monate wieder sehr eng beieinander und keine Untergruppe an Diensterfahrung sticht eindeutig heraus.

Tabelle 6.19: Verbale Gewalt / Gesamtbelastung / Dienstzeit (Prozent)

	gesamte Dienstzeit (p=0,003)	in den letzten 12 Monaten (p=0,556)
0-1	80,6	77,4
2-5	91,5	81,4
6-10	95	76,4
11-15	96,6	76,1
> 15	96,1	74,9

Bezogen auf die absoluten Zahlen zeigt sich, dass die Gruppe mit der geringsten Diensterfahrung zu 72,5 % angab, erst einen bis fünf verbale Angriffe in ihrer gesamten Dienstzeit erlebt zu haben. Dahingegen gaben nur 9,1 % an, bereits über 15 verbale Angriffe erlebt zu haben, vgl. Tabelle 6.20. Aus der Tabelle ist ebenfalls ersichtlich, dass die Angabe, bereits über 15 Mal Opfer verbaler Gewalt geworden zu sein, mit jeder Stufe der Diensterfahrung ansteigt. Von 25,8 % in der Stufe zwei bis fünf Jahre bis zu 50,4 % in der Stufe über 15 Jahre Diensterfahrung. Auch dies ist mit der Länge der Diensterfahrung und der damit verbundenen höheren Gesamtzahl an Einsätzen zu erklären. Dieses Ergebnis war somit zu erwarten.

Tabelle 6.20: Verbale Gewalt / absolute Zahlen / Dienstzeit (Prozent)

(p=0,001)	1-5 Mal	6-10 Mal	11-15 Mal	über 15 Mal
0-1	72,7	18,2	0	9,1
2-5	29,2	32,6	12,4	25,8
6-10	23	25,3	16,1	35,6
11-15	20,6	20,6	8,8	50
> 15	18,8	18	12,8	50,4

4. Risikomerkmale bei verbaler Gewalt

Bezogen auf das Geschlecht muss sich bei der Bewertung der Zahlen nochmals vor Augen geführt werden, wie sich die Gruppe der befragten Rettungskräfte insgesamt aufteilt. In der vorliegenden Studie gaben 75,1 % „männlich", 24,7 % „weiblich" und 0,2 % „weder noch / weiß nicht" an. Eine deutliche Überrepräsentation männlicher Rettungskräfte wurde in allen Studien ermittelt, die das Geschlecht erfragten. Bei der Betroffenheit bezogen auf verbale Angriffe ergeben sich praktisch keine Unterschiede. Betrachtet man jedoch die absoluten Zahlen, muss festgestellt werden, dass deutlich mehr männliche Rettungskräfte angaben, bereits über 15 Mal in ihrer gesamten Dienstzeit verbal angegriffen worden zu sein. Somit scheint das Risiko, Opfer von verbaler Gewalt zu werden, für Männer höher zu sein als für Frauen. Bei der Einschätzung der Häufigkeiten nach den Kategorien „häufig", „manchmal", „selten" oder „nie", vgl. Tabelle 6.14 und 6.15, ließ sich dieser Unterschied nicht herauslesen. Im Gegenteil, die weiblichen Rettungskräfte sehen sich sogar häufiger verbalen Angriffen ausgesetzt als die männlichen. Dies spricht dafür, dass sich die männlichen Rettungskräfte subjektiv nicht als häufiger belastet sehen als die weiblichen, es objektiv aber sind. Wobei man erwähnen muss, dass auch die Einschätzung der absoluten Zahlen der verbalen Angriffe eine subjektive ist. Gefragt nach der Gesamtbelastung innerhalb der letzten zwölf Monate gaben 82,7 % der bis 30-Jährigen an, Opfer verbaler Gewalt geworden zu sein. Somit entstammen die meisten Opfer der jüngsten Altersgruppe. Dieser Trend gilt allerdings ausschließlich bezogen auf die Gesamtbelastung innerhalb der letzten zwölf Monate. Alle anderen Auswertungen ergeben, dass diese Altersgruppe geringer betroffen ist. Eine mögliche Erklärung dieses Umstandes wäre, dass diese Altersgruppe auch die höchste Zahl an Personen stellt, die erst seit kurzem im Rettungsdienst beschäftigt sind, und dass diesen die Angriffe besonders in Erinnerung bleiben. Gefragt danach, ob sich die Rettungskräfte durch verbale Gewalt belastet sehen, kam es, gruppiert nach den Altersklassen, zu folgenden Ergebnissen.

Tabelle 6.21: Belastung durch verbale Gewalt / Alter (Prozent)

(p=0,000)	trifft voll zu	trifft eher zu	trifft weniger zu	trifft gar nicht zu
bis 30	26,2	30,3	41,1	58,1
31-40	26,2	30,3	27,2	18,4
41-60	47,6	36,9	30,6	23,0
61-70	0	2,5	1,1	0,5
ges.	n = 42	n = 122	n = 360	n = 217

Es wird in Tabelle 6.21 somit deutlich, dass der Anteil der bis 30-Jährigen, die einer Belastung „voll" oder „eher" zustimmen, sogar geringer ist als der der 41 bis 60-Jährigen. Dass sich die jüngeren, weniger diensterfahrenen Rettungskräfte durch Übergriffe stärker belastet sehen als ältere mit mehr Diensterfahrung, konnte nicht nachgewiesen werden. Insofern liegt der Verdacht nahe, dass diese Gruppe sich schlicht anders an die vergangenen zwölf Monate ihrer Dienstzeit erinnert als Altersgruppen mit höherer Diensterfahrung.

Bezogen auf das Alter der Opfer lässt sich aus den Angaben zu den absoluten Zahlen ersehen, dass die Gruppe der 31 bis 40-Jährigen, die 23,9 % der Befragten ausmachte, die höchste Anzahl an verbalen Angriffen erlebte. Sie setzt sich mit recht deutlichem Abstand an die unrühmliche Spitze. Der prozentuale Unterschied zur Gruppe der bis 30-Jährigen, die mit 43 % die größte Altersgruppe darstellt, liegt bei 21,2 % und ist damit sehr deutlich. Zum Teil wird man diese mit der höheren Gesamtzahl an Einsätzen dadurch erklären können, dass mit steigendem Lebensalter i.d.R. auch die Diensterfahrung proportional ansteigt. Insofern ist ein Teil der Mehrbelastung rechnerisch logisch zu erklären. Führt man sich jedoch nochmals die Kreuztabelle der Diensterfahrung im Bezug zum Lebensalter, vgl. Tabelle 6.1, vor Augen, so wird man auch feststellen, dass die Gruppe der bis 30-Jährigen ebenfalls recht diensterfahren ist. Insofern scheint die Gruppe der 30 bis 41-Jährigen tatsächlich ein erhöhtes Risiko zu haben, Opfer verbaler Gewalt zu werden. Diese Einschätzung wird bestätigt, wenn man in direktem Vergleich die Gruppe der 41 bis 60-Jährigen betrachtet. Dort gaben 40,2 % an, schon mehr als 15 verbale Angriffe in ihrer gesamten Dienstzeit erlebt zu haben. Dies sind immer noch 12,8 % weniger als aus der Gruppe der 30 bis 41-Jährigen; und dies, obwohl die Gruppe der 41 bis 60-Jährigen eine höhere Diensterfahrung und damit mehr Einsätze erlebt hat als die Gruppe der 30 bis 41-Jährigen, vgl. Tabelle 6.1. Dass eine höhere Diensterfahrung und damit die höhere Anzahl an erlebten Einsätzen zu einer erhöhten Anzahl an verbalen Angriffen führt, war ein erwartbares Ergebnis, das auch so bestätigt wurde.

ii. Verteilung der körperlichen Gewalt

Interessant war auch bezüglich der körperlichen Angriffe die Frage, ob gewisse Personengruppen überproportional betroffen sind.

1. Körperliche Gewalt und Geschlecht

Auffällige geschlechtsspezifische Unterschiede lassen sich anhand der Zahlen für die Gesamtbelastung nicht feststellen. Zwar gaben mit 65,5 % mehr männliche Befragungspersonen an, in ihrer gesamten Dienstzeit schon einmal körperlich angegriffen worden zu sein. Mit 61,9 % liegt der Anteil der Frauen aber nur marginal darunter, vgl. Tabelle 5.21. Die beiden Personen, die als Geschlecht „weder noch / weiß nicht" angekreuzt hatten, gaben beide an, bereits Opfer körperlicher Gewalt geworden zu sein. Auch wird aus Gründen der wissenschaftlichen Relevanz und der Übersichtlichkeit auf eine Darstellung dieser Ergebnisse verzichtet. Innerhalb der letzten zwölf Monate zeigt sich jedoch eine Verschiebung hin zu einer Mehrbelastung der weiblichen Rettungskräfte mit 46 % gegenüber 38,8 %.

Tabelle 6.22: Körperliche Gewalt / Gesamtbelastung / Geschlecht (Prozent)

	gesamte Dienstzeit (p=0,353)	in den letzten 12 Monaten (p=0,070)
männ.	65,5	38,8
weib.	61,9	46

Bei den absoluten Zahlen zur Belastung mit körperlicher Gewalt liegen alle Werte dicht beieinander. Lediglich bei der Angabe von über 15 Angriffen während der gesamten Dienstzeit überwiegen die männlichen Rettungskräfte mit 5,3 % zu 1,9 % etwas deutlicher, vgl. Tabelle 6.23.

Tabelle 6.23: Körperliche Gewalt / absolute Zahlen / Geschlecht (Prozent)

(p=0,657)	1-5 Mal	6-10 Mal	11-15 Mal	über 15 Mal
männ.	67,4	19,5	7,9	5,3
weib.	70,4	22,2	5,6	1,9

Insgesamt liegen die Werte jedoch dicht beieinander, sodass man nicht von einer deutlichen Mehrbelastung eines Geschlechts sprechen kann.

2. Körperliche Gewalt und Alter

Aus der Gruppe der bis 30-Jährigen gaben 59,1 % an bezogen auf ihre gesamte Dienstzeit bereits Opfer körperlicher Gewalt geworden zu sein. Die Altersgruppen der 31 bis 40-Jährigen und der 41 bis 60-Jährigen haben in etwa eine zehn Prozent höhere Gesamtbelastung. Von den zwölf Personen der Altersgruppe 61 bis 70 gaben 60 % an, bereits Opfer körperlicher Angriffe gewesen zu sein. Somit sind die beiden Gruppen der 31 bis 40-Jährigen und der 41 bis 60-Jährigen am höchsten belastet. Bezogen auf die letzten zwölf Monate verschiebt sich dieses Bild leicht zu Lasten der Gruppe der bis 30-Jährigen, vgl. Tabelle 6.24.

Tabelle 6.24: Körperliche Gewalt / Gesamtbelastung / Alter (Prozent)

	bis 30	31-40	41-60	61-70
Ges. Dienstzeit (p=0,035)	59,1	68,2	69,5	60
Letz. 12 Monaten (p=0,570)	43,2	38,8	38,9	30

Tabelle 6.25: Körperliche Gewalt / absolute Zahlen / Alter (Prozent)

(p=0,215)	1-5 Mal	6-10 Mal	11-15 Mal	über 15 Mal
bis 30	73,6	20,9	5,5	0
31-40	61,7	21,7	8,3	8,3
41-60	66,3	19,1	7,9	6,7
61-70	66,7	0	33,3	0

Bei den absoluten Zahlen ist die Gruppe der bis 30-Jährigen abermals weniger belastet als die der 31 bis 40-Jährigen und die der 41 bis 60-Jährigen. Dies fällt besonders dadurch auf, dass sie in der Kategorie „1-5“ körperliche Angriffe niedrigere und in der Kategorie „über 15“ höhere Werte aufweisen.

Die Gruppe der 61 bis 70-Jährigen gab zu zwei Drittel an, ein- bis fünfmal körperliche Gewalt erlebt zu haben und zu einem Drittel elf bis 15 Mal.

3. Körperliche Gewalt und Dienstzeit

Bei der Auswertung der körperlichen Angriffe in Zusammenhang mit der Diensterfahrung der Befragungspersonen zeigt sich, bezogen auf die gesamte Dienstzeit, eine Zunahme der erlebten Gewalt.

Aus der Gruppe mit der geringsten Diensterfahrung gaben 29 % an, betroffen gewesen zu sein. Dieser Wert steigt pro Erfahrungsstufe unregelmäßig bis auf 73,3 % in der Gruppe mit einer Diensterfahrung von über 15 Jahren an, vgl. Tabelle 6.26. Diese Entwicklung war so auch bei den verbalen Angriffen zu sehen und ist auch hier damit zu erklären, dass mit steigenden Dienstjahren auch die Anzahl der Gesamteinsätze ansteigt. Bei der Betrachtung der letzten zwölf Monate sticht jedoch die Gruppe mit einer Diensterfahrung von zwei bis sechs Jahren etwas hervor. Hier waren mit 47,7 % knapp die Hälfte der Befragungspersonen betroffen. Die übrigen Werte liegen alle im gleichen Bereich, mit Ausnahme der Gruppe der Dienstunerfahrensten. Hier beträgt der Anteil nur 25,8 %. Diese Gruppe war mit 3,8 % die mit Abstand kleinste Gruppe. Sie enthält auch Personen, die eventuell erst seit ein paar Tagen oder Wochen im Rettungsdienst tätig sind, und somit ist diese Gruppe auch bei er Bewertung der letzten zwölf Monate am wenigsten stark betroffen.

Tabelle 6.26: Körperliche Gewalt / Gesamtbelastung / Dienstzeit (Prozent)

	gesamte Dienstzeit (p=0,000)	in den letzten 12 Monaten (p=0,089)
0-1	29	25,8
2-5	57,8	47,7
6-10	63,1	37,4
11-15	65,9	39,4
> 15	73,3	39,5

Bei den absoluten Zahlen setzen sich die Beobachtungen aus den Zahlen der Gesamtbelastung fort. Auch in Tabelle 6.27 wird somit deutlich, dass mit der Diensterfahrung auch die absoluten Zahlen der körperlichen Angriffe ansteigen. Während die Gruppe mit der geringsten Diensterfahrung unisono angab, in ihrer bisherigen Dienstzeit zwischen einem und fünf Mal körperlich angegriffen worden zu sein, waren es bei der Gruppe mit der höchsten Diensterfahrung nur noch 60,2 %. Dafür stiegt in dieser Gruppe der Anteil derer, die bereits über 15 Angriffe erlebt hatte, auf 8,3 %.

Tabelle 6.27: Körperliche Gewalt / absolute Zahlen / Dienstzeit (Prozent)

(p=0,205)	1-5 Mal	6-10 Mal	11-15 Mal	über 15 Mal
0-1	100			
2-5	82,7	13,5	3,8	0
6-10	67,9	25	7,1	0
11-15	68	16	8	8
> 15	60,2	22,2	9,3	8,3

4. Risikomerkmale bei körperlicher Gewalt

Im Hinblick auf das Geschlecht ergeben sich schon beim Vergleich der Angaben zur Gesamtbelastung innerhalb der letzten zwölf Monate deutlichere Unterschiede als bei der Betrachtung der verbalen Gewalt. Es gaben 46 % der weiblichen Rettungskräfte an, körperliche Gewalt innerhalb der letzten zwölf Monate erlebt zu haben, das sind 7,2 Prozentpunkte mehr als männliche, vgl. Tabelle 6.22. Ein Blick auf die absoluten Zahlen offenbart aber auch hier, dass mehr männliche Rettungskräfte angaben, bereits über 15 Angriffe erlebt zu haben als weibliche. Der Unterschied ist mit 5,3 % zu 1,9 % abermals recht deutlich. Somit zeichnet sich auch bezogen auf die körperliche Gewalt ab, dass sich weibliche Rettungskräfte häufiger mit Gewalt konfrontiert sehen, die absoluten Zahlen jedoch ein anderes Bild zeichnen. Sieht man sich das Alter der Betroffenen an, so fällt auf, dass die Gruppe der bis 30-Jährigen die höchste Belastung innerhalb der vergangenen zwölf Monate angibt. Dies deckt sich mit den Ergebnissen zur verbalen Gewalt. Sieht man sich die Belastung der gesamten Dienstzeit an, so liegen die Gruppen der 31 bis 40-Jährigen und der 41 bis 60-Jährigen vorne, vgl. Tabelle 6.24. Der Blick auf die absoluten Zahlen offenbart dann erneut, dass die Gruppe der 31 bis 40-Jährigen, wie schon bei den Ergebnissen zur verbalen Gewalt, auch bezogen auf die körperliche Gewalt am häufigsten betroffen zu sein scheint. 8,3 % gaben an, dass sie bereits über 15 Angriffe erlebten. Auch hier liegt der Anteil der Gruppe der 31 bis 40-Jährigen weit über der der bis 30-Jährigen und auch über der der 41 bis 60-Jährigen, wenngleich dort der Abstand mit 1,6 % jedoch geringer ist, vgl. Tabelle 6.25. Insofern verfestigt sich das Bild, dass die Gruppe der 31 bis 40-Jährigen ein erhöhtes Risiko trägt, Opfer von verbaler sowie körperlicher Gewalt zu werden. Dass bei steigender Dienstzeit und damit einhergehend höherer Anzahl an Einsätzen auch das Risiko steigt, Opfer eines körperlichen Angriffs zu werden, wurde ebenfalls nachgewiesen, obschon dies erwartbar war.

f. Tätermerkmale

Den Täterkreis möglichst genau zu bestimmen war eine wichtige Zielsetzung der vorliegenden Untersuchung. 59,7 % der Befragten gaben an, dass die Täter „häufig“ männlich sind, und nur 4,5 % gaben an, dass die Täter/innen „häufig“ weiblich sind. Summiert gaben 85,7 % der Befragten an, dass der Täter „häufig“ und oder „manchmal“ männlich ist. Die Anzahl männlicher Täter überwiegt somit sehr deutlich. Zum selben Ergebnis kommen auch *Schmidt* und *Feltes/Weigert*[533], die jeweils einen Anteil von rund 90 % männlicher Täter ermittelten[534], sowie auch *Baumann*, der einen Anteil von 83,1 % männlicher Täter nachweisen konnte.[535] Bei *Jüchser/Richter* lag der Anteil bei 88,8 %.[536] Auch bei *Scheunpflug/Klewer* überwogen männliche Täter.[537] Diese Dunkelfeldzahlen decken sich zudem mit den Hellfelddaten der Polizeilichen Kriminalstatistik des Bundeskriminalamtes. Der Tatverdächtigentabelle des Jahres 2017 konnte bereits entnommen werden, dass der Anteil der männlichen Täter, bezogen auf Straftaten gegenüber „Rettungsdienste insgesamt“ 83,3 %[538] betrug. Zum Vergleich betrug er im Jahr 2021 immer noch 80,7 %.[539] Auch bezogen auf das Alter der Täterinnen und Täter zeichnet sich ein beinahe einheitliches Bild ab. In der vorliegenden Untersuchung gaben 70,1 % der Befragten an, dass die Angreifer zwischen 20 und 29 Jahre alt waren, noch 41,8 % gaben ein Alter zwischen 30 und 39[540] Jahren an. In Tabelle 6.28 wird

533 In der Untersuchung von *Feltes/Weigert* wird bei den Ergebnissen stets zwischen verbaler, nonverbaler und körperlicher Gewalt unterschieden. Um die Ergebnisse vergleichbar zu machen, wurde vorliegend stets der Mittelwert aus den drei Ergebnissen errechnet.

534 *Schmidt*, 2012, S. 14; *Feltes/Weigert*, S. 39.

535 *Baumann*, S. 24.

536 *Jüchser/Richter*, MschrKrim 2021, S. 71.

537 *Scheunpflug/Klewer*, HeilberufeSCIENCE 2013, S. 90.

538 PKS 2017 - Tatverdächtige / Tabelle 232.

539 PKS 2021 - Tatverdächtige / Tabelle 232.

540 Bezogen auf die Gruppe der 21 bis 30 und der 31 bis 40-Jährigen *Scheunpflug/Klewer*, HeilberufeSCIENCE 2013, S. 90.

ersichtlich, dass auch andere Untersuchungen stets zu dem Ergebnis kamen, dass die Gruppe der 20 bis 29-Jährigen die häufigste Tätergruppe darstellt.

Tabelle 6.28: Alter der Täter (Prozent)

	20-29	30-39
Schmidt[541]	38,9	26,8
Baumann[542]	19,8	18,5
Dressler[543]	über 60	40
Feltes/Weigert[544]	35,4	25,7
Scheunpflug/Klewer[545]	37,5	20,3
Jüchser/Richter[546]	40,8	23,3

Betrachtet man im direkten Vergleich die Zahlen der Tatverdächtigentabellen der PKS aus den Jahren 2017 und 2021 wird ersichtlich, dass der weit überwiegende Anteil der Tatverdächtigen über 25 Jahre alt ist. Im Jahr 2017 beträgt der Anteil 75,4 % und im Jahr 2021 78,2 %. Erst mit einigem Abstand folgt die Gruppe der 21 bis 25-Jährigen. Im Jahr 2017 liegt der Anteil bei 11,6 % und im Jahr 2021 bei 8,9 %, vgl. Tabelle 6.29.

Tabelle 6.29: Tatverdächtigentabellen 2017 / 2021

	BKA 2021[547]			BKA 2017[548]		
Alter	män.	weib.	ges.	män.	weib.	ges.
< 14 Jahre	9	6	15	4	2	6
14 - 18	79	34	113	64	23	87
18 - 21	111	27	138	118	15	133
21 - 25	144	39	183	165	36	201
>=25	1318	291	1609	1097	213	1310
Ges.	1661	397	**2058**	1448	289	**1737**

541 *Schmidt*, 2012, S. 15.
542 *Baumann*, S. 23.
543 *Dressler*, S. 147.
544 *Feltes/Weigert*, S. 39.
545 *Scheunpflug/Klewer*, HeilberufeSCIENCE 2013, S. 90
546 *Jüchser/Richter*, MschrKrim 2021, S. 71, anhand der Angaben berechnet.
547 PKS 2021 - Tatverdächtige / Tabelle 232.
548 PKS 2017 - Tatverdächtige / Tabelle 232.

Durch den Vergleich mit den Zahlen der Dunkelfeldstudien und der PKS Tatverdächtigentabellen wird die Aussage, dass es sich bei den Tätern ganz überwiegend um junge Erwachsene handelt, untermauert. Genauer eingegrenzt handelt es sich um meist männliche Täter, die sich in den späteren zwanziger Lebensjahren befinden. Dies steht in einem gewissen Widerspruch zu den Erkenntnissen der kriminologischen Forschung. Gerade in Bezug auf Körperverletzungsdelikte stehen sonst jugendliche (14 bis 17 Jahre) bzw. heranwachsende (18 bis 20 Jahre) männliche Täter im Fokus der Betrachtungen.[549] Diese Gruppe ist überdurchschnittlich häufig in handgreifliche Gewaltdelikte verwickelt. Die Forschung kann belegen, dass diese Überrepräsentation schon ab den mittleren 20er Jahren wieder abnimmt.[550] Es wird im Zusammenhang mit der Jugendkriminalität auch von der sog. Age-Crime-Kurve gesprochen, die bei jungen insbesondere männlichen Tätern schon im Alter von etwa elf bis 13 Jahren beginnt und steil ansteigt, bis sie im Alter von ca. 20 Jahren wieder abflacht.[551] Insofern kann im Zusammenhang mit Angriffen auf Rettungskräfte nicht von typischer Jugendkriminalität gesprochen werden.[552] Dieses Ergebnis verwundert etwas, da auch Jugendliche, zumindest ab 16 und gerade Heranwachsende an den Haupttatorten, den Großveranstaltungen und den Gaststätten/Kneipen/Clubs zu den maßgeblichen Tatzeitpunkten abends und nachts anzutreffen sind. Es könnte ein Beleg dafür sein, dass es in Bezug auf das Phänomen der Angriffe auf Rettungskräfte keine erwartbaren typischen Muster der Täter und der Situationen gibt, die unweigerlich zur Gewalt führen. Im Vordergrund scheinen demnach eher die einzelnen Interaktionsprozesse zwischen Tätern und Opfern zustehen.[553] Neben den Angaben zu Alter und Geschlecht lässt sich auch die Gruppe der Täter noch näher definieren. Gefragt nach den typischen Gruppen von Menschen, denen die Rettungskräfte im Rahmen von Einsätzen begegnen, stimmten insgesamt 85,8 % der Aussage „voll“ und „eher“ zu, dass es sich um die Patientinnen und Patienten selbst handelt. Erst mit einigem Abstand wurden Angehörige und danach Schaulustige genannt. Der Eindruck, dass die Täterinnen und Täter überwiegend aus der Gruppe der Patientinnen und Patienten entstammen, wird durch die Analyse der Ergebnisse weiterer Studien

549 Legaldefinition in § 1 II Jugendgerichtsgesetz.
550 *Walter*, S. 70.
551 *Neubacher*, S. 71f.
552 So auch *Schmidt*, 2012, S. 15.
553 *Schwind et al.*, in: Schwind et al., S. 194f.

bestätigt. So ermittelte *Lenk* einen Anteil von 81 %[554], *Schmidt* und *Dressler* einen von annähernd 70 %[555]. *Baumann* konnte nachweisen, dass 64,1 %[556] der Täterinnen und Täter Patienten sind, bei *Lorei et al.* betrug der Anteil 59,3 %[557] und bei *Scheunpflug/Klewer* 77,3 %[558]. Die Untersuchung von *Feltes/Weigert* ermittelte einen Schnitt von 50 % bezogen auf verbale, nonverbale und körperliche Gewalt. Allein auf körperliche Gewalt bezogen konnten sie nachweisen, dass 73,2 % der Täterinnen und Täter die Patienten selbst sind.[559] Auch die körperliche sowie geistige Verfassung der Täterinnen und Täter ist für die Präventionsarbeit und Risikoanalyse von Belang. In dieser Studie gaben 45,1 % der Rettungskräfte an, dass die Täterin bzw. der Täter alkoholisiert war, weitere 6,2 % sahen diese unter dem Einfluss von Drogen. 23,6 % schätzten die Angreifer als psychisch krank bzw. auffällig ein. *Lenk* ermittelte sogar einen Anteil von 82 % alkoholisierten Tätern und weiteren 24 %, die unter dem Einfluss anderer Drogen standen. Als psychisch krank wurden 30 % eingeschätzt.[560] Die Bochumer Untersuchung von *Schmidt* ermittelte einen Anteil alkoholisierter Täterinnen und Täter von 48,9 % und weiterer 18 %[561] unter dem Einfluss von Drogen.[562] *Feltes/Weigert* konnten einen Anteil von 44,5 % unter Alkoholeinfluss und 20,6 %[563] unter dem Einfluss von Drogen nachweisen.[564] Somit kann geschlussfolgert werden, dass der Anteil alkoholisierter Täter in der vorliegenden Studie sowie bei *Schmidt* und *Feltes/Weigert* zwischen 44,5 % und 48,9 %, im Schnitt also bei 46,2 % lag. *Jüchser/Richter* ermittelten einen Anteil von Täterinnen und Tätern unter dem Einfluss von Alkohol und Drogen in Höhe von 52,6 %.[565] Diese Zahlen werden auch durch die PKS für die Opfergruppe der Rettungsdienste (Feu-

---

554 *Lenk*, S. 52.
555 *Schmidt*, 2012, S. 14; *Dressler*, S. 144.
556 *Baumann*, S. 25.
557 *Lorei et al.*, Polizei&Wissenschaft, S. 56.
558 *Scheunpflug/Klewer*, HeilberufeSCIENCE 2013, S. 90.
559 *Feltes/Weigert*, S. 37.
560 *Lenk*, S. 55f.
561 In der Untersuchung von *Schmidt* wurde zwischen Betäubungsmitteln, weichen und harten Drogen unterteilt. Um eine Vergleichbarkeit zu erreichen, wurde vorliegend ein Schnitt ermittelt.
562 *Schmidt*, 2012, S. 17.
563 In der Untersuchung von *Feltes/Weigert* wurde zwischen Betäubungsmitteln, pflanzlichen und synthetischen Drogen unterschieden. Um eine Vergleichbarkeit zu erreichen, wurde vorliegend ein Schnitt ermittelt.
564 *Feltes/Weigert*, S. 40.
565 *Jüchser/Richter*, MschrKrim 2021, S. 71.

erwehr und sonstige Rettungsdienste) annähernd bestätigt. Für das gesamte Bundesgebiet lag der Anteil im Jahr 2017 bei 54,4 % und in Rheinland-Pfalz bei 51,1 %. Im Jahr 2021 lag der Anteil alkoholisierter Täterinnen und Täter im Bundesgebiet bei 48,4 %, bezogen auf Straftaten gegen „Rettungsdienste insgesamt".[566] In der kriminologischen Forschung ist der Zusammenhang zwischen Alkohol und Straftaten vielerorts nachgewiesen. Den Ergebnissen gemein ist die Erkenntnis, dass der Alkoholgenuss die Kriminalität allgemein fördert. Bezogen auf Gewalttäter unter Alkoholeinfluss wird vielfach die enthemmende Wirkung des Alkohols angeführt.[567] Unter dem Einfluss von Alkohol sinken die Fähigkeiten zur Selbstkontrolle und der Kritik bei gleichzeitig steigender Aggressions- und Risikobereitschaft. Diese Kombination steigert nachweislich die verbale und körperliche Gewaltbereitschaft.[568] Schließlich wurde in der vorliegenden Untersuchung nach einem möglichen Migrationshintergrund der Täterinnen und Täter gefragt. Hierbei ist ausdrücklich zu erwähnen, dass es abermals auf die subjektive Einschätzung der Befragungspersonen ankam. Es gibt zudem keine Daten zu einem Anteil von Menschen mit Migrationshintergrund am Gesamtaufkommen der Patienten im Rettungswesen. Insofern können auch Aussagen zu einer Über- oder Unterrepräsentation von Menschen mit Migrationshintergrund hinsichtlich der Angriffe auf Rettungskräfte nicht belegt werden. Dass ein Migrationshintergrund „häufig" vorlag, gaben 16,3 % an, weitere 40,1 % werteten dies mit „manchmal". *Schmidt* ermittelte einen Anteil von 38,1 %[569] und *Feltes/Weigert* im Schnitt 50 %.[570] Die Großstadtanalyse von *Dressler* ermittelte für die vier deutschen Großstädte Berlin, Hamburg, Köln und München einen Schnitt von 76,9 %, die angaben, dass sie viele Konflikte erleben, bei denen ein Migrationshintergrund von Tätern eine Rolle spielt. Geschildert werden hier Ergebnisse aus Gruppengesprächen, die eine „höhere Gewaltakzeptanz" gewisser Bevölkerungsgruppen mit Migrationshintergrund bescheinigen. Zudem wird resümiert, dass Deeskalationsversuche der Rettungskräfte als „Schwäche ausgelegt" würden und dass es bei Menschen muslimischen Glaubens zu kulturellen, im Speziellen zu religiösen Konflikten komme, etwa dann, wenn ein männliches Familienmitglied die körperliche Untersuchung

566 PKS 2021 - Tatverdächtige / Tabelle 231.
567 *Walter*, S. 45.
568 *Schwind*, § 27, Rn. 31.
569 *Schmidt*, 2012, S. 16.
570 *Feltes/Weigert*, S. 42 (Da die Ergebnisse der Frage nach dem Migrationshintergrund nach verbaler, nonverbaler und körperlicher Gewalt unterteilt sind, wurde zur besseren Vergleichbarkeit ein Schnitt berechnet).

eines weiblichen nicht dulde.[571] Die Untersuchung von *Jüchser/Richter* ermittelte einen Wert von Täterinnen und Tätern mit Migrationshintergrund von etwa einem Drittel.[572] Die vorliegende Untersuchung der Rettungskräfte in Rheinland-Pfalz ergab einen eher geringeren Anteil an Tätern mit Migrationshintergrund. Um Aussagen zu einem Zusammenhang zwischen dem angenommenen Migrationshintergrund und den Ursachen der Angriffe treffen zu können, wurden bestimmte Daten in Kreuztabellen ausgewertet. Von Interesse waren hierbei die möglichen kulturellen Konflikte und der gefühlte Respektverlust.

Tabelle 6.30: Kommunikation / Migrationshintergrund (Prozent)

	Migrationshintergrund				
	häufig	manch.	selten	nie	ges.
Kulturelle Konflikte (p=0,000)	38,2	50,0	11,8	0	n=110
Respektverlust (p=0,000)	20,7	46,5	26,6	6,3	n=271

Kreuztabelle 6.30 drückt das Verhältnis derjenigen, die kulturelle Konflikte oder einen Respektverlust als Ursachen angaben, zu denjenigen aus, die einen Migrationshintergrund vermuteten. Deutlich wird somit, dass von denjenigen, die als Ursache für den Angriff „Kulturelle Konflikte (z.B. Kommunikationsprobleme, kulturelle Unterschiede)“ angaben, 38,2 % „häufig“ einen Migrationshintergrund vermuten. Auffällig ist, dass 20,7 % derjenigen, die als Ursache einen Respektverlust annahmen, „häufig“ einen Migrationshintergrund beim Täter vermuteten. Insgesamt gaben 16,3 % der Befragungspersonen an, dass der Täter „häufig“ einen Migrationshintergrund hat. Insofern liegt eine leichte Überrepräsentation von Tätern mit Migrationshintergrund, bezogen auf die Ursache Respektverlust vor. Um dieses Ergebnis einordnen zu können, ist die Betrachtung aus der anderen Perspektive ebenso wichtig. Somit wurde auch ermittelt, wieviel Prozent derjenigen, die einen Migrationshintergrund annahmen, als Ursachen der Angriffe kulturelle Konflikte oder einen Respektverlust angaben.

571 *Dressler*, S. 156ff.

572 *Jüchser/Richter*, MschrKrim 2021, S. 72.

Tabelle 6.31: Migrationshintergrund / Kommunikation (Prozent)

	Kultureller Konflikt	Respektverlust	ges.
Migrationshintergrund häufig (p=0,000)	53,2	70,9	n=79
Migrationshintergrund manchmal (p=0,000)	29,9	68,5	n=184

Tabelle 6.31 bewertet das Verhältnis zwischen den Angaben, dass ein Migrationshintergrund „häufig" oder „manchmal" vorliegt, zur Ursache des Angriffs. Es wird hier bspw. ersichtlich, dass diejenigen, die „häufig" einen Migrationshintergrund bei den Täterinnen und Tätern sahen, zu 53,5 % als Ursache eines Angriffs „Kulturelle Konflikte (z.B. Kommunikationsprobleme, kulturelle Unterschiede)" angaben. Klar wird auch, dass die Rettungskräfte, die häufig Täter mit Migrationshintergrund annahmen, zu 70,9 % als Ursache einen Respektverlust angaben. Insgesamt wird von allen Rettungskräften der Respektverlust als Hauptursache genannt (59,9 %). Bei denjenigen Rettungskräften, die „häufig" einen Migrationshintergrund annahmen, beträgt der Anteil sogar 70,9 %. Insofern kann gesagt werden, dass bei der Angriffsursache Respektverlust, Täter und Täterinnen mit Migrationshintergrund leicht überrepräsentiert sind. Der PKS können lediglich Daten zu nichtdeutschen Tatverdächtigen entnommen werden. Gem. § 2 I des Aufenthaltsgesetzes ist Nichtdeutscher bzw. Ausländer jeder, der nicht Deutscher im Sinne des Artikels 116 I des Grundgesetzes ist. Einen Migrationshintergrund können nach der Definition des statistischen Bundesamtes jedoch auch deutsche Staatsangehörige vorweisen. Insofern sind die Zahlen nur eingeschränkt vergleichbar.

Tabelle 6.32: Tatverdächtige - Nichtdeutsche

	PKS RLP[573]		PKS[574]	
	2018	2021	2018	2021
Anteil nichtdeutscher Tatverdächtiger ges.	29,8	30,1	34,5	33,8
Anteil nichtdeutscher Tatverdächtiger, Deliktschlüssel 621100	22,4	25,2	31,8	30,1

573 PKS RLP 2018 / 2021 - Falltabellen / Tabelle 01.

574 PKS 2018 / 2021 - Falltabellen / Tabelle 01.

Aus Tabelle 6.32 wird ersichtlich, dass bezogen auf den Deliktschlüssel 621100 der PKS „Widerstand gegen und tätlicher Angriff auf Vollstreckungsbeamte und gleichstehende Personen §§ 113-115 StGB" in Rheinland-Pfalz in den Berichtsjahren 2018 und 2021 22,4 % bzw. 25,2 % der Tatverdächtigen Ausländer waren. Im gesamten Bundesgebiet lag der Wert bei 31,8 % im Berichtsjahr 2018 und bei 30,1 % im Berichtsjahr 2021. Diese Werte liegen alle etwas unter dem Anteil nichtdeutscher Tatverdächtiger bezogen auf alle Delikte der Berichtsjahre 2018 und 2021. Vergleicht man die statistischen Angaben der PKS mit den Angaben zum Migrationshintergrund in der vorliegenden Untersuchung, so stellt man fest, dass er mit 22,4 % bzw. 22,5 % deutlich niedriger liegt als die hier ermittelten 56,4 % Täterinnen und Täter mit Migrationshintergrund. Eine Erklärung der enormen Diskrepanz ist, dass es sich bei den hier erhobenen Daten um das Ergebnis subjektiver Einschätzung handelt. Zudem spielt eine Rolle, dass, wie oben geschildert, einen Migrationshintergrund auch deutsche Staatsbürger aufweisen können. Insofern liegt der Anteil von Menschen mit Migrationshintergrund schon denklogisch höher als der der Ausländer. Im Jahr 2019 ermittelte das Statistische Bundesamt für die Gesamtbevölkerung in Deutschland bspw. einen Anteil von 27,3 % Personen mit Migrationshintergrund im weiteren Sinne und einen Anteil von 12,9 % Ausländern.[575] Der Migrationshintergrund wird bei den Analysen des Statistischen Bundesamtes im engeren und im weiteren Sinn ausgegeben. Migrationshintergrund im engeren Sinn bedeutet dabei, dass nur die Informationen über die Eltern Verwendung finden, die auch im gleichen Haushalt leben. Migrationshintergrund im weiteren Sinn bedeutet hingegen, dass alle Informationen über die Eltern genutzt werden.[576]

g. Ursachen

Wie bereits in den Aussagen zu Tätern mit Migrationshintergrund angeklungen, war die Ursachenforschung im Rahmen der vorliegenden Untersuchung von enormer Bedeutung. Die wissenschaftliche Aufarbeitung der Angriffe auf Rettungskräfte ist in diesem Bereich bisher nicht breit aufgestellt. Lediglich *Dressler* widmete sich dieser Forschung zu. Gefragt nach der Ursache des letzten körperlichen Angriffs gaben mit 59,9 % die meisten Befragten an, dass diese in einem „Respektverlust gegenüber den Rettungskräften"

575 Statistisches Bundesamt, Fachserie 1 Reihe 2.2, 2021, S. 39.
576 Statistisches Bundesamt, Fachserie 1 Reihe 2.2, 2021, S. 5f.

läge. Weitere 51,6 % gaben eine „psychiatrische Ausnahmesituation" an. Erst mit einigem Abstand wurden „die Abwehr medizinischer Maßnahmen" (36,3 %), „die Abwehr des Transportes" (35,5%) und „Feuerwehr/Rettungsdienst als Feindbild (Teil des Staates) mit 35,2 % genannt. Die Frage nach den Ursachen ließ Mehrfachnennungen zu. Auch bei *Dressler* überwog deutlich der „Mangel an Respekt" als vermutetes Tatmotiv. 77 % gaben an, dass dies „häufig" oder „manchmal" der Grund des Übergriffs war. Auch in der Großstadtanalyse folgt als zweithäufigste Ursache die „psychiatrische Akutlage" und erst danach „kulturelle Konflikte", das „Feindbild Staatsorgan" oder die „Abwehr medizinischer Maßnahmen".[577]

i. Respektverlust

Ganz überwiegend scheint somit der wahrgenommene Respektverlust gegenüber den Rettungskräften als Auslöser bewertet zu werden. Diese Bewertung wird von den Befragten einhellig geteilt. Beachtliche Unterschiede bezogen auf Geschlecht, Diensterfahrung oder Einsatzgebiet waren nicht auszumachen. Respekt ist nicht allgemein zu definieren. Es wird stets von der individuellen Einschätzung des Einzelnen abhängen. Ursprünglich entstammt das Wort dem französischem „respect" bzw. dem lateinischen „respectus" und bedeutet in etwa „zurückschauen" und kann somit auch als Rücksicht nehmen interpretiert werden. Der Duden bietet zwei Deutungsweisen an. Zum einen wird der Respekt als eine „auf Anerkennung [oder] Bewunderung beruhende Achtung" beschrieben. Die zweite Deutung wird als „vor jemandem aufgrund seiner höheren, übergeordneten Stellung empfundene Scheu, die sich in dem Bemühen äußert, kein Missfallen zu erregen" benannt.[578] Die beiden Deutungsweisen enthalten somit verschiedene Gründe, warum Respekt gezollt wird. Die erste begründet den Respekt in einer Bewunderung und die zweite eher in einer Furcht vor Repressalien. Es hängt wiederum von der jeweiligen individuellen Bewertung ab, ob jemand bewundert oder gefürchtet und somit wer oder was besonders geachtet und schließlich respektiert wird. Beiden Deutungsweisen und den individuellen Betrachtungen gemein ist jedoch die Achtung und darauffolgende Rücksichtnahme gegenüber der anderen Person. Respektloses Verhalten ist demnach als Ausdruck von Missachtung zu verstehen. Wie bereits geschildert, ist

577 *Dressler*, S. 160.
578 *Duden*, Bd. 5, S. 2766.

„der“ Respekt nicht eindeutig zu definieren und somit stellt sich auch eine Operationalisierung zur empirischen Überprüfung eines möglichen Respektverlustes als schwierig dar. Dennoch konnte für die Polizei ermittelt werden, dass das Gros der Jugendlichen und Erwachsenen eine positive Einstellung gegenüber der Polizei hat und sich keine Erkenntnisse hinsichtlich eines generellen Respektverlustes ergeben.[579] Die gefühlte Respektlosigkeit scheint zudem eher ein Symptom als eine tatsächliche Ursache zu sein. Es kommt bei der Einschätzung eines respektlosen Verhaltens entscheidend auf die Person an, die das Verhalten bewertet. Es ist somit auch zu hinterfragen, von welcher Art von Respekt die Rettungskräfte ausgehen. Der Erwartungshorizont beeinflusst diesbezüglich die Bewertung des Verhaltens anderer. Denkbar wäre, dass sich manche Rettungskraft als Person wahrnimmt, der ein besonderer Respekt qua Funktion zusteht. Wer sich selbst als besonders respektable Person wahrnimmt, wird eher geneigt sein, das Verhalten anderer Personen als Ausdruck der Missachtung zu empfinden. Dies wäre ein möglicher Erklärungsansatz für den hohen Anteil an Rettungskräften, die respektloses Verhalten als Ursache für Übergriffe beschreiben. Ein weiterer Erklärungsansatz ist in der Betrachtung des körperlichen Zustandes der Täterinnen und Täter und der sozialräumlichen sowie örtlichen Umstände der Übergriffe zu finden. Es hat sich gezeigt, dass es ganz überwiegend in sozialschwachen Wohngegenden zu Übergriffen kommt. Zudem kristallisierten sich Großveranstaltungen und Gaststätten/Kneipen/Clubs als häufigste Tatorte heraus. Hinzu kommt, dass die überwältigende Mehrheit der Täterinnen und Täter männlich und alkoholisiert ist und diese überwiegend in den Abend- und Nachtstunden an Wochenenden angetroffen wird. Die Summe dieser Faktoren spielt eine entscheidende Rolle bei der Bewertung von respektlosem Verhalten. Wenn das Gros der Täterinnen und Täter unter Alkoholeinfluss im Rahmen von Veranstaltungen und in Gaststätten angetroffen wird, ist die Wahrscheinlichkeit respektlosen Verhaltens als potenziell höher zu bewerten als im sonstigen Alltag. Bestärkt wird diese Einschätzung durch die Untersuchung von *Lorei et al.* Untersucht wurde der Einsatzanlass bei dem schwerwiegendsten Angriff innerhalb der letzten fünf Jahre. Der häufigste Einsatzanlass war demnach eine „Hilflose Person“ gefolgt von „Streit zwischen Gästen eines Lokals, eines Festes, einer Party oder Ähnlichem“.[580] Der Einsatzgrund „Hilflose Person“ ist im Rettungsdienst sehr gängig und umschreibt

579 *Baier et al.*, 2010, S. 147.

580 *Lorei et al.*, Polizei&Wissenschaft 2019, S. 53.

allgemein Personen, die ohne erkennbares Unfallgeschehen im öffentlichen Raum reglos, oft nicht ansprechbar angetroffen werden. Eine akute Lebensgefahr liegt nicht vor. Dahinter verbergen sich häufig volltrunkene Personen, oftmals ohne festen Wohnsitz. Häufig verständigen Passanten den Rettungsdienst. Wie oben festgestellt wurde, scheinen die Täterinnen und Täter mit Migrationshintergrund bei der Angriffsursache „Respektverlust" leicht überrepräsentiert zu sein. Hier liegt es ebenfalls nahe, dass die individuelle Definition von Respekt und die damit einhergehende Erwartungshaltung den erhöhten Anteil erklären kann. Vor diesem Hintergrund ist ebenfalls zu beachten, dass ein Großteil der Übergriffe in sozial schwachen Wohngegenden erfolgt. In diesen Wohngegenden leben verstärkt Menschen mit Migrationshintergrund, da sie häufig aufgrund von Sprachbarrieren keinen höheren Bildungsstand erreichen und somit häufiger auch niedrige Einkommen erzielen.[581] 10,2 % der Menschen mit Migrationshintergrund im weiteren Sinne konnten im Jahr 2021 keinen Schulabschluss vorweisen, der Anteil der Menschen ohne Migrationshintergrund lag im Vergleich bei 1,4 %.[582] Wenn es, wie in der vorliegenden Untersuchung ermittelt, in 79,4 % in sozial schwachen Wohngegenden zu Angriffen kommt, ist die Wahrscheinlichkeit, dass der Täter oder die Täterin einen Migrationshintergrund hat, ebenfalls höher. Zudem ist ein Erklärungsansatz für den hohen Anteil an Menschen mit Migrationshintergrund, die als respektlos empfunden werden, dass diese Achtung vor Rettungskräften anders definieren und häufig ein niedriges Bildungsniveau erreicht haben. Im Rahmen der Diskussionen um einen zunehmenden Respektverlust wird überdies häufig von einer generell zunehmenden Gewaltbereitschaft[583] und einer Verrohung der Gesellschaft gesprochen.[584] Auch *Dressler* machte eine allgemeine Verrohung und eine gesellschaftliche Veränderung, weg von einem respektvollen Umgang hin zu Aggression, aus. Sie nannte die globalen Veränderungen des 21. Jahrhunderts als mögliche Verursacher, die zu einer unübersichtlichen Welt führten. Dies würde sich wiederum lokal negativ auf das gesellschaftliche Miteinander auswirken.[585] Ein solch negatives Bild ist mit den Erkenntnissen der Gewaltforschung jedoch nicht zu belegen. Weder kann ein Anstieg der Gewaltbereitschaft noch eine wachsende Brutalisierung belegt werden. Auch die vielfach

581 *Bundeszentrale für politische Bildung* vom 01.01.2022.
582 Statistisches Bundesamt, Fachserie 1 Reihe 2.2, 2021, S. 185.
583 *Wilhelm*, Rettungsdienst 2008, S. 79.
584 *Bullion*, Süddeutsche Zeitung online vom 03.11.2019.
585 *Dressler*, S. 232.

propagierte zunehmende Rücksichts- oder Respektlosigkeit ist wissenschaftlich nicht begründbar.[586] In einer langfristigen Analyse muss man sogar zu dem Schluss kommen, dass Gewaltdelikte rückläufig sind.[587] Vor diesem Hintergrund sei nochmals auf die sog. Zivilisationstheorie verwiesen. Sie umschreibt den positiven Effekt der zivilisatorischen Evolution. Nach dieser Theorie entwickelt sich aus dem gestiegenen Bildungsniveau, der Achtung und dem Schutz von Minderheiten sowie der wachsenden Abhängigkeit zwischen den Bürgern sowie zwischen den Bürgern und Institutionen eine gesteigerte menschliche Selbstkontrolle.[588] Da der Gewaltbegriff jedoch stets im Wandel befindlich ist, führt nicht zuletzt die ständige (Neu-)Interpretation des Begriffs zur Bildung von neuen Gewaltphänomenen. Die gesellschaftliche Wahrnehmung ändert sich, sie wird mitunter durch markante Ereignisse, jedoch auch durch eine neuerliche gesellschaftliche Sensibilität verändert. So rücken Gewaltphänomene erneut in den Fokus, die schon zuvor bestanden.[589] Einen maßgeblichen Einfluss hierauf hat mediale Berichterstattung. Die häufige und teils theatralische Darstellung der Angriffe auf Rettungskräfte spiegelt mitunter ein Bild wider, das der tatsächlichen Belastung nicht entspricht. Eine unreflektierte Betrachtung dieser „Medienwirklichkeit" kann insofern bei den Mediennutzern den Eindruck einer verrohten, rücksichtslosen und gewaltbereiten Gesellschaft hinterlassen.[590] Verstärkt wird dieser Effekt durch die Konkurrenzsituation der Medien untereinander. Eine Schlagzeile vom angegriffenen Retter lässt sich hier denklogisch leichter absetzen als eine wissenschaftlich fundierte Abhandlung über das Phänomen im Ganzen. Solche Berichte können gesellschaftliche Debatten entfachen und die Sensibilisierung der Gesellschaft nochmals erhöhen. Hierdurch kann es nicht nur zu der bereits beschriebenen Sensibilisierung bezogen auf Gewalt gegen Rettungskräfte kommen, es können zusätzlich pessimistische Weltbilder entstehen.[591] Dies kann zu einer erhöhten Anzeigebereitschaft führen, diese erhöht die Belastungszahlen der PKS und kann schließlich eine weiterreichende Dramatisierung bedingen.[592] Es erscheint so, als hätte das Phänomen der Angriffe auf Rettungskräfte eben diese Entstehungsgeschichte. Nicht nur die Gesellschaft, sondern auch die Rettungskräfte werden sensibilisiert.

586 *Baier et al.*, 2011, S. 22f; *Ellrich/Baier/Pfeiffer*, S. 49.
587 *Schneider*, S. 27.
588 *Walter*, S. 30, 32; *Eisenberg/Kölbel*, § 45, Rn. 5.
589 *Eisenberg/Kölbel*, 45, Rn. 5, 7.
590 *Walter*, S. 50.
591 *Schwind et al.*, in: Schwind et al., S. 83.
592 *Walter*, S. 28.

Dies kann dazu führen, dass sie ein neues Bewusstsein entwickeln und gewisse Handlungen eher als Angriffe gegen ihre Personen werten, die sie vorher nicht als solche wahrgenommen haben. Zudem kann diese Sensibilisierung dazu führen, dass die Rettungskräfte sich bestärkt sehen, solche Delikte auch anzuzeigen. Die öffentliche Debatte und die öffentliche Empörung über Angriffe auf Rettungskräfte können die Betroffenen moralisch unterstützen. Die Solidarität der Bevölkerung und letztendlich die des Parlaments ist sicherlich in der Lage, eine Wertschätzung gegenüber den Rettungskräften auszudrücken. Dies ist eine wünschenswerte Entwicklung. Ein weiterer Effekt ist jedoch ein nachweislicher Anstieg der Kriminalität in den Statistiken, der durch die erhöhte Anzeigebereitschaft ausgelöst wird.[593] Bezogen auf die Gewaltkriminalität im Ganzen wurde durch *Baier et al.* in der kurzfristigen Betrachtung von 1993 bis 2010 ebenfalls ein Anstieg des Hellfeldes verzeichnet. Auch dieser wird größtenteils auf eine erhöhte Anzeigebereitschaft zurückgeführt.[594] Auch dies ist eine wünschenswerte Entwicklung, da so das Dunkelfeld aufgehellt wird. An dieser Stelle müssen jedoch die richtigen Schlüsse aus der Aufhellung des Dunkelfeldes gezogen werden. Bei eher flüchtiger Betrachtung kann der Eindruck entstehen, dass die Situation für die Rettungskräfte eher prekärer als besser wird. Schon im Rahmen der Entstehung des 44. Strafrechtsänderungsgesetztes im Jahr 2010 ging der Gesetzgeber von einem Anstieg der Angriffe gegenüber Rettungskräften aus, ohne diese statistisch belegen zu können, da erst im Jahr 2011 die Opfertabelle „Rettungsdienstkräfte" eingeführt wurde. Bis dann im Jahre 2017 das 52. Strafrechtsänderungsgesetz mit weiteren Strafschärfungen in Kraft trat, war die Opfertabelle zwischen 2011 und 2016 schon von 1453 auf 2275 gestiegen, was einem Anteil von 56,6 % entspricht. Insgesamt stieg der Anteil der Opfer im Bundesgebiet von 2011 bis 2021 um knapp 120 %, bezogen auf Rheinland-Pfalz um ca. 117 %. Da es keine schlüssige Erklärung für einen tatsächlichen Anstieg in dieser enormen Größenordnung gibt, scheint ein Großteil dieses Anstiegs im Hellfeld mit der gestiegenen Anzeigebereitschaft der Opfer einherzugehen. Insofern kann von einem Kreislauf gesprochen werden. Die öffentliche Empörung und die Sensibilisierung führen zu einer erhöhten Anzeigebereitschaft.[595] Diese führt zu gestiegenen Fallzahlen, welche dann erneut zur Debatte und im Fall des 52. Strafrechtsänderungsgesetztes tatsächlich zu einer erneuten Strafschärfung führten. Um den statistischen Anstieg der Opfer-

593 *Neubacher*, S. 44.
594 Am Beispiel der Jugendkriminalität *Baier et al.*, 2011, S. 19f.
595 *Walter*, S. 28.

zahlen in der PKS vollends zu überprüfen, sind jedoch weitere kriminologische Forschungen im Format der Längsschnittanalysen über mehrere Jahre erforderlich. Diese sind in der Lage aufzuzeigen, ob auch im Dunkelfeld ein tatsächlicher Anstieg erfolgt ist. Schon heute kann vor dem Hintergrund der Forschung zur Gewaltkriminalität aber prognostiziert werden, dass ein solch enormer Anstieg der Angriffe auf Rettungskräfte, wie ihn die PKS ausweist, im Dunkelfeld nicht zu erwarten ist. Eine gestiegene gesellschaftliche Gewaltbereitschaft ist nicht zu erkennen.[596] Gerade die Berufsgruppe der Rettungskräfte wird regelmäßig zu den Berufen mit dem höchsten gesellschaftlichen Ansehen gewählt.[597] Nicht zuletzt dieser Umstand führt zu der Erkenntnis, dass zwischen dem gefühlten und tatsächlichen Respektverlust und der gefühlten und tatsächlichen gesellschaftlichen Verrohung eine Diskrepanz zu herrschen scheint.

ii. Psychiatrische Ausnahmesituation

Unmittelbar nach dem Respektverlust nannten die Rettungskräfte in der vorliegenden Untersuchung psychiatrische Ausnahmesituationen als Ursache für körperliche Übergriffe. So auch bei *Dressler* bezogen auf deutsche Großstädte.[598] Diese Bewertung wird durch die Einschätzung des Eindrucks, den die Täterinnen und Täter auf die Opfer machten, bestärkt. So gaben 26,6 % an, dass der Täter, die Täterin psychisch krank bzw. auffällig war. Die Fragestellung zielte auf tatsächliche Krankheitsbilder mit psychiatrischem Hintergrund und nicht auf psychische Erregungszustände, wie sie bspw. bei Unfällen oder ähnlichem bei Patienten und Angehörigen festgestellt werden können, ab. Solche Erregungszustände sind eher erwartbar und stellen somit auch keine „Ausnahmesituationen" dar. Mit psychiatrischen Ausnahmesituationen werden Rettungskräfte im Dienstalltag konfrontiert, etwa bei richterlich angeordneten Zwangseinweisungen etc. Durch ihre Ausbildung sind die Rettungskräfte grundsätzlich in der Lage, psychiatrische Krankheitsbilder von Erregungszuständen zu unterscheiden. Dennoch kommt es im Einsatz häufig zu Fehleinschätzungen und in der Folge dazu, dass Rettungskräfte diese Notlagen als Fehleinsätze werten.[599] Die potenzielle Gefahr, die in diesen Einsätzen von den psychiatrisch erkrankten Patienten ausgeht, wird mit-

596 *Ellrich/Baier/Pfeiffer*, S. 49.
597 *Haas*, WELT online vom 07.09.2021.
598 *Dressler*, S. 160.
599 *Schmitt et al.*, Notfall & Rettungsmedizin 2002, S. 106.

hin nicht gesehen. Insofern ist es möglich, dass bei dieser Antwortkategorie ebenfalls ein Anteil an Fehleinschätzungen vorliegt. Der Aussagegehalt, dass 51,6 % als Ursache psychiatrische Ausnahmesituationen angeben, wird dadurch jedoch nicht geschmälert. Für die Präventionsarbeit ist dieses Ergebnis jedoch keine neuerliche Erkenntnis. Schon in der Ausbildung und bei Fortbildungsmaßnahmen wird auf die potenzielle Gefahr, die von diesen Einsatzbildern ausgeht, hingewiesen. Die Diensterfahrung und auch der Instinkt der Rettungskräfte mahnen in diesen Situationen zu erhöhter Vorsicht. Schwierig erscheint in diesem Zusammenhang auch die Abschreckung durch Strafe. Bei Vorliegen einer psychiatrischen Erkrankung und oder eines psychiatrischen Ausnahmezustandes wird man sich stets mit Fragen des Vorsatzes und der Vorwerfbarkeit beschäftigen müssen.

iii. Abwehr von Maßnahmen und Transport

Schon bei der Analyse der Einsatzphasen wurde deutlich, dass der Großteil der Angriffe (45 %) während der Anamnese stattfinden.

Bei der Bewertung der Ursachen für den eigentlichen Angriff werden die Abwehr medizinischer Maßnahmen (36,3 %) und die Abwehr des Transportes (35,5 %) dann auch an dritter und vierter Stelle genannt. Allerdings ist der Abstand zu den beiden Hauptursachen recht hoch. Medizinische Maßnahmen der Rettungskräfte, ob nun zur Anamnese oder schon zur präklinischen Behandlung, sowie der Transport des Patienten stellen Situationen dar, in denen der Patient Eingriffe erduldet. Die körperliche Integrität und die Selbstbestimmung werden teilweise eingeschränkt. Ohne die Einwilligung würde es sich bspw. um Körperverletzungen gem. 223 I StGB oder Freiheitsberaubungen gem. § 239 I StGB handeln. Diese Maßnahmen müssen insofern gegenüber dem Patienten schlüssig erläutert werden, um Akzeptanz für selbe zu erreichen. Hier erscheint die Kommunikation zwischen Rettungskraft und Patient als Haupttäter von zentraler Bedeutung.

iv. Feuerwehr / Rettungsdienst als Feindbild

An fünfter Stelle nannten die Befragungspersonen die Ursache „Feuerwehr/ Rettungsdienst als Feindbild (Teil des Staates)“. Insgesamt 35,2 % vereinigten sich hinter dieser Aussage. Obwohl mit einigem Abstand an fünfter Stelle genannt, ist es bemerkenswert, dass die Rettungskräfte tatsächlich diesen Eindruck gewonnen haben. Um diese Aussage weiter eingrenzen zu können, wurde eine Kontrollfrage installiert. In Frage 20 wurden die Befragungspersonen also gebeten, anzugeben, ob der letzte körperliche Angriff gezielt gegen Rettungsdienst- oder Feuerwehrkräfte erfolgte oder ob es in dieser Situation jeden Helfer, jede Helferin hätte treffen können. Vor diesem Gesamthintergrund ist positiv zu erwähnen, dass die deutliche Mehrheit mit 79,5 % der Befragten der Aussage „voll“ und „eher“ zustimmte, dass der Angriff nicht gezielt gegenüber dem Rettungsdienst oder der Feuerwehr erfolgte, sondern es jeden Helfer in der Situation hätte treffen können. Der gegenteiligen Aussage stimmten 42 % zu. Um die Aussagen noch weiter eingrenzen zu können erfolgte eine Kreuzauswertung, die zu folgenden Ergebnissen führte. Von denjenigen, die als Ursache angaben, dass die Feuerwehr / der Rettungsdienst als Feindbilder angesehen werden, stimmten 69,3 % (n=166) der Aussage „voll“ bzw. „eher“ zu, dass es jeden Helfer hätte treffen können. Dies relativiert den recht hohen Anteil derer, die als Ursache das Feindbild Rettungsdienst angaben. Es überwiegt die Einschätzung, dass es in der konkreten Situation jeden Helfer hätte treffen können. Auch die Auswertung der Freitextantworten lässt nicht darauf schließen, dass Rettungskräfte ausschließlich aufgrund ihrer Tätigkeit oder Uniform oder der scheinbaren Zugehörigkeit zum Staat angegriffen werden. Die Täter sind weit überwiegend alkoholisierte Männer, die im Rahmen von Großveranstaltungen oder in Gaststätten/Kneipen/Clubs angetroffen werden. Es sind zudem beinahe ausschließlich die Patienten selbst (85,8 %) oder deren Angehörige (57,3%), welche die Rettungskräfte attackieren. Schaulustige (32,8 %) oder gar Unbeteiligte (20,7 %) stellen die Ausnahme dar. Dies spricht dafür, dass Täter und Opfer sich erst aufgrund der Alarmierung begegnen. Die Ursache für den Übergriff entsteht dann also im Rahmen der Interaktion zwischen Rettungskräften und Patienten oder Angehörigen. Angriffe von Schaulustigen und Unbeteiligten, allein aufgrund der Tatsache, dass die Helferin oder der Helfer im Rettungsdienst oder bei der Feuerwehr beschäftigt sind, scheinen die Ausnahme zu sein. Dennoch soll die Einschätzung der Rettungskräfte, diese Ursache betreffend, zwar relativiert, nicht aber negiert werden. Auch in anderen Bereichen scheint der Bezug zur Institution Staat einer der Auslöser für verbale und körperliche Übergriffe zu sein. Ein Anstieg von respektlosem Verhalten gegenüber direkten oder indirekten Vertretern des Staates kann der Presse häufig entnommen werden. Die Debatte um Angriffe auf Polizisten und die Mitarbeiter von Ordnungsbehörden ist dabei schon bekannt und weitreichend erforscht.

Jüngst geriet auch Gewalt gegen Kommunalpolitiker in den öffentlichen Fokus und auch hierzu wird nun im Auftrag des ARD Magazins Report aus München geforscht.[600] Nicht erkennbar sind gezielte Angriffe auf uniformierte Rettungskräfte ohne vorherige Interaktion zwischen Rettungskraft und Täterin bzw. Täter.

v. Weitere Ursachen

Insgesamt gaben 25,7 % der Rettungskräfte als Ursache eine „unbewusste/ unabsichtliche Handlung (z.B. durch an Demenz erkrankte Personen) an. Hier wäre ein höherer Anteil zu erwarten gewesen. Zu dem Krankheitsbild der Demenz gehört die Erkenntnis, dass bis zu 60 % der an Demenz vom Typ Alzheimer Erkrankten aggressiv sind.[601] Anteilig eher abgeschlagen werden als Gründe überdies noch kulturelle Konflikte (22,9 %) und die Unzufriedenheit mit dem Einsatzablauf (21,2 %) genannt. Hier wird nochmals ein klarer Unterschied zur Großstadtanalyse *Dresslers* deutlich. Kulturell bedingte Konflikte wurden dort bereits an dritter Stelle, unmittelbar hinter psychiatrischen Akutlagen genannt.[602] Schließlich gaben auch 17,4 % an, dass für sie kein Grund oder Motiv erkennbar war.

Festzuhalten bleibt, dass der gefühlte Respektverlust in Verbindung mit einer empfundenen Verrohung der Gesellschaft als Hauptmotive der Täter angesehen werden. Ebenso kann jedoch weder der Respektverlust noch die Verrohung der Gesellschaft tatsächlich festgestellt oder zumindest nicht belegt werden.

h. Kommunikation

Die Bewertung der Aussagen zu Tätern, Tatorten, -zeitpunkten und Einsatzphasen machte deutlich, dass es überwiegend direkt nach dem Eintreffen am Einsatzort und während der Anamnese zu Übergriffen kommt und die Täter zu 85,8 % die Patienten selbst sind. Im Einsatz treffen Rettungskräfte und Täter aufeinander und im Rahmen dieser Begegnung gibt es einen bestimmten Zeitpunkt, an dem die Situation kippt und es zu einem Angriff kommt.

600 *Erhardt*, KOMMUNAL online vom 10.03.2020.
601 *Pajonk*, Notfall & Rettungsmedizin 2001, S. 207.
602 *Dressler*, S. 160.

Diesen Zeitpunkt und Hergang im Detail abzubilden sowie Erklärungsansätze hierfür zu präsentieren, scheint für den Schutz der Rettungskräfte elementar. Die Ergebnisse der Befragung erlauben hier eine kleinschrittige Darstellung der Interaktion zwischen Rettungskraft und späterem Täter. Dies beruht auf der Erkenntnis, dass die Gewalt das Ergebnis einer dynamischen Interaktion zwischen Täter und Opfer ist. Eskalierende Konflikte und wachsende Kommunikationsbarrieren münden schließlich in Gewalt.[603] Es kommt also ganz entscheidend auf die Kommunikation zwischen Rettungskraft und Täter an.

i. Kein verbaler Austausch

Wie aufgezeigt, gaben 25,6 % der Rettungskräfte bezogen auf den letzten körperlichen Angriff an, dass er völlig überraschend erfolgte und es vorher keinerlei Kontakt zum Täter gab. Hier ist davon auszugehen, dass es für die Rettungskräfte tatsächlich völlig unvermittelt und ohne die Möglichkeit zur vorherigen deeskalativen Einflussnahme zu einem körperlichen Angriff kam. Eine Kreuzauswertung derjenigen, die angaben, dass vor dem Angriff kein Kontakt mit dem Täter bestand, zeigt im Vergleich zu den Angaben aller Befragungspersonen, dass der Anteil der Angriffe „Unmittelbar beim Eintreffen" tatsächlich von 16,6 % auf 32,3 % ansteigt, vgl. Tabelle 6.33.

Tabelle 6.33: Einsatzphase / kein Kontakt (Prozent)

	ges.	kein Kontakt
Unmittelbar beim Eintreffen	16,6	32,3
Während der Anamnese / Untersuchung	45,0	35,5
Während einer medizinischen Maßnahme	8,1	8,1
Während der Umlagerung der Patientin / des Patienten auf Trage / Stuhl / Bett	13,7	9,7
Während des Transports	9,8	8,1
Sonstiges	6,8	6,5
	n=307 (p=0,000)	n=62 (p=0,014)

603 *Schwind et al.*, in: Schwind et al., S. 77.

Dies unterstützt die Angabe, dass tatsächlich keinerlei Kontakt vor dem Angriff bestanden hat. Allerdings müsste der Anteil rechnerisch noch höher liegen, da spätestens bei der Anamnese ein Kontakt zum Patienten bestanden hat. Angriffe ohne jeglichen vorherigen Kontakt zum Täter sind ein unkalkulierbares Risiko. Keine denkbare Präventions- oder Deeskalationstechnik kann diese Delikte verhindern. Die Rettungskräfte können hierauf nicht vorbereitet werden. Tabelle 6.33 zeigt aber auch, dass insgesamt nur 20 Personen angaben, dass der Angriff unmittelbar beim Eintreffen an der Einsatzstelle und ohne vorherigen Kontakt zum Täter erfolgte. Dies stellt bezogen auf alle Einsatzphasen (n=307) vergleichsweise geringe 6,5 % dar. Im Vergleich zu allen Befragungspersonen (n=823) beträgt der Anteil 2,4 %. Insofern kann von einem sehr geringen Anteil von Angriffen ohne vorherigen Kontakt ausgegangen werden. Diese Information sollte den Rettungskräften im Rahmen von Schulungen und Trainings so auch vermittelt werden, um keine diffusen Ängste zu schüren, sondern realistische Szenarien zu schildern.

ii. Verbaler Austausch

Der größere Anteil der Rettungskräfte gab mit 41,3 % zwar ebenfalls an, dass der Angriff für sie überraschend war, vorher jedoch mit dem Täter kommuniziert wurde. Interessant ist hierbei, dass 61,2 % die Situation unmittelbar vor dem Angriff zumindest als „angespannt" empfunden haben. Als „absehbar" bezeichneten den Angriff 23,7 %. Andere Untersuchungen erfragten ebenfalls, ob die Opfer überrascht waren, ließen jedoch den Faktor der Kommunikation außen vor. Bei *Dressler* lag der Anteil derer, die durch den Angriff nicht überrascht waren, im Schnitt bei 10,09 %[604] und bei *Feltes/Weigert* bei 15,6 %, bezogen auf körperliche Angriffe. Sie stellten überdies fest, dass verbale Angriffe häufiger vorhergesehen werden als körperliche.[605] Auch bei *Schmidt* und *Lorei et al.* überwogen stets die Gruppen derer, die sich als vom Angriff überrascht bezeichneten.[606] Wenn Rettungskraft und späterer Täter aufeinandertrafen und eine Kommunikation aufgebaut wurde, bestand zumindest theoretisch die Chance, deeskalierend auf die Situation einzuwirken. Um einen Angriff zu verhindern, können die Rettungskräfte Deeskalationstechniken erlernen. Auch diese Techniken verhindern nicht jeden Angriff, da

604 *Dressler*, S. 125.
605 *Feltes/Weigert*, S. 24.
606 *Schmidt*, 2012, S. 10; *Lorei et al.*, Polizei&Wissenschaft 2019, S. 47.

sie nicht bei jedem Täter verfangen. Jedoch wird das Risiko der Eskalation hin zum körperlichen Angriff verringert. Das bisherige Niveau an Aus- und Fortbildung in diesem Komplex scheint niedrig zu sein. Während 77,2 % der Aussage, dass sie sich eine Schulung in Konfliktvermeidung wünschen, „voll" oder „eher" zustimmen, behaupten nur 30,8 %, dass sie in ihrer Aus- bzw. Fortbildung gut auf mögliche Konfliktsituationen vorbereitet wurden.

iii. Gefahr erkennen

Die vorliegende Zahl von 41,3 %, die bezogen auf den letzten körperlichen Angriff angaben, völlig überrascht gewesen zu sein, es aber zur Kommunikation kam, zeigt, dass die vorherige Interaktion mit dem Täter oder der Täterin nicht als potenziell eskalativ bewertet wurde. Wer sich jedoch nicht in der Gefahr eines Angriffs wähnt, wird auch nicht vorbeugend deeskalativ auf die Situation einwirken. *Lorei et al.* führen in diesem Zusammenhang an, dass die Rettungskräfte die Gefahr unterschätzen, da sie ihnen, trotz medialer Präsenz der Angriffe auf Rettungskräfte, nicht in gebührendem Umfang bewusst sei.[607] Diese Erklärung liegt nahe, erläutert jedoch nicht, warum die potenzielle Gefahr unterschätzt wird. Die Auswertungen der vorliegenden Studie ermöglichen es, dieser Frage näher auf den Grund zu gehen. Die Rettungskräfte bewerten ihre eigene Fähigkeit, potenzielle Gefahrensituationen zu erkennen, positiv. Knapp 90 % stimmen der Aussage, dass sie in der Lage sind brenzlige Situationen zu erkennen und zu entschärfen, „voll" oder „eher" zu. Zudem geben bei der Bewertung der Kommunikation zwischen Täter bzw. Täterin und Rettungskraft 72,7 % an, dass dieser/diese bereits vorher aggressiv war. Sofern es um die Fähigkeit, brenzlige Situationen zu erkennen, bei 90 % der Rettungskräfte tatsächlich so gut bestellt ist, verwundert es, dass bei 72,7 % der vorher bereits aggressiven Angreifer ein so hoher Anteil an, vom Angriff überraschter Rettungskräfte entsteht. Dies ist ein Indiz dafür, dass das Gespür für potenzielle Eskalationen nicht so gut ausgeprägt ist, wie es die Rettungskräfte in der Selbsteinschätzung angeben. Es erscheint so, als ob die überwiegend milden psychischen und physischen Folgen körperlicher Angriffe und das stark ausgeprägte positive Sicherheitsgefühl der Rettungskräfte die Sensibilität für potenzielle Angriffe negativ beeinflussen. Anders ausgedrückt: da die Angriffe nur selten schwerwiegend sind und noch seltener

607 *Lorei et al.*, Polizei&Wissenschaft 2019, S. 63.

schwerwiegende Folgen mit sich bringen, fühlen sich die Rettungskräfte sicher und wähnen sich daher selten in Gefahr. Zudem gibt es im Rahmen der Forschung zur Kriminalitätsfurcht bei Personen mit Viktimisierungserfahrungen Erkenntnisse, dass diese Personen weniger Angst vor einem weiteren Angriff haben, das Risiko kognitiv jedoch höher bewerten. Ein Erklärungsversuch kann ebenfalls in dem in der Kriminologie bekannten Kriminalitätsfurcht-Paradoxon liegen. Dies besagt, dass Gruppen mit einer höheren Viktimisierungswahrscheinlichkeit dennoch eine niedrige Kriminalitätsfurcht aufzeigen als Gruppen mit einer niedrigeren Viktimisierungswahrscheinlichkeit.[608]

iv. Störung der Kommunikation

Auch wenn es zwischen Rettungskraft und potenziellen Angreifer zum verbalen Austausch kam, kann es dennoch dazu kommen, dass die Kommunikation durch weitere Einflüsse gestört war. So gaben 57,1 % der Befragten an, dass der Angreifer / die Angreiferin nicht zuhören wollte, und 41,6 % gaben an, dass die Angreifer nicht den Anweisungen der Rettungskräfte folgten. Weitere 35,2 % gaben an, dass sie der Angreifer nicht verstehen konnte. Als Beispiele waren in der Befragung eine Sprachbarriere, eine zu hohe Umgebungslautstärke und eine Alkoholintoxikation des Angreifers genannt. Interessant ist, dass die gerade genannten Kommunikationsprobleme alle vom Angreifer ausgehen. Für die Rettungskräfte erscheint es überwiegend so, dass der spätere Täter schon zuvor die Kommunikation mit der Rettungskraft störte.

Dass die Kommunikation durch die erhöhte Umgebungslautstärke gestört war, oder dass die Rettungskraft selbst ihre Maßnahmen nicht ankündigen oder erklären konnte, wurde im Verhältnis seltener angegeben; dass die Kommunikation vor dem Angriff unauffällig verlief, gaben 11,8 % an. Insofern verlief die Kommunikation im Umkehrschluss in knapp 90 % der Angriffe im Vorhinein auffällig. Zudem geht für sie die Störung der Kommunikation überwiegend vom Täter selbst aus.

608 *Kunz/Singelnstein*, § 23, Rn. 27.

Tabelle 6.34: Störung der Kommunikation (Prozent) / (n=517)

	ges.
Die Angreiferin / der Angreifer konnte mich nicht verstehen (Sprachbarriere / zu laut / Alkohol) (p=0,000)	35,2
Die Angreiferin / der Angreifer wollte mir nicht zuhören (p=0,001)	57,1
Ich konnte meine Maßnahmen nicht ankündigen / erklären (p=0,000)	14,1
Die Angreiferin / der Angreifer war bereits aggressiv (p=0,000)	72,7
Die Angreiferin / der Angreifer folgte nicht den Anweisungen (p=0,000)	41,6
Die Kommunikation verlief unauffällig (p=0,000)	11,8
Sonstiges / Bitte nennen (p=0,000)	1,4

v. Eskalation

Im Rahmen der interaktiven Kommunikation bilden sich verschiedene Ansatz- und Zeitpunkte für eine Eskalation, die in Gewalt münden kann.

1. Stress

Eine weitere Beeinträchtigung der Kommunikation und der damit verbunden Deeskalationsmöglichkeit kann Stress darstellen. Stress in Form einer außergewöhnlichen physischen und psychischen Anspannung kann zu einer Überforderung führen, das Urteilsvermögen trüben oder sogar zu einer seelischen Belastung bis hin zur Verzweiflung führen. Gefragt nach dem eignen Stresslevel vor dem letzten körperlichen Angriff gegen die eigene Person gaben jedoch 70 % der Rettungskräfte an, dass das Stresslevel nicht höher war als bei anderen Einsätzen mit vergleichbaren Einsatzmeldungen. Mit 30,9 % gaben mithin deutlich weniger Personen an, dass ihr Stresslevel bereits vor dem Angriff hoch war. Der Kontrollfrage, dass die Rettungskräfte in einer weniger stressigen Situation ruhiger reagiert hätten, stimmten schließlich auch nur 32,3 % „voll" oder „eher" zu. Die Rettungskräfte empfinden die Einsätze, die in einem körperlichen Angriff gegen sie enden, also im Vorhinein nicht als negativ stressbeeinträchtigt. Dies erscheint plausibel, denn für die Rettungskräfte stellen Notfalleinsätze den Dienstalltag dar. Sie werden in ihrer Ausbildung und bei regelmäßigen Schulungen auf standardisierte Abläufe, je nach Notfallbild, geschult. Die sogenannten Standard Operating

Procedures ermöglichen hierbei ein konzentriertes Abarbeiten von Maßnahmen und sorgen somit für einen sicheren und routinierten Umgang mit verschiedensten Notfalllagen. Diese eintrainierten Vorgehensweisen und eine gewisse Diensterfahrung verleihen den Rettungskräften die notwendige Kompetenz, um souverän Hilfe leisten zu können. Diese Vorgehensweise hat sich bewährt und wird in verschiedenen Branchen, so auch bei der Polizei und dem Militär umgesetzt. Allerdings birgt die Routine auch die Gefahr, dass die Rettungskräfte weniger stark wahrnehmen, wie die Patienten und Angehörigen dieselbe Situation bewerten. Für die potenziellen Täter stellen die Rettungseinsätze ganz überwiegend einmalige oder zumindest seltene Ausnahmesituationen dar. Es fällt nicht schwer sich vorzustellen, dass es für den Patienten selbst, aber auch für die Angehörigen ggfls. eine beängstigende Situation darstellt, wenn notfallmedizinische Hilfe erforderlich ist. Es ist kriminologisch bekannt, dass solch außergewöhnliche psychische Belastungssituation sowie Situationen der Verzweiflung zu abrupten, unvermittelt heftigen Delikten führen. Dieses Phänomen wird nachweislich durch den Einfluss von Alkohol und Drogen verstärkt.[609]

2. Missverständnis

Auf die Patienten und deren Angehörige, die erwiesenermaßen die Haupttätergruppe darstellen, können die routinierten Abläufe mitunter als Bagatellisierung ihrer Notlage wirken. Auch angetroffene Ersthelfer wollen ggfls. von den eintreffenden Rettungskräften zunächst angehört bzw. zumindest wahrgenommen werden.[610] Bekannt ist, dass die Taten sich in den Nachtstunden der Wochenenden und überwiegend im Rahmen von Großveranstaltungen (Karneval, Konzerte, Demos) oder in Gaststätten/Kneipen/Clubs ereignen. Zudem sind die Täter, die ganz überwiegend die Patienten selbst und deren Angehörige sind, alkoholisiert, relativ jung und männlich. In einem plakativen Beispiel soll versucht werden, typische Situationen zu erläutern. Wenn nun die Rettungskräfte mitunter bereits zum wiederholten Male nachts alarmiert werden und die Notfallbilder stets auf den übermäßigen Alkoholgenuss oder dessen Folgen (leichte Schnittverletzungen, Prellungen etc.) zurückzuführen sind, dann erscheint es nachvollziehbar, dass dieser Einsatz für die Rettungskräfte eher eine lästige Lappalie als einen dringenden Notfall darstellt. Nicht selten wurde der Rettungsdienst nicht vom Patienten

609 *Eisenberg*, § 54, Rn. 12; *Eisenberg/Kölbel*, § 59, Rn. 9.
610 *Auer*, S. 14.

selbst, sondern von Angehörigen (Freunden/Bekannten) alarmiert. Für die Patienten und deren Angehörige stellt diese Situation jedoch eine Ausnahmesituation dar. Sie und mögliche Ersthelfer wollen ernstgenommen werden. Es erscheint nachvollziehbar, dass die Rettungskräfte mitunter frustriert sind, dass ihr Rettungsmittel nun durch einen Einsatz „blockiert" wird, der, im Vergleich zu einem Herzinfarkt oder ähnlichem, weniger schwerwiegend ist. Es ist zudem nachvollziehbar, dass lange Diskussionen mit stark alkoholisierten Patienten und Angehörigen die Toleranz der Rettungskräfte schmälern. Genau solche Situationen sind es jedoch, in denen es nachweislich zu Angriffen auf Rettungskräfte kommt. Wenn nun die Rettungskräfte den Patienten und Angehörigen bewusst oder unbewusst vermitteln, dass der Einsatzgrund keinen akuten Notfall darstellt, oder sich der Patient nicht ernstgenommen fühlt, kann die Stimmung an dieser Stelle kippen und in Aggressionen umschlagen, da sich die potenziellen Täter missverstanden fühlen. Selbiges gilt jedoch auch für Situationen außerhalb der Großveranstaltungen und Gaststätten und auch ohne den Einfluss von Alkohol. Ein zu routiniertes Auftreten kann empathielos und abgestumpft auf die Patienten und deren Angehörige wirken. Ein weiteres Beispiel soll dies verdeutlichen. Werden die Rettungskräfte zu Kindernotfällen gerufen, ist die Anspannung unter den Rettungskräften, aber denklogisch auch unter den Angehörigen, im Speziellen bei den Eltern, um ein Vielfaches erhöht. Stellt sich für die Rettungskräfte dann schnell heraus, dass es sich bei dem Notfallgeschehen bspw. „nur" um einen Fieberkrampf und nicht um einen epileptischen Anfall handelte, kann das routinierte Verhalten der Rettungskräfte auf Missverständnis bei den Angehörigen stoßen. Diese Missverständnisse gilt es, durch geschulte Kommunikation aufzuklären, bevor sie in Gewalt umschlagen können.

3. Nähe

Im Rahmen der präklinischen Notfallversorgung kommt es unweigerlich schon im Rahmen der Anamnese zu körperlicher Nähe zischen den Patienten und der Rettungskraft. Gerade bei Patienten, die unter dem Einfluss von Alkohol und oder Drogen stehen, ist jedoch die Wahrnehmung von Distanz und Räumlichkeit eine andere.[611] Durch die empfundene Einschränkung der Handlungs- und Entscheidungsfreiheit kann es so im Rahmen der sog. Reaktanz zur Gewalt kommen, da sich die eingeschränkte Person aktiv

611 *Oesterreich/Köhler*, Rettungsdienst 2011, S. 15, 17.

bemüht, die Handlungs- und Entscheidungsfreiheit wiederherzustellen.[612] Mithin gilt es hier noch mehr als sonst, die Maßnahmen anzukündigen und zu erläutern, bevor sich die Rettungskraft in den persönlichen Nahbereich zum Patienten begibt.

4. Eigenanteil der Rettungskräfte

Da die Gewalt schließlich die Folge eines dynamischen Interaktionsprozesses ist,[613] müssen auch Eigenanteile der Rettungskräfte bei der Provokation von Gewalt bzw. bei der Zuspitzung der Eskalationsdynamik betrachtet werden. Wie oben dargelegt, kann die Routine von den potenziellen Tätern missverstanden werden und diese provozieren. Aber auch weitere Eigenanteile der Rettungskräfte sind denkbar. *Lenk* führte bspw. an, dass sich fehlende oder geringe Arbeitszufriedenheit und Arbeitsmoral in der Belegschaft mittel- bis langfristig negativ auf das Ansehen der Rettungsdienste und schließlich auf die Interaktion mit den Tätern auswirkt.[614] Wie bereits geschildert, ergeben die Auswertungen der vorliegenden Untersuchung zudem, dass ein hoher Anteil der Rettungskräfte typische Situationen nicht zuverlässig erkennt und somit die potenzielle Gefahr eines Angriffs nicht wahrnimmt. Gleichsam wurde ermittelt, dass psychiatrische Ausnahme- und Krankheitsbilder, die eine potenzielle Gefahr darstellen, häufig nicht zielgenau erkannt werden.[615] Gerade bezogen auf diese Krankheitsbilder sind die Rettungskräfte häufig nicht ausreichend ausgebildet.[616] Schließlich gilt zu beachten, dass nicht nur bezogen auf die Täter, sondern natürlich auch bei den Rettungskräften individuelle Persönlichkeitsmerkmale, Fähigkeiten und Kompetenzen vorherrschen. So wirkt sich auch hier bspw. die soziale Kompetenz oder die Risiko- und Kampfbereitschaft positiv oder negativ auf die Interaktion mit den potenziellen Tätern aus.[617] Die Rettungskräfte werden ganz überwiegend in den sog. „hot spots" Opfer von Gewalt. Der Aufenthalt in diesem Bereich erhöht das Risiko eines Angriffs, dies ist ein in der Kriminologie bekanntes Phänomen.[618] Mithin bringt nicht „der" Rettungsdienst die Gefahr von

612 *Lorei et al.*, Polizei&Wissenschaft 2019, S. 44.
613 *Schwind et al.*, in: Schwind et al., S. 77.
614 *Lenk*, S. 23f.
615 *Schmitt et al.*, Notfall & Rettungsmedizin 2002, S. 106.
616 *Pajonk*, Notfall & Rettungsmedizin 2001, S. 206f.
617 Bezogen auf Gewalt gegen Polizeibeamte *Ellrich/Baier*, S. 23ff.
618 *Walter*, S. 72; *Northoff*, S. 27.

Angriffen auf Rettungskräfte mit sich, sondern generell der Aufenthalt in den „hot spots“ und die Interaktion mit den Personen innerhalb derselben. Die Kommunikationsführung zwischen den Rettungskräften und den potenziellen Tätern ist demnach als zentraler Ansatzpunkt für die Prävention von Angriffen auf Rettungskräfte ausgemacht. Ebenso konnte nachgewiesen werden, dass gerade in diesem Punkt auch die Rettungskräfte Eigenanteile zur Eskalation beitragen. Dies gilt insbesondere, da gefahrträchtige Situationen nicht sicher erkannt werden und die Aus- und Fortbildung bezogen auf die Deeskalation und den Umgang mit psychiatrischen Akutlagen noch nicht ausreichend erscheint. Einen vielversprechenden theoretischen Ansatz, der die Kriminalität zu erklären sucht, liefert die Situational Action Theory von *Per-Olof H. Wikström*. Durch die Verbindung von Personenmerkmalen und Umgebungseigenschaften („Ort“ und „Setting“)[619] zeichnet sie ein realistisches Bild der Entstehung von Konflikten und der Eskalation bis hin zum Ausbruch der Gewalt. Zentrale Aussage des recht jungen Ansatzes ist: „Kriminelle Handlungen entstehen, weil Menschen sie unter den gegebenen Umständen als moralisch akzeptable Handlungsalternativen betrachten (und es keine ausreichende Abschreckung gibt) oder weil Menschen es versäumen, an persönlichen Moralvorstellungen festzuhalten (d.h. nicht in der Lage sind, Selbstkontrolle auszuüben), wenn sie extern dazu verleitet werden, in anderer Weise zu handeln.“[620] Hiernach entsteht Kriminalität in der Folge eines Wahrnehmungs-Entscheidungs-Prozesses. Zielgerichtete Aufmerksamkeit formt die Motivation, welche eine Handlung auslöst. Die Motivation ist hierbei situativ zu verstehen und teilt sich in Versuchungen und Provokationen auf. Versuchungen finden in Form der Möglichkeit zur Bedürfnisbefriedigung oder zur Einlösung einer Verpflichtung Ausdruck. Provokationen hingegen in Form der Konfrontation mit Spannungen (ungewollte Beeinträchtigungen), die Aufregung und Zorn auslösen. Die biologischen, psychischen und soziologischen Aspekte des Individuums geben den Ausschlag dafür, welche Bedürfnisse befriedigt werden oder welche Verpflichtungen eingelöst werden sollen und welche Spannungen Aufregung und Zorn auslösen.[621] Auf den Wahrnehmungs-Entscheidungs-Prozess wirken sowohl internale (Selbstkontrolle) als auch externale (Abschreckung) Kontrollmechanismen. Der Einsatz der Rettungskräfte kann hierbei für die potenziellen Täter als Motivation in Form einer Konfrontation mit

---

619 *Wikström*, MschrKrim, 2015, S. 179.
620 *Wikström*, MschrKrim, 2015, S. 177f.
621 *Wikström*, MschrKrim, 2015, S. 179.

einer Spannung (ungewollte Beeinträchtigung) beschrieben werden, die zu Aufregung und Zorn führt. Der internale Kontrollmechanismus der Selbstkontrolle kann beispielsweise durch Alkoholeinfluss oder biologische, psychische oder soziologische Faktoren geschwächt sein und der Kontrollmechanismus der Abschreckung vermag in Affekt- und Akutlagen nicht zu greifen. Auch nach der Situational Action Theory entpuppt sich die Aufnahme der Kommunikation als brauchbare Einflussmöglichkeit. Es gilt von Beginn an die „Konfrontation mit einer Spannung" zu verhindern oder zu entschärfen.

vi. Zusammenfassung der Kommunikation

Es zeigt sich somit, dass die Rettungskräfte gefahrgeneigte Situationen ganz überwiegend nicht als solche wahrnehmen und daher aus ihrer Sicht häufig arglos in einen Angriff verwickelt werden. Das Selbstbild ist davon geprägt, dass potenziell gefährliche Situationen erkannt werden, dementsprechend ist die Arglosigkeit auch verständlich. Wer sich nicht in einer gefährlichen Situation wähnt, wird demnach auch nicht deeskalierend oder zumindest vorsichtig, gefahrbewusst an diese herantreten. Insofern erscheint es dringend geboten, den Rettungskräften die Erkenntnisse zu den „hot spots" und der Eskalation einer Kommunikation bis hin zur Gewalt, zu verdeutlichen. Zudem konnte ein Bedarf an Schulung und Weiterbildung im Bereich der Deeskalationstechniken ausgemacht werden, diesen gilt es zu decken. So können die Eigenanteile der Rettungskräfte merklich reduziert werden und sie sind in der Lage präventiv deeskalierend auf gefahrgeneigte Situationen einzugehen.

VII. Kriminalpolitische Folgerungen

Nach alledem gilt es Wege aufzuzeigen, die künftige Angriffe in ihren Folgen abschwächen oder bestenfalls verhindern können. Zudem wirken sich die Erkenntnisse dieser Untersuchung auf verschiedene weitere Bereiche wie den der gesellschaftlichen und politischen Debatte, der Gesetzgebung sowie der Kriminalstatistik oder der weiteren Forschung auf diesem Gebiet aus.

a. Folgen für die gesellschaftliche und politische Debatte

Es konnte aufgezeigt werden, dass die gesellschaftliche und politische Debatte nicht nur nebenbei geführt wird, sondern dass sie einen nicht zu unterschätzenden Anteil am Phänomen der Angriffe auf Rettungskräfte hat. Durch die mediale Berichterstattung und die gesellschaftlichen Debatten rücken die Angriffe auf Rettungskräfte in den Fokus. Nicht nur die Gesellschaft, sondern auch die Rettungskräfte werden sensibilisiert. Dies führt zu einer erhöhten Anzeigebereitschaft und letztlich zu einem Kriminalitätsanstieg im Hellfeld der Kriminalitätsstatistiken.[622] Dieser Anstieg gepaart mit dem Gefühl einer immer weiter verrohenden Gesellschaft führt zu einer gewissen Empörung der Gesellschaft und der politischen Vertreter. Gesellschaft und Politik solidarisieren sich mit den Rettungskräften und geben ihnen damit moralische Unterstützung. Die Debatte selbst stellt bereits einen Teil der Generalprävention dar, da sie dazu beiträgt, den allgemeinen Trend der Ächtung von Gewalt zu verstärken.[623] Sie bewirkt eine Solidarisierung mit den Rettungskräften, welche ebenfalls positive Effekte erzeugt. Politik und Gesellschaft nutzen somit ebenfalls Handlungsoptionen, um präventiv zu agieren. Mit der Kampagne #IMMERDA soll in Rheinland-Pfalz beispielsweise offensiv für Respekt gegenüber den Einsatzkräften von Polizei, Rettungsdienst und Feuerwehr geworben werden.[624] Diese Kampagne knüpft an die Aktionstage der rheinland-pfälzischen Landesregierung „Respekt. Bitte!" an. Im März des Jahres 2019 besuchten die Mitglieder des Kabinetts, zahlreiche

622 *Neubacher*, S. 44.
623 *Walter*, S. 114.
624 *Ministerium des Inneren und für Sport Rheinland-Pfalz*, #IMMERDA, 2019.

Staatssekretärinnen und -sekretäre sowie weitere Mitarbeiterinnen und Mitarbeiter der Ministerien Polizeidienststellen, Rettungs- und Feuerwachen, um mit Rettungskräften vor Ort ins Gespräch zu kommen und für Respekt gegenüber diesen zu werben.[625] Im Jahr 2020 fanden die Aktionstage gegen Gewalt gegen Beschäftigte im öffentlichen Dienst abermals unter dem Motto „Respekt. Bitte!" coronakonform digital statt.[626] Bereits im Januar des Jahres 2018 gründete sich der Verein „Helfer sind tabu! e.V.". Hieran waren Vertreter der Behörden und Organisationen mit Sicherheitsaufgaben (BOS) und Vertreter der im Rettungsdienst beteiligten Unternehmen, die einen Sitz bzw. eine Niederlassung in den kreisfreien Städten Mainz und Worms oder in den Landkreisen Mainz-Bingen und Alzey-Worms haben, beteiligt. Unterstützt wird der Verein jedoch unter anderem auch von Randolf Stich, dem zuständigen Staatssekretär für den Rettungsdienst im Ministerium des Inneren und für Sport (RLP). Der Förderverein hat sich die Durchführung präventiver Maßnahmen zur Vermeidung von gewalttägigen Übergriffen gegen Mitarbeiter und Einrichtungen (BOS) wie Schulungen in Gewaltprävention, Einsatztaktik und Deeskalation zum Ziel gesetzt. Die Arbeit des Vereins wird wissenschaftlich durch ein Projekt der Sporthochschule Köln begleitet.[627] Insgesamt ist die gesellschaftliche und politisch Debatte somit prägend für das Phänomen der Angriffe auf Rettungskräfte. Daher ist es umso wichtiger, dass in dieser Debatte wissenschaftliche Erkenntnisse eine höhere Gewichtung erhalten. Die mediale Berichterstattung fokussiert sich gerne auf besonders drastische Übergriffe auf Rettungskräfte und schürt somit mitunter diffuse Ängste. Die Erkenntnis, dass eine weitreichende Verrohung der Gesellschaft und eine Steigerung der Gewaltkriminalität kriminologisch nicht nachweisbar sind und somit nur eine gefühlte Wahrheit abbilden,[628] muss in der Debatte breiter ausgeführt werden. Auch die Debatte um den vielerorts beklagten Respektverlust der meist jungen männlichen Täter erscheint noch nicht tiefgründig genug. Schon Sokrates soll 400 Jahre vor Christi Geburt den Respektverlust der Jugend beklagt haben.[629] Dies soll verdeutlichen, dass pauschale, einfache Antworten der Komplexität des Phänomens der Angriffe auf Rettungskräfte nicht gerecht werden.

---

625 *Ministerium des Inneren und für Sport Rheinland-Pfalz* vom 20.03.2019.
626 *ZEIT online* vom 17.11.2020.
627 *Helfer sind tabu! e.V.*
628 *Ellrich/Baier/Pfeiffer*, S. 49.
629 *Peters*, WELT online vom 03.07.2018.

b. Folgen für die Aus- und Fortbildung der Rettungskräfte

Die Untersuchung hat verdeutlicht, dass sich die Rettungskräfte ganz überwiegend der potenziellen Gefahren der Einsatzsituationen, insbesondere der Einsätze in den sog. „hot spots“ nicht bewusst sind. Die Aus- und Fortbildung muss hier unbedingt ansetzen. Wer nicht davon ausgeht, sich in einer gefahrgeneigten Situation zu befinden, wird der potenziellen Eskalation in Form des gewalttätigen Übergriffs auch nicht bewusst sein. Zunächst soll es darum gehen, die Rettungskräfte selbst bezüglich des Phänomens der Angriffe auf Rettungskräfte zu sensibilisieren und ihnen dann das Rüstzeug zur Vermeidung von Angriffen zu vermitteln. Hierbei gilt es, den schmalen Grat zwischen der sachlichen Information und der „Panikmache“ zu meistern, um die gewünschten präventiven Folgen zu erreichen.

i. Gefahren erkennen

Ein Schulungsansatz, der bei den Rettungskräften selbst Wirkung entfalten kann, ist die Schaffung eines generellen Gefahrenbewusstseins. Hierbei wird mitunter auch von einem sog. Gefahrenradar gesprochen.[630] Es hat sich herauskristallisiert, dass sich die Rettungskräfte der potenziellen Gefahr der Angriffe nicht bewusst genug sind. Dieses Bewusstsein gilt es in Aus- und Fortbildung zu schaffen. Die Gefahrenanalyse muss hierbei selbstverständlicher Bestandteil eines jeden Einsatzes werden. Noch vor der Kontaktaufnahme mit dem Patienten muss intuitiv eine Abwägung von Gefahr erfolgen. Auch die Rückmeldungen der Ausbildungsleiter in den Fortbildungskursen spiegeln dieses Erfordernis wider. Allzu oft erleben sie, dass sich die Rettungskräfte „einem fatalen Schlüssel-Schloss-Prinzip folgend“ auf den Patienten stürzen, ohne zuvor eine Gefahrenanalyse durchzuführen.[631] Auch die Mitarbeiterinnen und Mitarbeitern in den Leitstellen müssen hierbei integriert werden.[632] In den Rettungsleitstellen gehen die Notrufe ein und aufgrund der geschulten Situationsanalyse der dort Tätigen werden die Rettungsmittel zum Einsatzort disponiert. Schon bei der Entgegennahme des Notrufes sollen zwingend mögliche Gefahrenpotenziale wie eine vorangegangene Körperverletzung, eine Alkoholintoxikation etc. abgefragt werden. Diese Informationen müssen den Rettungskräften bereits bei der Alarmierung mitgeteilt werden, damit

630 *Habitz*, S. 18.
631 *Wilhelm*, Rettungsdienst 2008, S. 78, 80.
632 So auch *Baumann*, S. 36.

diese sich schon bei der Anfahrt innerlich auf die Situation an der Einsatzstelle vorbereiten können.

ii. Eigensicherung

Neben einem neuen Bewusstsein im Rahmen der Gefahrenanalyse muss ebenfalls das Bewusstsein zur Eigensicherung der Rettungskräfte gefördert werden.

1. Gefahrenanalyse / Rückzug

Das Recht braucht dem Unrecht nicht zu weichen. Dieser weithin bekannte Ausspruch wurzelt in den Lehren des Notwehrrechts gem. § 32 StGB. Häufig scheint es aber so, als würde er missverstanden bzw. falsch gedeutet werden. Grundprinzipien der Notwehr sind das individualrechtliche Schutz- und das sozialrechtliche Rechtsbewährungsprinzip. Ersteres garantiert den Schutz von Individualrechtsgütern des Angegriffenen und zweiteres bestärkt sein Notwehrhandeln, indem es ihm unterstellt, dass er gleichsam die Rechtsordnung verteidigt, da er stellvertretend für die abwesende Staatsgewalt handelt.[633] In diesem Zusammenhang ist ebenso richtig, dass im Rahmen des „schneidigen" Notwehrrechts eben keine Verhältnismäßigkeitsprüfung oder Güterabwägung zwischen den Rechtgütern des Angreifers und des Angegriffenen stattfindet.[634] Dennoch kennt die normative Einschränkung der Gebotenheit Fallgruppen, in denen das Notwehrrecht Restriktionen erfährt.[635] Auch ohne diese juristische Einordnung werden die Vorteile eines geordneten Rückzugs im Rahmen der Eigensicherung offensichtlich. Anders als bei der Polizei wird von den Rettungskräften nicht verlangt, sich offensiv an Konfliktlagen zu beteiligen.[636] Es wird jedoch vermehrt festgestellt, dass Rettungskräfte die Grundsätze der Eigensicherung mitunter vernachlässigen. Es wird beklagt, dass sie sich bereitwillig Gefahren aussetzen, ohne die Konsequenzen für sich und die Einsatzbereitschaft zu reflektieren.[637] Hier gilt die

---

633 *Rengier*, S. 146f.
634 *Rengier*, S. 157.
635 *Rengier*, S. 161f.
636 *Wilhelm*, Rettungsdienst 2008, S. 81.
637 *Wilhelm*, Rettungsdienst 2008, S. 80; *Oesterreich/Köhler*, Rettungsdienst 2011, S. 17; *Dressler*, S. 237.

Binsenweisheit, dass nur ein gesunder Retter ein guter Retter sein kein. Sobald eine Rettungskraft im Einsatz ausfällt, gefährdet dies den gesamten Einsatz und in der Folge die Sicherheit der Kolleginnen und Kollegen sowie die Gesundheit der Patientinnen und Patienten. Das Gebot muss unmissverständlich lauten: Eigensicherung geht vor! Auch diese Erkenntnis muss, ebenso wie die Gefahrenanalyse, durch die Rettungskräfte verinnerlicht werden, sodass der geordnete Rückzug zum Selbstverständnis wird.[638] Sofern die standardmäßige Gefahrenanalyse eine Gefahrensituation ausmacht, muss die Behandlung der Patienten warten, bis die Gefahr für die Rettungskräfte ausgeschlossen werden kann. Dies führt in der Praxis zu einer Nachalarmierung der Polizei oder weiterer Hilfspersonen, die die Gefahrensituation überwachen und die Rettungskräfte schützen können. Zur Analyse bieten sich bspw. Ampelsysteme an.[639]

2. Taktisches Vorgehen

Zur Eigensicherung gehört ebenso ein taktisches Vorgehen. Die Rettungskräfte müssen sich nicht nur im Rahmen der präklinischen Notfallmedizin als Team präsentieren, sondern auch bei der Prävention. Die Teamarbeit muss hierbei in einer klar abgesprochenen Rollenverteilung erfolgen. Ziel soll es sein, dass das Team gemeinsam jederzeit eine räumliche Übersicht erhält. Alle Anwesenden sollen im Blick behalten und Rückzugmöglichkeiten offengehalten werden. Um den Überblick zu erleichtern, aber auch um den Patienten vor weiteren negativen äußeren Einflüssen zu schützen, empfiehlt sich mitunter eine Reizabschirmung.[640] Hierzu kann der Patient in einen anderen Raum oder in den Rettungstransportwagen verbracht werden. Es kann jedoch auch ausreichend sein, Angehörige oder Schaulustige fernzuhalten. Auch ein eventueller geordneter Rückzug erfolgt dann in Teamarbeit.[641] Vor Klärung der Umstände und des Aggressionspotenzials des Patienten, der Angehörigen und Umstehenden empfiehlt es sich daher, den Gesprächsbeginn in einem gewissen Mindestabstand aufzunehmen.[642]

---

638 So ähnlich auch *Dressler*, S. 237.
639 Vgl. die Ausführungen von *Habitz*, S. 102ff.
640 *Pajonk*, Notfall & Rettungsmedizin 2001, S. 209.
641 Hierzu näher *Habitz*, S. 117.
642 *Oesterreich/Köhler*, Rettungsdienst 2011, S. 17f.

3. Deeskalation

Sofern die Gefahrenanalyse es zugelassen und sich das Team den Patienten und Angehörigen genähert hat, kann die Kommunikation aufgenommen werden. Kristallisiert sich hierbei ein Aggressionspotenzial heraus, können die Rettungskräfte Deeskalationstechniken anwenden, um eine Eskalation in die Gewalt zu verhindern. Im Rahmen der Präventionsarbeit gebührt der Deeskalation die höchste Priorität.[643] Die Techniken sind ebenso mannigfaltig wie die denkbaren Gefahrenkonstellationen. Dennoch kann verallgemeinernd ein deeskalatives Vorgehen im Rahmen der Kommunikation beschrieben werden. Die Kommunikation sollte in einer ruhigen Tonart und einer deutlichen Aussprache unter Wahrung eines gewissen Abstandes erfolgen.[644] Im Rahmen einer Krisenintervention soll Ziel sein, die Krisensituation in eine „Normalsituation" umzuwandeln.[645] Es gilt Vertrauen aufzubauen. Die medizinisch notwendigen Maßnahmen müssen in verständlicher Form erläutert werden. Der Patient und die Angehörigen sollen von der Erforderlichkeit der Maßnahmen überzeugt werden. Dies erfordert ein empathisches, besonnenes, aber auch klares und entschiedenes Vorgehen. Die Rettungskräfte müssen sich auf die Erlebniswelt des Patienten und der Angehörigen einlassen und ihnen das Gefühl vermitteln, dass ihnen zugehört wird und dass sie ernst genommen werden. Sollte es zu verbaler Gewalt kommen, sollte diese kommentarlos hingenommen werden.[646] Eine aufkommende Diskussion kann hierbei zu einer weiteren Eskalation, bis hin zur körperlichen Gewalt, führen.

iii. Standard Operating Procedure

Bereits heute ist festzustellen, dass den hohen Anforderungen an die Kommunikations- und Deeskalationsfähigkeit der Rettungskräfte sowohl in der Aus- als auch in der Fortbildung begegnet wird. Im Jahre 2013 erfolgte im Rettungsdienst eine weitreichende Reform der Berufsbilder. Der Beruf des Rettungsassistenten wurde in den des Notfallsanitäters umgewandelt. Als das neue Berufsbild des Notfallsanitäters geschaffen wurde, nahm die

643 *Martini/Fetzer*, Sicher ist sicher, Arbeitsschutz aktuell 2013, S. 419.
644 *Oesterreich/Köhler*, Rettungsdienst 2011, S. 17; *Habitz*, S. 35.
645 *Pajonk*, Notfall & Rettungsmedizin 2001, S. 212.
646 *Pajonk*, Notfall & Rettungsmedizin 2001, S. 208f.

Politik diese Thematik nachweislich mit auf. Die Ausbildungs- und Prüfungsverordnung für die Notfallsanitäterinnen und Notfallsanitäter vom 16.12.2013 beinhaltet die theoretische und praktische Unterrichtung von Deeskalationsstrategien sowie den Umgang mit Krisen- und Konfliktsituationen.[647] Die Rettungsassistenten konnten freiwillig eine Ergänzungsprüfung ablegen, um dann ebenfalls die Befugnisse und Fähigkeiten eines Notfallsanitäters zu erlangen. Auch diese Ergänzungsprüfungen beinhalteten Schulungen in Kommunikation, Interaktion und Deeskalation. Unterrichtsinhalte waren bspw. das Crew Ressource Management, welches 1979 aus einem NASA-Workshop zur Erhöhung der Flugsicherheit entwickelt wurde. Weitere Inhalte waren die Bedürfnispyramide nach *Abraham Maslow*, das Whole-Brain-Model nach *Ned Herrmann*, die Fehlertheorie nach *James Reason*, das Vier-Ohren-Modell von *Friedemann Schulz von Thun* sowie die Distanzzonenlehre nach *Edward T. Hall*.[648] Diese Bemühungen sind aufrichtig und zielen in die richtige Richtung. Was jedoch nach wie vor vermisst und gefordert wird, sind standardisierte Verfahren, die die Rettungskräfte verinnerlichen können.[649] Um dieser berechtigten Forderung zu begegnen, soll eine sog. Standard Operating Procedure (SOP) geschaffen und rechtlich verankert werden. Diese soll sowohl die standardmäßige Gefahrenanalyse als auch den geordneten Rückzug und im Speziellen die Deeskalationstechniken beinhalten. Diese neue SOP muss als routinemäßige Herangehensweise für jeden Einsatz Geltung haben und die Einsatzkräfte mithin in die Lage versetzen, die o.g. Präventionsmaßnahmen verinnerlicht anzuwenden. So kann dem Umstand begegnet werden, dass die Rettungskräfte sich vielfach der potenziellen Gefahr nicht bewusst sind. Die standardisierte Gefahrenanalyse zwingt zur Bewertung des Angriffsrisikos. Insofern wird sich hier gegen den Vorschlag *Dresslers* ausgesprochen, die operative Handlungskompetenz der Rettungskräfte für jeden Einzelfall zu stärken.[650] Es soll sich eben nicht mehr, wie aktuell, rein auf das situative Gespür jeder einzelnen Rettungskraft verlassen werden. In Gefahren- und Stresssituationen haben sich die SOP stets bewährt. In ihnen kann das erforderliche Verhalten im Team erlernt und verinnerlicht werden. Diese Inhalte können dann, auch bei wechselnder Besatzung der Rettungsmittel oder beim Zusammentreffen mehrerer Rettungsmittel am Einsatzort von allen Rettungskräften abgerufen werden. An der Einsatzstelle

647 Anlage 1, Nr. 8, lit. d NotSan-APrV

648 *Bildungsinstitut des DRK Landesverbandes Rheinland-Pfalz e.V.*

649 *Pajonk*, Notfall & Rettungsmedizin 2001, S. 212; *Friedrich et al.*, S. 16; *Wilhelm*, Rettungsdienst 2008, S. 80; *Oesterreich/Köhler*, Rettungsdienst 2011, S. 18.

650 *Dressler*, S. 235, 241.

ist sodann jedem Teammitglied seine „Rolle“ klar und es kann diese routiniert und professionell ausführen. Es bieten sich daher simple Strukturen wie bspw. die eines Ampelsystems mit gestuften Handlungsvorgaben an. Schon die Alarmierung durch die Rettungsleitstelle sollte zwingend Hinweise auf die zu erwartende Situation am Einsatzort in allgemeingültigen Codes enthalten. Das Erlernen und Anwenden von SOP ist den Rettungskräften bestens vertraut. Ebenso ist das Beherrschen der SOP Bestandteil einer jeden jährlichen Pflichtfortbildung und wird in diesem Rahmen auch abgeprüft.

c. Folgen für die Prävention

Bei der Verhinderung von weiteren Taten ist Prävention das häufig zitierte Schüsselwort. Hinter diesem stehen eine Vielzahl an mehr oder weniger probaten Mitteln, um Gewalt gegen Rettungskräfte zu verhüten und / oder zu kontrollieren. Die Präventionsmaßnahmen können dabei sowohl bei den Rettungskräften selbst als auch gesamtgesellschaftlich oder direkt beim potenziellen Täter ansetzen. Unterteilt wird die Prävention klassisch in die primäre, sekundäre und tertiäre Kriminalprävention. Erstgenannte wendet sich den allgemeinen Kriminalitätsursachen zu und ist mithin an die Allgemeinheit gerichtet, während die sekundäre Kriminalprävention potenzielle Täter und Opfer direkt anzusprechen versucht. Die tertiäre Kriminalprävention indes setzt später, also beim Täter bzw. Opfer, ein und intendiert die Verhinderung von Rückfällen oder weiteren Viktimisierungen.[651] Im Rahmen der Prävention von Angriffen auf Rettungskräfte werden weitere Maßnahmen diskutiert, beispielsweise die Ausstattung der Rettungskräfte mit Schutzkleidung oder die Schulung in Selbstverteidigung.

i. Selbstverteidigung

Sicherlich kann auch die Selbstverteidigung unter den Punkt Eigensicherung subsumiert werden. Die Anwendung von Selbstverteidigungstechniken als Ultima Ratio nach einem gescheiterten geordneten Rückzug erscheint hier legitim. Die Lehren der Selbstverteidigung sind jedoch vielschichtig. Zum Teil werden Techniken aus klassischen Kampfsportarten wie Krav Maga oder Ju Jutsu entwickelt oder gänzlich neue Ansätze konzipiert. So widmete bspw.

651 *Neubacher*, S. 145.

Habitz ein ganzes Kapitel der „Patientenschonenden Selbstverteidigung". Auf knapp 40 Seiten fasst er verschiedene Situationen mit der entsprechenden empfohlenen Reaktion zusammen. Die Situationen gehen von *Jacke wird mit beiden Händen gepackt, Jacke wird mit beiden Händen gepackt - Kollege kann helfen, Jacke wird mit einer Hand gepackt, Jacke wird mit einer Hand gepackt - Angreifer schlägt, Jacke wird mit einer Hand gepackt - Kollege hilft* und *Schubsen, Schieben, Schlagen, Schwitzkasten* über *an den Haaren ziehen, an den Haaren ziehen mit Kniestoß zum Kopf* bis hin zum *Würgen mit zwei Händen.*[652] Dieser kurze Exkurs soll beispielhaft verdeutlichen, dass die Techniken auch zur Verwirrung führen können. Die Fülle an Techniken sollte stark vereinfacht und lediglich auf freiwilliger Basis in Kursen angeboten werden. Neben der Gefahr, die Rettungskräfte zu überfordern, besteht die Gefahr, dass sich mancher in trügerischer Sicherheit wähnt und die Anwendung der Deeskalationstechniken weniger stark verinnerlicht. Ebenso möglich erscheint es jedoch, dass die Selbstverteidigungskurse auf Rettungskräfte insofern wirken, dass sie sie in die Lage versetzen, in gefahrträchtigen Situationen selbstbewusst und besonnen zu agieren.

ii. Ausstattung

Einen Ansatzpunkt zur Prävention bietet ebenfalls die Ausstattung der Rettungskräfte.

1. Technisch

Im Rahmen der technischen Ausstattung wird mitunter die Anschaffung von passiver oder aktiver Bewaffnung sowie die Wirkung der Dienstkleidung diskutiert. Unter einer passiven Bewaffnung ist die Ausstattung mit Helmen, Schilden, Protektoren und Schutzwesten gemeint. Insbesondere die Schutzweste wurde als Ausstattungsgegenstand diskutiert. Es werden ballistische Schutzwesten sowie Stichschutz- und stichhemmende Westen jeweils in unterschiedlichen Schutzklassen angeboten. Stichschutz- bzw. stichhemmende Westen wiegen zwischen 1,5 und 5 kg und kosten ab. ca. 80,00 € aufwärts. Eine Ballistikweste der Schutzklasse vier kann dahingegen bis zu 30 kg wie-

652 *Habitz*, S. 63ff.

gen.[653] Zusammenfassend lässt sich sagen, dass die Kritiker, auch unter den Rettungskräften selbst, weiterhin überwiegen. Sie führen neben den Kosten auch den Tragekomfort, insbesondere an heißen Tagen, sowie eine mögliche Provokation des Gegenübers an. Zudem wird auch hier ausgeführt, dass Schutzkleidung die Risikobereitschaft steigern und die Eigensicherung dementsprechend schmälern könnte. Auf der anderen Seite ist aus der Forschung der Angriffe auf die Polizei die Schutzwirkung der Westen erwiesen. Insgesamt muss mit *Dressler* festgestellt werden, dass hier weiterer Forschungsbedarf über das Für und Wider der passiven Bewaffnung in Form der Schutzwesten für Rettungskräfte besteht.[654] Zum jetzigen Zeitpunkt lässt sich hierzu noch keine belastbare Aussage treffen. Auch bezogen auf eine aktive Bewaffnung in Form von bspw. Pfefferspray oder Schlagstöcken lassen sich keine wissenschaftlich fundierten Beiträge finden. Ähnlich verhält es sich mit den Äußerungen zur Dienstkleidung. Hier wird eher vereinzelt auf die aggressionsfördernde Wirkung der Signalfarbe rot hingewiesen.[655] Der Diskussion soll daher an dieser Stelle nicht vorgegriffen werden, bis diesbezüglich weitere Forschungserkenntnisse bezogen auf Rettungskräfte verfügbar sind. Auch eine Kameraüberwachung in den Kranken- und Rettungstransportwagen sowie in deren Umgebung und der Einbau von Sicherheitsverglasung wird teilweise diskutiert. Hierzu lässt sich jedoch sagen, dass die vorliegende Studie aufzeigt, dass sich die gewalttätigen Übergriffe ganz überwiegend nicht in der unmittelbaren Nähe der Einsatzfahrzeuge ereignen. Diese technischen Schutzmaßnahem erscheinen vom jetzigen Erkenntnisstand aus übertrieben und wirkungslos. Für diskussionswürdig erachtet der Verfasser den testweisen Einsatz von sog. Bodycams, wobei schon hier auf die diesbezüglichen rechtlichen Schwierigkeiten hingewiesen werden soll. Die Bodycams werden als Mittel der sekundären Kriminalprävention bereits bei Polizeibeamtinnen und -beamten eingesetzt und die Wirkungsweise wissenschaftlich begleitet. Mit den am Köper (Body) getragenen Kameras (cam) sollen potenzielle Täterinnen und Täter zunächst abgeschreckt werden. Durch die angekündigte offensichtliche Videoüberwachung soll ihnen verdeutlicht werden, dass ihr Risiko ordnungs- oder strafrechtlich belangt zu werden, gestiegen ist. Nach den Erkenntnissen der Rational-Choice-Theory sollen die Delinquenten so zu der Erkenntnis gelangen, dass die Kosten (in Form des hohen Entdeckungsrisikos) den angestrebten Nutzen übersteigen. Dies soll sie von der Tat

653 *Habitz*, S. 143ff.
654 *Dressler*, S. 244ff.
655 *Dressler*, S. 248f.

abbringen. Zweite Wirkungsrichtung neben der Abschreckung soll die Verhaltenssteuerung durch Selbstreflektion des Täters über sein Handeln sein. Durch die angekündigte Kameraüberwachung soll sich der Fokus des Täters weg von der Umwelt hin zu sich selbst richten (Self awareness). Durch die Reflektion seines eigenen Verhaltens in der konkreten Situation und dem Vergleich mit dem gesellschaftlich gewünschten Verhalten soll der Täter in seinem Handeln positiv beeinflusst werden. Dahingegen ließe sich anführen, dass gerade psychiatrisch auffällige Personen und Volltrunkene nur schwerlich in der Lage sind, die Kosten-Nutzen-Analyse oder eine rationale Selbstreflektion wunschgemäß durchzuführen. Ebenso verhält es sich bei affektiven Taten. Zudem sind die Einsatzkräfte oftmals selbst überrascht von dem Angriff und hatten die Kameraaufzeichnung gar nicht angekündigt und aktiviert. Auch auf die Rettungskräfte selbst kann das Tragen der Bodycams positive und negative Auswirkungen haben. Sie kann zum einen ständige Ermahnung zur Wachsamkeit sein oder zum anderen eine falsche Sicherheit suggerieren.[656] Dennoch erscheint diese technische Ausrüstung von allen bisher genannten die erfolgversprechendste zu sein. Die Wirkung ließe sich ebenfalls durch testweisen Einsatz auf Pilotrettungswachen erforschen und ihr Gebrauch kann in einer SOP standardmäßig eingeführt werden.

2. Personell

Auch personell kann der Gefahrenprävention begegnet werden. Im Rahmen der Forschung um Angriffe auf Polizeibeamtinnen und -beamte wurde beispielsweise gefordert, vermehrt Teams aus männlichen sowie weiblichen Polizeibeamten zu bilden, da weibliche Beamte ein geringeres Viktimisierungsrisiko aufwiesen und ihnen somit eine deeskalative Eigenschaft attestiert wurde.[657] Die Ergebnisse der vorliegenden Untersuchung konnten jedoch keine auffälligen geschlechtsspezifischen Unterschiede bezogen auf das Viktimisierungsrisiko, das Verletzungsrisiko oder ähnliches ausmachen. Insofern kann diese These hier nicht bekräftigt werden. Daher ist die Wirkung dieser Forderung im Rahmen der Prävention von Angriffen auf Rettungskräfte zweifelhaft. Zudem wird teilweise eine generell höhere Personalstärke in den Einsätzen gefordert.[658] Dabei gilt zu beachten, dass kein Rettungsmittel

656 Zu dem gesamten Themenbereich sehr umfangreich *Schmidt*, 2018, S. 48ff.
657 *Ellrich/Baier/Pfeiffer*, S. 194.
658 *Dressler*, S. 250.

mit nur einer Person besetzt ist. Insofern können die Einsatzkräfte stets im Team arbeiten. Es steht außer Frage, dass weitere Teammitglieder bspw. bei der Überwachung der anwesenden Personen und des Rückzugsraumes hilfreich sein könnten. Diese Personen jedoch bei allen denkbaren Einsätzen im Einsatzfahrzeug mitzuführen, erscheint angesichts der Einsatzzahlen in der Kosten-Nutzen-Analyse als übertrieben. Zudem reichten weder die Platzverhältnisse in den Rettungs- und Krankentransportwagen noch erscheint die Finanzierung dieser Personalkosten realistisch. Die Rettungskräfte sind ohnehin gehalten, nach der ersten Einschätzung der Lage eine Rückmeldung an die Leitstelle zu geben und in dieser ggfls. weitere Rettungsmittel und -kräfte oder die Polizei nachzufordern. Diese Handlungsoption sollte ebenfalls in die o.g. SOP einfließen. Wenn stets gilt, dass die Eigensicherung vor geht, dann muss die Patientenversorgung solange warten, bis ein gefahrloser Einsatz für die Rettungskräfte möglich ist. Dies kann bedeuten, dass zunächst das Eintreffen der weiteren Kräfte abgewartet werden muss. Dieses Selbstverständnis gilt es zu erreichen. Ein anderer Ansatz wäre es, die Arbeitsbedingungen generell zu verbessern.[659] Aus eigener Erfahrung ist dem Verfasser bekannt, dass zahlreiche Rettungsdienste in Zweischichtsystemen von jeweils zwölf Dienststunden arbeiten. Dies ist arbeitsrechtlich zu rechtfertigen, da die Schicht grundsätzlich auch Bereitschaftszeiten abdeckt, in denen kein Einsatz abzuarbeiten ist. Es gibt jedoch auch Schichten, in denen zumindest annähernd ein Notfalleinsatz dem nächsten folgt. Durch Ermüdung, Hunger oder teilweise sogar das Aufschieben von Toilettengängen, kann die Bereitschaft zur geduldigen und empathischen Ansprache der Patienten nachvollziehbar schwinden. Hier könnten feste Pausenzeiten, in denen ein Rettungsmittel bspw. innerhalb von 60 Minuten nicht alarmiert wird, Abhilfe schaffen. Diese Pausenzeiten können naturgemäß nicht täglich um ein und dieselbe Uhrzeit garantiert werden, aber die Regenerationszeit für die Besatzung des Rettungsmittels ist notwendig und im Hinblick auf die Prävention von Gewalt ratsam.

iii. Meldesystem

Eine weitere Maßnahme, sowohl sekundärer als auch tertiärer Natur, wäre die Schaffung eines einheitlichen Meldebogens für Angriffe auf Rettungs-

659 So auch *Dressler*, S. 253f.

kräfte.[660] Dieser sollte einfach aufzufinden, anzuwenden und automatisch statistisch auswertbar sein. Hierzu bietet es sich an, die bereits existierenden Einsatzerfassungsprogramme anzupassen. Jeder Einsatz eines Rettungsmittels wird anschließend in einem Einsatzerfassungsprogramm aufgenommen. Hierin werden die Patientendaten sowie der Einsatzgrund, die abzurechnenden Leistungen, Medikamente und gefahrene Kilometer etc. erfasst. Diese Erfassung dient zum einen der späteren Abrechnung mit den Krankenkassen oder den Privatpatienten, zum anderen werden auch statistische Daten erhoben, die den Rettungsdienstorganisationen zur Leistungsoptimierung dienen. So wird neben einigen weiteren Parametern bspw. erfasst, um welche Art von Einsatz es sich handelte, ob der Patient oder die Patientin infektiös war. In jedem Einsatzprotokoll sollte als Pflichtfeld eine Aussage zu einem Angriff getätigt werden müssen. Sofern die Rettungskraft einen Angriff bestätigt, sollte sie automatisch zu einem Detailbogen gelangen, in dem der Angriff erfasst wird. So könnten auch Daten erhoben werden, in wieviel Prozent der Einsätze eine Rettungskraft einen Angriff erlebte. Diese Statistik ist sicherlich nicht vor Erfassungsfehlern gefeit, hier sei ein Vergleich mit der Kritik an der PKS gestattet, dennoch bietet sie eine gute Möglichkeit, um überhaupt statistische Daten sammeln und auswerten zu können. In diesem Standardmeldesystem sollte ein Pflichteingabefeld zur Gefahrenanalyse des Einsatzes aufgenommen werden. Ebenso sollte aufgenommen werden, ob sich die angenommene Gefahr realisierte und wenn ja, in welche konkreten Umstände. Dieses System würde nicht nur Datenmaterial erzeugen, welches ausgewertet, aufbereitet und in die Optimierung der SOP und der Fortbildungen aufgenommen werden kann, sondern ebenso die Rettungskräfte zur Reflektion des eigenen Vorgehens im Einsatz bringen. Ebenso diente diese Vorgehensweise der weiteren Aufhellung des Dunkelfeldes.

d. Folgen für die Gesetzgebung

Die Motivation des Gesetzgebers zur Schaffung der aktuell gültigen rechtlichen Rahmenbedingungen ließ sich bereits dem, in seiner 869. Sitzung am 07.05.2010 beschlossenen, Gesetzentwurf des Bundesrates entnehmen. Die Begründung wurde dann im Gesetzentwurf der Bundesregierung inhaltlich übernommen. Dieser Entwurf führte schließlich zum 44. Strafrechtsän-

660 So auch *Feltes/Weigert*, S. 65; *Dressler*, S. 257; *Baumann*, S. 34f.

derungsgesetz, das am 05.11.2011 in Kraft trat.[661] Schon der Entwurf des Bundesrates ging von einem Anstieg der Behinderungen und der tätlichen Angriffe zulasten der Feuerwehrleute und Rettungskräfte aus.[662] Weiterhin wurde herausgestellt, dass „ein hohes Allgemeininteresse an wirkungsvoller und schneller staatlicher und privater Hilfe in Unglücksfällen und Fällen von gemeiner Gefahr oder Not" bestehe.[663] Im Rahmen des Entwurfs der Bundesregierung für das 52. Strafrechtsänderungsgesetz wurde dies konkretisiert. Bezogen auf die Hilfskräfte der Feuerwehr, des Katastrophenschutzes und der Rettungsdienste heißt es in der Bundestagsdrucksache wörtlich, dass sie „Respekt und Wertschätzung verdienen" und „[e]in Angriff auf sie [...] zugleich ein Angriff auf die öffentliche Sicherheit" sei.[664] Schließlich war dem Gesetzgeber wichtig, dass durch die Strafrechtsänderung ein generalpräventiver Effekt erreicht wird. Durch Abschreckung solle der „Bagatellisierung" dieser Art von Straftaten entgegenwirkt werden.[665] Die Motivation des Gesetzgebers bezogen auf den Schutz von Rettungskräften durch das Strafrecht kann auf drei zentrale Säulen gestellt werden. Erstens ging der Gesetzgeber von einer steigenden Zahl an Angriffen auf Rettungskräfte aus. Zweitens sieht er in diesen Angriffen nicht nur solche auf die Rettungskräfte selbst, sondern darüber hinaus solche auf die öffentliche Sicherheit. Drittens hielt er die generalpräventive Wirkung eines Strafgesetzes und schließlich der Strafrahmenerhöhung für ein geeignetes Mittel, um die Zahl der Angriffe zu reduzieren.

i. Zahl der Angriffe

Wie erläutert, ging der Gesetzgeber bereits im Jahr 2010, rückwirkend bezogen auf die Jahre 2000 bis 2010, von einer steigenden Anzahl an Angriffen auch auf Rettungskräfte aus.[666] Diesbezüglich gibt es jedoch erst seit Inkrafttreten des 44. Strafrechtsänderungsgesetzes und der Einführung der Opfertabelle „Rettungsdienstkräfte", beides im Jahr 2011, belastbare Hellfelddaten aus der Polizeilichen Kriminalstatistik.[667] Bezogen auf die gesamte Bundes-

661 BGBl. I 2011, 2130.
662 BT-Drs. 17/2165, S. 6.
663 BT-Drs. 17/2165, S. 6.
664 BT-Drs. 18/11161, S. 1.
665 BT-Drs. 17/2165, S. 6; BT-Drs. 17/4143, S. 6.
666 BT-Drs. 17/2165, S. 6.
667 PKS 2011, S. 77.

republik wird aus Tabelle 2.6 deutlich, dass die Anzahl der Straftaten gegenüber der Opfergruppe der „Rettungsdienstkräfte“ zwischen den Jahren 2011 und 2021 von 1453 auf 3187 um knapp 120 % zugenommen hat. Dies spiegelt sich auch in den Einschätzungen der Befragungspersonen der vorliegenden Studie wider. Aus Tabelle 5.55 wird ersichtlich, dass 78,7 % der Aussage, dass körperliche Gewalt gegenüber Rettungskräften zunimmt, „voll“ oder „eher“ zustimmen. Hiervon stimmte mit 42,9 % der größere Anteil der Aussage „voll“ zu. Etwas relativiert wird dieser hohe Anteil jedoch dadurch, dass man derselben Tabelle entnehmen kann, dass nur noch 7,4 % der Aussage „voll“ zustimmen, dass sie ihr persönliches Risiko, Opfer eines Angriffs zu werden, als hoch einschätzen. Dennoch kann somit sowohl durch die Hellfelddaten der PKS als auch durch die vorliegende Dunkelfeldanalyse ein Anstieg der Angriffe auf Rettungskräfte bestätigt werden. Insgesamt kann die diesbezügliche Einschätzung des Gesetzgebers bestätigt werden.

ii. Öffentliche Sicherheit

Wie oben herausgearbeitet, war Teil der Motivlage des Gesetzgebers auch die Annahme, dass es sich bei Angriffen auf Rettungskräfte gleichzeitig um Angriffe auf die Öffentliche Sicherheit handele. Die Öffentliche Sicherheit wird in zahlreichen Gesetzen der unterschiedlichen Rechtsgebiete genannt. Einen klassischen Anwendungsbereich findet sie im Öffentlichen Recht und da prominent in den Polizei- und Ordnungsbehördengesetzen der Länder, so bspw. auch in der sog. Generalklausel des § 9 I POG Rheinland-Pfalz. Auch im Strafrecht ist die Öffentliche Sicherheit verankert. Sie umfasst hierbei „den objektiven Zustand des unbedrohten Daseins aller im Staat“ und „subjektiv das Vertrauen der Bevölkerung in die Fortdauer dieses Zustands“.[668] Inhalt der Öffentlichen Sicherheit ist also auch ein allgemeines Sicherheitsgefühl. Dieses ist auch gestört, wenn die Bevölkerung Angst im Hinblick auf mögliche gewalttätige Übergriffe empfindet.[669] Somit wird deutlich, dass die Öffentliche Sicherheit sehr weit gefasst wird und Angriffe auf Rettungskräfte ebenfalls als Angriffe auf die öffentliche Sicherheit bezeichnet werden können. Der Gesetzgeber hatte offensichtlich jedoch eine andere, weniger offene Definition der Öffentlichen Sicherheit vor Augen. Er versteht den Rettungsdienst wohl als Teil des Gewaltmonopols des Staates und Angriffe auf diesen sind

668 *Schönke/Schröder* / Sternberg-Lieben/Schittenhelm, § 125, Rn. 2.
669 *Schönke/Schröder* / Sternberg-Lieben/Schittenhelm, § 125, Rn. 11.

für ihn somit gleichzeitig Angriffe auf die Staatsgewalt. Dies kann daraus geschlossen werden, dass er die Sanktionierung der Angriffe auf Rettungskräfte, vgl. § 115 III StGB, im Rahmen des sechsten Abschnitts des besonderen Teils des StGB verankert hat. In diesem Abschnitt werden Widerstände gegen die Staatsgewalt geahndet. Hierbei geht der Gesetzgeber mit der h.M. davon aus, dass dieser Abschnitt zwei Schutzzwecken dient. Dem Schutz des Gewaltmonopols des Staates und dem Schutz der Personen, die zur Vollstreckung berufen sind.[670] Feuerwehr-, Rettungsdienst- und Katastrophenschutzwesen gehören zweifelsohne zu den wichtigen Säulen eines funktionierenden Staates, so wie es auch Krankenhäuser und der öffentliche Personennahverkehr, wenn dieser auch in nachgelagerter Wichtigkeit, tun. Dass es dem Gesetzgeber tatsächlich um den Schutz elementarer öffentlicher Institutionen ging, wird auch durch die Tatsache deutlich, dass reine Betriebsfeuerwehren, wie beispielsweise die der BASF in Ludwigshafen, nicht vom Schutzbereich umfasst sind.[671] Die Rettungskräfte erledigen somit klar öffentliche Aufgaben, wenn sie auch teilweise von privaten Organisationen, wie bspw. dem DRK, ausgeführt werden. Mit dem staatlichen Gewaltmonopol und dessen Durchsetzung haben all diese Einrichtungen jedoch nichts zu tun. Nur Amtsträgern oder Soldaten der Bundeswehr ist die Umsetzung von staatlichen Vorgaben oder Aufträgen unter Nutzung unmittelbaren Zwangs gestattet. Eine Erweiterung des Schutzes auf Personen, die den Vollstreckungsbeamten gleichstehen, erscheint denklogisch, aber nur in den Fällen, in denen diese Personen Tätigkeiten ausüben, die Ausdruck des Gewaltmonopols des Staates sind. Die Aufgaben der Rettungskräfte sind andere und können beispielhaft für den Rettungsdienst in Rheinland-Pfalz § 2 I RettDG RLP entnommen werden. Ausweislich des ersten Satzes ist der Rettungsdienst als öffentliche Aufgabe integraler Bestandteil eines umfassenden Bevölkerungsschutzes in allen Konstellationen, in denen die Gesundheit zahlreicher Menschen gefährdet ist. Angriffe auf Rettungskräfte stellen nach der Definition des Gesetzgebers, die auf den Widerstand gegen die Staatsgewalt zielt, somit keinen Angriff auf die Innere Sicherheit dar. Der Schutz der Einsatz- und Funktionsfähigkeit der Rettungskräfte sowie die gewünschte Schaffung von Respekt und Achtung vor dieser Berufsgruppe lassen sich dogmatisch nicht in den sechsten Abschnitt des Besonderen Teils einfügen. Insofern ist die Norm an dieser Stelle fehlplatziert. Nach Betrachtung der Motivlage des Gesetzgebers ist der

670 BT-Drs. 17/4143, S. 6.

671 *Schönke/Schröder* / Eser, § 115, Rn. 21.

Schutzzweck der Norm überdies der Schutz der Willens- und Betätigungsfreiheit sowie der körperlichen Unversehrtheit der Rettungskräfte.[672] Zudem lässt die Ausgestaltung des § 115 III S. 1 StGB als Erfolgsdelikt, welches die Behinderung eines Hilfeleistenden fordert, darauf schließen, dass weiterer Schutzzweck der mittelbare Schutz der Individualrechtsgüter der in Not geratenen Personen selbst ist. Insofern wäre diese Strafnorm als Teil der gemeingefährdenden Straftaten im 28. Abschnitt des Besonderen Teils des StGB, genauer gesagt im direkten Umfeld des § 323c StGB, besser aufgehoben.[673]

iii. Strafrecht als geeignetes Mittel

Fraglich ist überdies, ob die Anpassungen des Strafrechts, die das 44. und das 52. Strafrechtsänderungsgesetz und später das Gesetz zur Bekämpfung des Rechtsextremismus und der Hasskriminalität mit sich brachten, geeignete Mittel sind, um den Schutz der Rettungskräfte zu gewährleisten. Zum einen wird zu beleuchten sein, ob überhaupt eine Strafbarkeitslücke bestanden hat, und zum anderen, ob diese Strafe und die Erhöhung derselben im Rahmen des 52. Strafrechtsänderungsgesetzes zum Schutz der Rettungskräfte tauglich ist; mithin, ob der gewünschte generalpräventive Effekt eintritt.

1. Strafbarkeitslücke

Der Schutzzweck des § 115 III StGB ist zum einen der Schutz der körperlichen Integrität, der Willens- und Betätigungsfreiheit sowie der Ehre der Rettungskräfte. Diese Individualrechtsgüter sind jedoch auch in den §§ 223 ff., § 240 und den §§ 185 ff. StGB geschützt. Diesbezüglich lag keine Strafbarkeitslücke vor.[674]

Weiterer Schutzzweck ist der mittelbare Schutz der in Not geratenen Personen selbst. Dies wird insbesondere dadurch deutlich, dass nach aktueller Rechtslage auch die telefonische Behinderung des Leitstellendisponenten bzw. der -disponentin tatbestandlich ist. Für den Behinderungserfolg müssen weder Täter noch „Opfer" am Unglücksort sein.[675] Ruft also der Täter oder

672 So auch *Singelnstein/Puschke*, NJW 2011, S. 3475.
673 So auch *Kohler*, S. 39.
674 So auch *Magnus*, GA 2017, S. 531.
675 *Fischer*, § 115, Rn. 8.

die Täterin auf einer Leitstelle an und droht dem Disponenten bzw. der Disponentin Gewalt an, kann dies bereits die Behinderung eines Hilfeleistenden darstellen. Als Opfer des Anrufs drängt sich in einem solchen Fall wohl zunächst die Person auf, die am Unglückort vergebens auf Hilfe wartet, welche durch die Drohung des Täters jedoch nicht dorthin disponiert wird. Die hilfesuchende Person wird jedoch bereits durch § 323c II StGB geschützt und die Person in der Rettungsleitstelle durch § 240 StGB. Somit kann auch bezogen auf diesen Schutzzweck ebenfalls nicht von einer Strafbarkeitslücke ausgegangen werden. Erklärtes Ziel des Gesetzgebers war überdies, den Schutz der Einsatz- und Funktionsfähigkeit der Rettungskräfte zu gewährleisten. In diesem Zusammengang reformierte der Gesetzgeber auch § 305a StGB, indem er die technischen Arbeitsmittel der Rettungskräfte als wichtige Arbeitsmittel unter einen besonderen strafrechtlichen Schutz stellte. Dies erscheint in diesem Zusammenhang als dogmatisch gelungenes Ergebnis des 44. Strafrechtsänderungsgesetztes, da in dieser Norm auch die wichtigen Arbeitsmittel der Polizei sowie der Bundeswehr erfasst sind, jedoch ohne Bezug auf das Gewaltmonopol. Durch den Verzicht auf den Bezug zum Gewaltmonopol erscheint der Schutz dieser wichtigen Arbeitsmittel zur Sicherung der Einsatz- und Funktionsfähigkeit der Rettungskräfte schlüssig. Schlussendlich wollte der Gesetzgeber mit den Reformen die Schaffung oder Steigerung von Respekt und Anerkennung für die Rettungskräfte erreichen. Das Schutzgut Respekt ließe sich wahrscheinlich noch unter den Schutz der Ehre der § 185 ff. StGB subsumieren und respektloses Verhalten wäre somit bereits strafbewährt. Anerkennung für eine bestimmte Berufsgruppe ist dem Strafrecht, welches den Rechtsgüterschutz gewährleistet[676], bisher jedoch fremd. Ebenso der Schutz bestimmter Berufsgruppen. Nach alledem muss, insbesondere bei § 115 III StGB, davon ausgegangen werden, dass es sich ausschließlich um einen symbolischen Akt des Gesetzgebers handelt, welcher strafrechtsdogmatisch unglücklich umgesetzt wurde. Solche Akte sind jedoch nicht per se als verwerfliche Symbolpolitik zu bewerten. Die Motivation des Gesetzgebers war und ist verständlich. Durch diese Strafrechtsänderung und die mediale Aufarbeitung des Gesetzgebungsverfahrens kann auf kostengünstige Weise auf einen tatsächlichen Missstand, in diesem Fall die steigenden Zahlen der Angriffe im Hellfeld, hingewiesen werden. Ebenso kann die Politik so, zumindest symbolisch, aufzeigen, dass ihr die Arbeit der Rettungskräfte und der Schutz derselben ein wichtiges Anliegen ist, und gleichzeitig Respekt und Anerkennung für diese Berufsgruppe einfordern. Dennoch sollte

676 *Dölling*, ZStW 1990, S. 16.

zur Erreichung dieser hehren Ziele nicht das Strafrecht umgestaltet werden, sofern keine echte Strafbarkeitslücke vorliegt. Andernfalls steigt die Gefahr, dass die Glaubwürdigkeit der Innen- und Rechtspolitik leidet. Die Betroffenen selbst könnte das Gefühl beschleichen, als seien sie mit einer Nebelkerze abgelenkt und vertröstet worden.

2. Generalprävention

Durch die Anpassung des Strafrechts, insbesondere auch durch die Anhebung des Strafrahmens, wollte der Gesetzgeber einen Beitrag zum Schutz der Rettungskräfte in Form der Generalprävention leisten.[677] Die Generalprävention ist neben der Spezialprävention eine der beiden Ausformungen der relativen Straftheorien. Diese sehen den Strafzweck darin, der künftigen Begehung von Straftaten vorzubeugen, wohingegen die absoluten Straftheorien den Zweck und Sinn in der Durchsetzung der Gerechtigkeit sehen, somit sind dort Vergeltung und Sühne die vorherrschenden Begrifflichkeiten. Obwohl es scheint, als könnten absolute und relative Straftheorien nicht in Einklang gebracht werden, ist in Rechtsprechung und herrschender Lehre die sog. Vereinigungstheorie anerkannt. Nach ihr ist Sinn und Zweck der Strafe die Sühne für die persönliche Schuld, vgl. § 46 I S. 1 StGB, welche das Strafmaß nach oben hin eingrenzen soll. Durch Strafzumessung können für den einzelnen Täter oder die Täterin jedoch auch spezialpräventive, vgl. § 46 I S. 2 StGB, und generalpräventive Zwecke, also die Vorbeugung weiterer Straftaten, erreicht werden.[678] Prävention bedeutet dem lateinischen Ursprung nach Zuvorkommen bzw. Verhüten und wird nicht nur exklusiv in der Kriminologie in die primäre, sekundäre und tertiäre Form untergliedert. Primäre Prävention bedeutet die Bildung von Faktoren und Bedingungen, die eine Sozialisation ermöglichen, die für ein sozial erwünschtes Verhalten förderlich ist. Sekundäre Prävention entfaltet seine Wirkung dort, wo sozial unerwünschtes abweichendes Verhalten unterdrückt werden soll. Dahingegen setzt die tertiäre Prävention schließlich bei Personen an, die bereits eine formelle Intervention erlebt haben, und versucht, einen Rückfall in sozial unerwünschtes abweichendes Verhalten zu verhindern. In diesem Zusammenhang setzt die Generalprävention bei der Allgemeinheit an und wirkt dabei ausschließlich auf der sekundären Ebene. Sie untergliedert sich in die negative und die po-

677 BT-Drs. 18/11161, S. 8.
678 *Dölling*, ZStW 1990, S. 2.

sitive Generalprävention. Wesen der negativen Generalprävention ist die Abschreckung potenzieller Täter. Das Wesen der positiven Generalprävention ist hingegen das Vertrauen in die Rechtsordnung und die Einübung der Rechtstreue.[679]

A. Negative Generalprävention

Um von einer Strafe abgeschreckt werden zu können, muss der potenzielle Täter oder die potenzielle Täterin die Strafbarkeit denklogisch vorher kennen und sich die mögliche Konsequenz vor der Tat nochmals vor Augen führen. Nur wenn die Täterinnen und Täter überhaupt in der Lage waren, vor der Tat das Risiko der Bestrafung gegen die strafbare Handlung abzuwägen, hat die Strafe die Chance eine abschreckende Wirkung zu entfalten. Täterinnen und Täter, die dazu intellektuell nicht in der Lage sind oder aber durch psychische Erkrankungen oder durch den Konsum von Drogen oder Alkohol ihre Beurteilungsfähigkeit einbüßen, erreicht diese Abschreckung nicht. Selbiges gilt für affektive Taten.[680] Tabelle 2.9 zeigt eine Auswertung der Hellfelddaten der PKS, genauer gesagt der Tatverdächtigentabellen des Jahres 2017 für Rheinland-Pfalz sowie für das gesamte Bundesgebiet. Daraus kann entnommen werden, dass der Anteil der Täter, die unter Alkoholeinfluss standen, im gesamten Bundesgebiet bei 54,4 % und in Rheinland-Pfalz bei 51,1 % lag. Zum Vergleich lag dieses Verhältnis im Jahr 2018 bei 52 %[681] zu 55,9 %[682] und im Jahr 2019 bei 54,5 %[683] zu 49,2 %[684]. Somit kann festgestellt werden, dass es sich im Hellfeld in rund der Hälfte der aufgeklärten Fälle um alkoholisierte Täter handelt. Zur Ermittlung der Dunkelfeldzahlen wurden die Befragungspersonen gebeten, die Täter, bezogen auf den letzten körperlichen Angriff, zu bewerten. Wie aus Tabelle 5.36 ersichtlich wird, gaben 45,1 % an, dass der Täter oder die Täterin alkoholisiert war. Weitere 6,2 % gaben an, dass der Täter oder die Täterin unter dem Einfluss von Drogen handelte. Als psychisch krank bzw. auffällig bewerteten 23,6 % und als dement 7,7 % der Befragungspersonen die Täter. Nur 15,4 % der Befragungspersonen

679 *Kunz/Singelnstein*, § 20, Rn. 3, 4.
680 *Schiemann*, NJW 2017, S. 1846; *Magnus*, GA 2017, S. 532.
681 PKS 2018 - Tatverdächtige / Tabelle 231.
682 PKS RLP 2018 - Tatverdächtige / Tabelle 231.
683 PKS 2019 - Tatverdächtige / Tabelle 231.
684 PKS RLP 2019 - Tatverdächtige / Tabelle 231.

gaben an, dass die Täter bezogen auf Alkohol, Drogen und psychische Erkrankungen unauffällig waren. Daher kann behauptet werden, dass auch im Dunkelfeld in rund der Hälfte der Fälle der Täter oder die Täterin alkoholisiert waren. Insofern bestätigen auch die ermittelten Dunkelfelddaten das Bild der Hellfelddaten. Dies bedeutet im Umkehrschluss, dass zumindest rund die Hälfte der Täterinnen und Täter unter Alkoholeinfluss handeln und sich daher mit hoher Wahrscheinlichkeit nicht durch eine Strafandrohung von der Tat abschrecken lassen. So wie Alkohol und Drogen wirkt sich auch ein Affekt negativ auf die rationale Abwägung bezogen auf die abschreckende Wirkung von Strafen aus. Der Affekt wird als Zustand höchster Erregung beschrieben, in welchem ein „besonnenes Abwägen von Gründen und Gegengründen nicht mehr stattfindet."[685] Sofern einem Täter oder einer Täterin eine Tatbegehung im Affekt nachgewiesen werden kann, führt dies je nach Grad des Affektes zu einer Strafmilderung gem. § 21 StGB oder sogar zum Schuldausschluss gem. § 20 StGB. Der Nachweis des Handelns im Affekt ist komplex und wird vor Gericht durch eine Gesamtwürdigung verschiedener Umstände des Einzelfalles und nach Beratung durch Experten geführt. Ein Handeln im Affekt kann somit nicht pauschalisiert angenommen werden. Es gibt jedoch charakteristische Merkmale, die auf das Vorliegen einer Affekttat hinweisen. So wird in diesem Zusammenhang angeführt, dass insbesondere der plötzliche, abrupte Beginn ohne Vorbereitung ein Indiz für eine Affekttat darstellt.[686] Im Hellfeld wird der Affekt nicht gesondert ausgewiesen. Um Handlungen der Täter im Affekt aber zumindest im Dunkelfeld zu ermitteln, wurden verschiedene Fragen des Erhebungsbogens dahingehend formuliert. So wurden die Befragungspersonen in Frage 14 gebeten, bezogen auf den letzten körperlichen Angriff zu bewerten, wie es zu dem Angriff kam, vgl. Tabelle 5.33. Mit 23,7 % stimmte nur etwa ein Viertel der Aussage zu, dass der Angriff absehbar gewesen sei. 25,6 % gaben an, dass der Angriff völlig überraschend war und es vorher auch keinen Kontakt zur Täterin bzw. zum Täter gegeben hatte. 41,3 % gaben an, dass der Angriff völlig überraschend erfolgte, im Vorhinein jedoch mit dem Täter bzw. der Täterin kommuniziert wurde, und 61,2 % gaben an, dass die Situation bereits angespannt war. Die letztgenannte Aussage kann auf alle Situationen übertragen werden. Somit schilderten drei Viertel der Befragungspersonen, dass der Angriff völlig überraschend erfolgte. Wie bereits oben erläutert, ist die plötzliche und abrupte

685 *Schönke/Schröder* / Perron/Weißer, § 20, Rn. 15.
686 *Schönke/Schröder* / Perron/Weißer, § 20, Rn. 15.

Tatbegehung nur eines von mehreren Indizien, die für eine Affekttat sprechen, dennoch kann davon ausgegangen werden, dass in dieser hohen Anzahl an für die Opfer überraschenden Angriffen auch eine hohe Anzahl an Affekttaten vorborgen ist. Diese Erkenntnis wird durch die Betrachtung der Frage zur Motivation der Täterin bzw. des Täters und der Frage nach dem genauen Zeitpunkt des Angriffs während des Einsatzes untermauert. Mit 45 % gaben mit Abstand die meisten Befragungspersonen an, dass es während der Anamnese zum letzten körperlichen Angriff gekommen sei, vgl. Tabelle 5.35. Nur 16,6 % gaben an, dass es unmittelbar beim Eintreffen zum Angriff kam. Daraus ist ersichtlich, dass es in den meisten Fällen nicht sofort beim Eintreffen der Rettungskräfte am Einsatzort und beim Betreten der Räume, in denen sich der Patient aufhält, zum Angriff kommt, sondern erst dann, wenn die Rettungskraft näher an den Täter oder die Täterin herantritt und sie während der Erstuntersuchung auch berührt. Ebenfalls für eine hohe Anzahl an Affekttaten spricht die Auswertung der Fragen 17 und 20. Wie Tabelle 5.37 entnommen werden kann, gaben insgesamt 51,6 % der Befragungspersonen bezogen auf den letzten körperlichen Angriff gegen sie an, dass die Ursache in einer psychiatrischen Ausnahmesituation lag. In Frage 20 sollten die Befragungspersonen sich näher hinsichtlich der Motivation der Täterinnen und Täter äußern. Bezogen auf den letzten körperlichen Angriff wurden sie gebeten zu schildern, ob sie davon ausgingen, dass es ein gezielter Angriff gegenüber der Feuerwehr oder dem Rettungsdienst war, oder ob der Angriff in der Situation auch jede andere Helferin, jeden anderen Helfer hätte treffen können. Die Auswertung der Tabelle 5.41 stellt diesbezüglich klar, dass nur 15,9 % der Aussage voll zustimmten, dass der Angriff gezielt gegenüber dem Rettungsdienst bzw. der Feuerwehr erfolgte. Weitere 26,1 % stimmten der Aussage eher zu. Mit 36,6 % stimmten mehr als doppelt so viele Befragungspersonen der Aussage voll zu, dass es jede Helferin bzw. jeden Helfer hätte treffen können. 42,9 % stimmten dieser Aussage eher zu. Bestärkt werden diese Zahlen durch Frage 17 zu den möglichen Ursachen des letzten körperlichen Angriffs. Hier sprach sich mit 35,2 % nur rund ein Drittel dafür aus, dass die Feuerwehr und der Rettungsdienst als Feindbild angesehen und dementsprechend absichtlich angegriffen wurden, vgl. Tabelle 5.37. Dies bekräftigt die oben herausgearbeitete Erkenntnis, dass die Angriffe zu einem großen Teil nicht gezielt stattfinden, insbesondere auch nicht gezielt gegenüber den Rettungskräften, sondern oftmals affektiv. Insofern kann festgehalten werden, dass rund die Hälfte der Täterinnen und Täter durch Alkohol, Drogen etc. und ein weiterer, nicht exakt zu beziffernder Anteil aufgrund eines Affekts gar nicht in der Lage war, sich mögliche Konsequenzen der Tat vorher vor Augen zu führen. Hinzu kommen Personen, die intellektuell nicht in der Lage sind, und solche, die die Strafbarkeit schlicht nicht kannten. Aber auch der Teil der Täterinnen und Täter, die psychisch, physisch und intellektuell in der Lage waren, das Unrecht der Handlungen zu erkennen, und sich über die Konsequenzen bewusst waren, wird durch das Strafrecht und insbesondere durch die Erhöhung des Strafrahmens nicht abgeschreckt. Die empirische Forschung zu dieser Fragestellung kommt zu dem Ergebnis, dass es keine ausreichenden Belege dafür gibt, dass sich die Höhe der Angedrohten Strafe positiv auf die Verhinderung von Straftaten auswirkt. Dieser Effekt wird demnach eher durch eine hohe polizeiliche Verfolgungsintensität und ein damit einhergehendes gesteigertes Entdeckungsrisiko erreicht.[687] Schließlich sprechen auch die Hellfeldzahlen gegen eine abschreckende Wirkung der Strafrahmenerhöhung. Bereits im Jahr 2011 wurde der Strafrahmen bezogen auf einfache Widerstandsdelikte von zwei auf drei Jahre Freiheitsstrafe angehoben. Dies führte rückwirkend betrachtet nicht zu einem Rückgang der in der PKS registrierten Delikte gegenüber der Opfergruppe der „Rettungsdienstkräfte“. Im Gegenteil, zwischen den Jahren 2011 und 2021 stieg die Zahl der Delikte um knapp 120 %, vgl. Tabelle 2.6. Die Strafrechtsänderung führt also nicht zur gewünschten Abschreckung, mithin wurde die negative Generalprävention nicht erreicht.

B. Positive Generalprävention

Das Vertrauen in die Rechtsordnung und die Einübung der Rechtstreue sind die Schlagworte im Rahmen der positiven Generalprävention. Die Strafe soll zum einen verdeutlichen, dass die geltende Rechtsordnung auch faktisch durchgesetzt werden kann, und von der Gesellschaft anerkannte Urteile sollen die Bereitschaft zur Normbefolgung fördern. Dadurch, dass Täterinnen und Täter persönlich zur Verantwortung gezogen werden können, erfolgt der Apell, dass jedes Mitglied der Gesellschaft selbst in der Verantwortung steht, sich rechtskonform zu verhalten.[688] Die bisherige Forschung kommt in diesem Zusammenhang zu dem Ergebnis, dass die Gesellschaft letztendlich nicht die förmliche Bestrafung, sondern eine „symbolische Missbilligung“ der Handlungen erwartet. Insbesondere bei „der klassischen Kriminalität“,

687 *Dölling*, ZStW 1990, S. 4, 6, 8.
688 *Dölling*, ZStW 1990, S. 15, 17.

so z.B. bei Körperverletzungsdelikten, herrscht ohnehin eine weit verbreitete Moralvorstellung, die solche Taten gesellschaftlich als nicht tolerabel stigmatisiert.[689] Angriffe auf Rettungskräfte sind ebenso wie die Gesamtheit der Körperverletzungsdelikte gesellschaftlich verpönt und werden missbilligt. Wie oben herausgearbeitet, wirken die Strafrechtsreformen, gerade bezogen auf die Angriffe auf Rettungskräfte, mangels der Regelungslücke rein symbolisch. Insofern könnte daraus gefolgert werden, dass durch die öffentliche Debatte rund um die Strafrechtsänderungsgesetze genau dieser gewünschte positiv generalpräventive Effekt der symbolischen Missbilligung erreicht wurde. Es ist sicherlich nicht von der Hand zu weisen, dass der Gesetzgeber durch diese Reformen zunächst den Eindruck erwecken konnte, dass er solche Angriffe missbilligt und sich nun schützend vor die betroffene Berufsgruppe stellt. Dies entspricht sicherlich auch den Tatschen und ist nachvollziehbar. Die Forschung belegt jedoch, dass es der Gesellschaft auf die formelle Bestrafung nicht ankommt, sondern die symbolische Missbilligung ausreicht; dies gilt gerade auch in Bereichen der Kriminalität, die ohnehin durch die breite Gesellschaft auf Missbilligung stößt. Dieser Effekt darf jedoch nicht durch eine leichtfertige rein symbolische Änderung des Strafrechts erreicht werden. Durch die ausschließlich symbolisch wirkende Strafreform wird das Rechtsbewusstsein der Allgemeinheit und die Bereitschaft zur Normbefolgung insgesamt gestört. Aufgabe des Strafrechts bleibt der Rechtsgüterschutz für die Gesellschaft. Nur zur Erreichung dieses Zwecks kann die Schaffung von Strafnormen verhältnismäßig sein. Insofern liegt auf der Hand, dass sich in den Bereichen, in denen keine Strafbarkeitslücke vorliegt, die Erweiterung oder Schaffung von Strafnormen verbietet. Das Vertrauen in die Rechtsordnung und die Einübung der Rechtstreue können nicht erreicht werden, wenn der Gesetzgeber allzu schnell dazu übergeht, zur Verstärkung seiner Argumente und zur öffentlichen Verbreitung seiner Standpunkte das Strafrecht anzupassen. Dies muss stets die Ultima Ratio bleiben. Insofern bleibt festzustellen, dass der Effekt einer symbolischen Missbilligung zunächst sicherlich eingetreten ist, sich jedoch negativ auf die Erreichung der positiven Generalprävention in Form eines Vertrauensverlustes in die Rechtsordnung ausgewirkt hat. Der Effekt der symbolischen Missbilligung wäre bei einer ausführlichen Prüfung der Verhältnismäßigkeit für die Gesetzreformen auch mit weniger einschneidenden, gleichwertigen Mitteln zu erreichen gewesen. Dies ging auch den Beteiligten im Gesetzgebungsverfahren auf, denn in der

689 *Kunz/Singelnstein*, § 20, Rn. 18, 20.

Begründung zum Gesetzentwurf der Bundesregierung war zu lesen, dass es primär präventiver Maßnahmen bedürfe, um der gestiegenen Zahl der Angriffe zu begegnen, dass aber auch das Strafrecht steuernd einwirken könne.[690]

Nach alledem muss festgehalten werden, dass sowohl die Entwicklung der Zahlen des Hell- und des Dunkelfeldes als auch die Erkenntnisse der kriminologischen Forschung gegen eine generalpräventive Wirkung der bewerteten Strafrechtsänderungsgesetze zum Schutze der Rettungskräfte sprechen.

iv. Zusammenfassung

Hält man sich nochmals die Motivlage des Gesetzgebers vor Augen, so muss festgestellt werden, dass seine Einschätzung, die steigende Anzahl an Angriffen auf Rettungskräfte betreffend, richtig war. Er ging schon im Jahr 2010 zu Recht von einem weiteren Anstieg der Übergriffe aus. Dies belegen sowohl die Zahlen des Hell- als auch die des Dunkelfeldes. Die bisherigen Bemühungen dem tatsächlichen Problem der Angriffe auf Rettungskräfte mittels des Strafrechts zu begegnen, müssen jedoch als fehlgeleitet bewertet werden. Zunächst fehlte es, wie aufgezeigt, schon an einer Regelungslücke, welche die Strafrechtsänderungen hätte erforderlich werden lassen können. Einzig die Einbeziehung der wesentlichen technischen Arbeitsmittel des Rettungsdienstes in § 305a StGB erscheint vor diesem Hintergrund geboten, um die Einsatz- und Funktionsfähigkeit der Rettungskräfte zu gewährleisten. Die Verortung der weiteren Normen im Rahmen der Widerstandsdelikte ist jedoch fehlplatziert; und schließlich ist auch der erwünschte generalpräventive Effekt nachweislich nicht eingetreten. Momentan zeichnet sich dennoch eine erneute Strafschärfung im Bereich der Angriffe auf Rettungskräfte ab. Auf der Ständigen Konferenz der Innenminister und -senatoren der Länder vom 17. bis 19. Juni 2020 wurde vorbehaltlich weiterer Prüfungen durch den Arbeitskreis II die Empfehlung ausgesprochen, „eine Anhebung der Mindestfreiheitsstrafe für Angriffe auf Einsatzkräfte auf sechs Monate und in Fällen, in welchen Einsatzkräfte gezielt in einen Hinterhalt gelockt werden auf ein Jahr“[691] vorzunehmen. Sollte diese Empfehlung tatsächlich in Gesetzesform gegossen werden, so würde auch diese reine Strafschärfung keinen messbaren Beitrag zum Schutze der Rettungskräfte leisten. Im Gegenteil, die oben auf-

690 BT-Drs. 17/4143, S. 6.
691 *IMK*, 212. Sitzung 2020, S. 39.

gezeigten negativen Auswirkungen auf das Vertrauen in die Rechtsordnung und die Einübung der Rechtstreue würden verstärkt. Die Rettungskräfte würden abermals mit einer Nebelkerze abgelenkt und die tiefergehenden Schutzmaßnahmen vernachlässigt.

e. Folgen für die Polizeiliche Kriminalstatistik

Die Polizeiliche Kriminalstatistik wird auf Grundlage der Daten der 16 Landeskriminalämter erstellt und erklärte gerade auch die Erlangung von Erkenntnissen für die kriminologisch-soziologische Forschung zum Ziel. Als Ausgangsstatistik werden in ihr Daten über die der Polizei bekannt gewordenen Straftaten einschließlich der mit Strafe bedrohten Versuche, die durch sie endbearbeitet wurde, erfasst. Die Richtlinien zur Führung der PKS sind recht umfangreich.[692] So kann es häufiger zu Falscherfassungen der Polizei kommen, welche ebenfalls die Statistik beeinflussen.[693] Die im Jahr 2011 eingeführte Geschädigtenspezifik Beruf/Tätigkeit weist insbesondere auch „Rettungsdienstkräfte" als Opfergruppe aus, wobei hier zusätzlich zwischen „Feuerwehr" und „sonstigen Rettungsdiensten" unterschieden wird. Diese Unterteilung stellt bereits einen enormen Fortschritt im Vergleich zu der Erfassung vor Einführung dieser Geschädigtenspezifik dar. Dennoch ist zu beachten, dass sie keine trennscharfe Klassifizierung bietet. Wie am Beispiel der vorliegenden Untersuchung gesehen werden kann, ist das Feld der Rettungsdienste breit gefächert. So ist zu erwarten, dass die Polizeibeamtinnen und -beamten in dieser Kategorie Delikte gegen alle denkbaren Rettungskräfte erfassen. Etwa auch solche gegenüber Rettungsschwimmern, dem Technischen Hilfswerk, Betriebssanitätern oder den freiwilligen Feuerwehren. Die teilweise komplizierte Unterteilung der einzelnen Rettungsdienste dürfte nur wenigen bekannt sein. So wird vielen nicht bewusst sein, dass es bei den Berufsfeuerwehren einen Unterschied zwischen dem Rettungsdienst und den übrigen Einsätzen, wie z.B. Löscheinsätzen, gibt. Ebenso unbekannt wird die Tatsache sein, dass im Koblenzer Stadtteil Metternich auch die Bundeswehr eine Rettungswache betreibt. Zudem muss die Aussagekraft der Opferstatistik vor dem Hintergrund einiger statistischer Besonderheiten betrachtet werden. Ein einzelner Angriff kann denklogisch zu mehreren Opfern innerhalb der

---

692 PKS 2021 - Richtlinien, S. 5

693 *Neubacher*, S. 57.

Opfergruppe führen[694] und ein und dieselbe Person kann auch mehrfach in der Statistik als Opfer auftauchen.[695] Dennoch lässt sich feststellen, dass die Einführung der Opfergruppe „Rettungsdienstkräfte" sowie die Anpassung der Deliktschlüssel an das geänderte Strafrecht die Auswertung der registrierten Kriminalität verbessert haben. Die Auswertung der Zahlen der PKS aus den Jahren 2011 bis 2021 hat einen Anstieg der registrierten Delikte gegenüber der Opfergruppe der „Rettungsdienstkräfte" von knapp 120 %[696] im gesamten Bundesgebiet und von ca. 117 %[697] in Rheinland-Pfalz ergeben. Nach den aktuellen Erkenntnissen muss diesbezüglich mit einem weiteren Anstieg gerechnet werden. Dies liegt insbesondere an der steigenden Sensibilisierung der Betroffenen für das Phänomen der Angriffe auf Rettungskräfte. Diese führt sodann zu einer steigenden Anzeigebereitschaft und erhöht die Fallzahlen im Hellfeld. Es ist jedoch auch nicht auszuschließen, dass die Zahl der Angriffe tatsächlich ansteigt. Die Ergebnisse dieser Untersuchung sehen jedoch den weitaus größeren Anteil am Anstieg der Hellfeldzahlen durch die gestiegene Anzeigebereitschaft begründet. Ob dieser Anstieg jedoch kontinuierlich sein wird, ist aktuell nur sehr schwer zu beurteilen.

f. Folgen für die weitere Forschungsarbeit

Die empirische Studienlage ist bisher nicht breit aufgestellt. Es handelt sich bei allen Studien um stichprobenartig durchgeführte Querschnittsanalysen, teilweise in Form von quantitativen Befragungen, rein qualitativen und Mischformen aus beiden Elementen. Eine Analyse der aktuellen Forschungssituation macht deutlich, dass Tatorte, Tatzeitpunkte und Täterinnen und Täter sehr einheitlich bewertet werden. Demnach überwiegen ganz eindeutig jüngere, alkoholisierte, männliche Täter, die auf den Partymeilen und bei Veranstaltungen in den Abend- und Nachtstunden der Wochenenden Angriffe verüben.[698] Dies deckt sich mit den Erkenntnissen des Hellfeldes. Die vorliegende Studie konnte zusätzlich eine genaue Situationsanalyse aus Sicht der Opfer liefern. Der dynamische Interaktionsprozess zwischen potenziellem Täter und der Rettungskraft, der schließlich in Gewalt mündet, konnte

694 *Magnus*, GA 2017, S. 532.
695 PKS 2019 - Ausgewählte Zahlen im Überblick, S. 11.
696 Tabelle 2.6.
697 Tabelle 2.7.
698 Vgl. Kapitel IV.a.

dargelegt und bewertet werden. Auch neu war die intensive Auseinandersetzung mit den Risikofaktoren der Rettungskräfte, Opfer eines Angriffs zu werden sowie die Analyse des Behinderungserfolgs, der für die Strafbarkeit nach § 115 III StGB erforderlich ist. Schließlich liefert die vorliegende Untersuchung Erkenntnisse zu der Frage, ob Rettungskräfte in höherem Maße von Gewalt betroffen sind als andere Gruppen, da sie eventuell als Teil des Staates angesehen und deshalb Ziel eines Angriffs wurden, oder, ob die Angriffe Ausdruck einer insgesamt verrohenden Gesellschaft sind. Der Blick über die aktuelle Studienlage macht auch deutlich, dass bisher noch keine Längsschnittstudie zu diesem Themenkomplex vorliegt. Um belastbaren Aussagen zu einem möglichen Anstieg der Angriffe auf Rettungskräfte treffen zu können, wäre eine solche Längsschnittstudie jedoch erforderlich.[699] In dieser könnten ebenso Maßnahmen der Prävention, wie beispielsweise der Einsatz von sog. Bodycams, evaluiert werden. Weitere Erkenntnisse würde auch die Schaffung eines automatischen bundesweiten Meldesystems liefern. Jeder Rettungsdiensteinsatz wird protokolliert. Dieses standardisierte Protokoll bietet sich an, um ein Pflichtfeld bezüglich eines Angriffs einzupflegen. Sofern dieses Pflichtfeld bestätigt wird, sollte in einem weiterführenden Untermenü nach den genauen Umständen des Angriffs und der Auswirkungen auf das Opfer und den Rettungseinsatz gefragt werden. Die Protokolle sollten digitalisiert und einfach statistisch auswertbar gestaltet sein. Somit könnte bspw. leicht erhoben werden, in wieviel Prozent der Einsätze es zu welcher Art von Angriff gekommen ist, und ob die Zahl der Angriffe pro Rettungskraft und Jahr ansteigt oder nicht. Die Ergebnisse sollten, ähnlich der der PKS, jährlich veröffentlicht und der kriminologisch-soziologischen Forschung zur Verfügung gestellt werden. Dieser Datensatz würde eine solide Basis für weitere Untersuchungen darstellen. Zudem sollten Täterbefragungen weitere interessante Forschungsergebnisse liefern können.[700] Der bisherige Forschungsstand liefert keine auswertbaren Daten aus Sicht der Täterinnen und Täter. Insgesamt wird erkennbar, dass es nach wie vor Forschungsbedarf im Themenkomplex des Phänomens der Angriffe auf Rettungskräfte gibt.

699 So auch: Rau/Leuschner, NK 2018, S. 332.
700 So auch: Rau/Leuschner, NK 2018, S. 332.

VIII. Zusammenfassung / Ausblick

Die Rettungskräfte leisten einen physisch und psychisch stark fordernden Dienst an der Gesellschaft. Es wird verlangt, dass sie an teilweise unübersichtlichen Einsatzstellen routiniert und konzentriert die medizinischen Notfallbilder erkennen und dann anhand der Standard Operating Procedures ihre Rettungsmaßnahmen durchführen. Sie müssen ihre technische Ausrüstung ebenso beherrschen wie die medizinische und sie sollen die Fähigkeiten dort einsetzen, wo sich oftmals menschliches Leid und erschreckende Bilder zeigen. Die vorliegende Untersuchung zeigt, dass zusätzlich zu diesen medizinischen und körperlichen Fähigkeiten in hohem Maße soziale Fähigkeiten im Umgang mit Patientinnen und Patienten, Angehörigen und Schaulustigen gefordert sind. Es ist unerlässlich, in Einsätzen stets kompetent und vorausschauend zu agieren und dabei dem Gegenüber zu jeder Zeit emphatisch und verständnisvoll zu begegnen. Das Anforderungsprofil an die Rettungskräfte ist schlicht sehr hoch. Ein Blick auf die aktuelle Forschung sowie auf die Ergebnisse der vorliegenden Untersuchung macht deutlich, dass die Rettungskräfte überdies Opfer von Angriffen werden. Bis zu 97,5 %[701] der Befragten gaben an, verbale Gewalt erlebt zu haben. Bei der körperlichen Gewalt lag der höchste Anteil bei über 75,5 %.[702] In der vorliegenden Untersuchung lag der Anteil der Rettungskräfte, die verbale Gewalt bezogen auf die gesamte Dienstzeit schilderten, bei 94,2 %.[703] Körperliche Gewalt erlebten im gleichen Zeitraum 64,7 %.[704] Die Dunkelziffer der Meldequote der Übergriffe beim Dienstherrn oder aber den Strafverfolgungsbehörden wird überwiegend als hoch eingeschätzt.[705] Dennoch ist auch im Hellfeld und hier insbesondere anhand der Auswertung der Polizeilichen Kriminalstatistik der Jahre 2011 bis 2021 ein Anstieg der Angriffe auf Rettungskräfte zu verzeichnen. In RLP

701 *Schmidt*, 2012, S. 7.; bezogen auf die letzen zwölf Monate.

702 *Dressler*, S. 88; Leider wird der Anteil der Befragungspersonen, die körperliche Gewalt erlebt haben, weder bezogen auf die gesamte Dienstzeit, noch bezogen auf das Jahr 2014 in Prozent ausgedrückt; somit kann nur gemutmaßt werden, dass er zumindest über den 75,5 % lag, die angaben, bezogen auf die gesamte Dienstzeit geschubst oder angerempelt worden zu sein.

703 Vgl. Kapitel V.b.i

704 Vgl. Kapitel V.c.i

705 *Schmidt*, 2012, S. 19; *Feltes/Weigert*, S. 46.

betrug dieser ca. 117 %[706] und im gesamten Bundesgebiet knapp 120 %[707]. Tröstlich ist vor diesem Hintergrund, dass die Angriffe bei den Rettungskräften ganz überwiegend weder psychische noch physische Folgen hinterlassen,[708] sie sehen sich in der Lage, Angriffe abzuwehren und sie seelisch zu verarbeiten. Die Mehrheit fühlt sich im Dienst sicher.[709] Es handelt sich bei den Tätern überdurchschnittlich häufig um die Patienten selbst.[710] Diese sind in der Regel männlich[711] und zwischen 20 und 40 Jahren[712] alt. Ganz überwiegend handeln sie unter dem Einfluss von Alkohol und / oder Drogen.[713] Diese Erkenntnisse ergeben sich sowohl aus der Analyse der einschlägigen Forschung und der Betrachtung des Hellfeldes als auch aus der vorliegenden Untersuchung.[714] Tatzeitpunkte sind primär die Abend- und Nachtstunden[715] der Wochenenden.[716] Genauer analysiert kommt es direkt zu Beginn eines Rettungseinsatzes zum Übergriff.[717] Als Haupttatorte haben sich Feiern und Großveranstaltungen,[718] häufig in sozial schwachen Milieus[719] herauskristallisiert. Die Rettungskräfte schildern häufig einen Respektverlust und eine zunehmend verrohende, gewaltgeneigte Gesellschaft als vermutetes Motiv der

706 Tabelle 2.7.

707 Tabelle 2.6.

708 *Heinemann*, S. 22; *Schmidt*, 2012, S. 17f; *Baumann*, S. 32; *Dressler*, S. 186ff; *Feltes/Weigert*, S. 44f; *Lorei et al.*, Polizei&Wissenschaft 2019, S. 54; *Jüchser/Richter*, MschrKrim 2021, S. 68f; *Leuchter et al.*, Deutsches Ärzteblatt 2020, S. 461.

709 *Schmidt*, 2012, S. 17f; *Feltes/Weigert*, S. 43; *Jüchser/Richter*, MschrKrim 2021, S. 70.

710 *Lenk*, S. 52; *Auer*, S. 51; *Heinemann*, S. 20; *Schmidt*, 2012, S. 15; *Scheunpflug/Klewer*, HeilberufeSCIENCE 2013, S. 90; *Baumann*, S. 25f; *Dressler*, S. 144; *Lorei et al.*, Polizei&Wissenschaft 2019, S. 56; *Feltes/Weigert*, S. 1; *Jüchser/Richter*, MschrKrim 2021, S. 71f; *Sefrin et al.*, Der Notarzt 2021, S. 8.

711 *Schmidt*, 2012, S. 15; *Scheunpflug/Klewer*, HeilberufeSIENCE 2013, S. 90; *Baumann*, S. 23f; *Feltes/Weigert*, S. 1; *Jüchser/Richter*, MschrKrim 2021, S. 71f; *Sefrin et al.*, Der Notarzt 2021, S. 11.

712 *Auer*, S. 52f; *Schmidt*, 2012, S. 15; *Scheunpflug/Klewer*, HeilberufeSCIENCE 2013, S. 90; *Baumann*, S. 23f; *Dressler*, S. 147; *Feltes/Weigert*, S. 39; *Sefrin et al.*, Der Notarzt, S. 16.

713 *Lenk*, S. 55; *Auer*, S. 52f; *Heinemann*, S. 20; *Schmidt*, 2012, S. 15; *Scheunpflug/Klewer*, HeilberufeSCIENCE 2013, S. 90; *Baumann*, S. 25f; *Feltes/Weigert*, S. 1; *Leuchter et al.*, Deutsches Ärzteblatt 2020, S. 460f; *Jüchser/Richter*, MschrKrim 2021, S. 71f; *Sefrin et al.*, Der Notarzt 2021, S. 12.

714 Vgl. Kapitel VI.f.

715 *Lenk*, S. 47; *Schmidt*, 2012, S. 14; *Baumann*, S. 27f; *Feltes/Weigert*, S. 1; *Jüchser/Richter*, MschrKrim 2021, S. 69; *Sefrin et al.*, Der Notarzt 2021, S. 9.

716 *Baumann*, S. 27f; *Leuchter et al.*, Deutsches Ärzteblatt 2020, S. 460f; *Jüchser/Richter*, MschrKrim 2021, S. 69.

717 *Lenk*, S. 50; *Schmidt*, 2012, S. 10; *Feltes/Weigert*, S. 36; *Sefrin et al.*, Der Notarzt 2021, S. 9.

718 *Dressler*, S. 177.

719 *Sefrin et al.*, Der Notarzt 2021, S. 5; *Dressler*, S. 177.

Täterinnen und Täter.[720] Die vorliegende Untersuchung ging somit unter anderem den Fragen nach, ob der Anstieg der Angriffe auf Rettungskräfte, der ja in der Polizeilichen Kriminalstatistik nachweisbar ist, tatsächlich auf einer respektlosen, zunehmend verrohenden Gesellschaft basiert und zudem, ob es eine erhöhte Gewaltbereitschaft gegenüber Rettungskräften, als Teil des Staates, gibt. Es zeigte sich, dass eine erhöhte Gewaltbereitschaft gegenüber Rettungskräften nicht nachweisbar ist. Die Hauptursache für Angriffe auf Rettungskräfte ist demnach ihr dienstlich bedingter Aufenthalt in sog. „hot spots". Diese Brennpunkte, zu denen vorrangig die Amüsiermeilen, Discotheken, Bars und Kneipen und dies überwiegend an den Wochenenden gehören,[721] begünstigen Gewaltkriminalität.[722] Innerhalb der „hot spots" treffen die Rettungskräfte auf durch Alkohol enthemmte, junge Männer. Der Alkohol senkt zudem nachweislich die Fähigkeit zur Selbstkontrolle sowie die Kritikfähigkeit.[723] In Kombination mit einem steigenden Aggressionsspiegel und einer erhöhten Risikobereitschaft führt dies schließlich erwiesenermaßen zu einer ansteigenden Gewaltbereitschaft.[724] Die Rettungskräfte müssen also mit Individuen agieren, die eher zu Gewalt neigen und dies in gewaltgeneigten Situationen. Dies führt zu einer erhöhten Gefährdung.[725] Diese Situationen sind jedoch für uniformierte Rettungskräfte ebenso gefahrträchtig wie für alle anderen Personen, die dort Hilfe leisten wollen. Dies bestätigten auch rund 80 % der Befragungspersonen, vgl. Kapitel VI.g.iv. Daher kann nicht davon ausgegangen werden, dass es eine erhöhte Gewaltbereitschaft gegenüber Rettungskräften, als Teil des Staates, gibt. Zudem wurde der Frage nachgegangen, ob es Risikofaktoren gibt, die einen gewalttätigen Übergriff auf Rettungskräfte begünstigen. Weder Alter, Geschlecht oder Diensterfahrung haben hierbei eine spürbare Rolle gespielt.[726] Lediglich der Einsatz in Städten kann als etwas gefahrgeneigter als auf dem Land beschrieben werden. Dieses Stadt-Land-Gefälle ist in der Kriminologie häufig zu betrachten. Die Ausprägung des Stadt-Land-Gefälles war in der vorliegenden Untersuchung jedoch gering.[727] Hauptgrund für Angriffe auf Rettungskräfte bleibt somit der Aufenthalt in den sog. „hot spots. Dieser erscheint für alle Rettungskräfte

720 *Dressler*, S. 162, 232, 261; *Sefrin et al.*, Der Notarzt 2021, S. 18.; vgl. Kapitel VI.g.i.
721 *Neubacher*, S. 95; *Schneider*, S. 36.
722 *Walter*, S. 72; *Northoff*, S. 27.
723 *Walter*, S. 45.
724 *Schwind*, § 27, Rn. 31.
725 *Schneider*, S. 35f.
726 Vgl. Kapitel VI.e.
727 Vgl. Kapitel VI.d.iii.

gleich gefahrgeneigt und dies sowohl in der Stadt als auch auf dem Land. Hier muss auch ein Eigenanteil der Rettungskräfte an der Entstehung der Gewalt genannt werden. Die dezidierte Situationsanalyse hat ergeben, dass die Rettungskräfte sich der potenziellen Gefahr innerhalb von Einsätzen in den „hot spots" nicht bewusst sind. Diese Arglosigkeit führt dazu, dass die Chance auf präventiv deeskalierendes Einwirken nicht gesehen wird.[728] Hier sieht der Verfasser großes Präventionspotenzial, das innerhalb von Aus- und Weiterbildung gehoben werden kann. Vor dem Hintergrund der Angriffe auf Rettungskräfte wird häufig von einer Verrohung der Gesellschaft[729] und einer zunehmenden Gewaltbereitschaft[730] gesprochen. Dies führe zu einer steigenden Anzahl an Angriffen.[731] So trivial lassen sich die steigenden Zahlen im Hellfeld jedoch nicht begründen. Zunächst muss festgehalten werden, dass die Gewaltforschung weder eine Erhöhung der Gewaltbereitschaft noch eine wachsende Brutalisierung oder eine allgemein zunehmende Rücksichts- und Respektlosigkeit bestätigen kann.[732] Eine langfristige Betrachtung belegt eher einen Rückgang der Gewaltdelikte.[733] Die positiven Auswirkungen der zivilisatorischen Evolution wie bspw. das gestiegene Bildungsniveau sowie die wachsende Achtung und der Schutz von Minderheiten führten zu einer gestiegenen menschlichen Selbstkontrolle. Hierzu trug ebenfalls bei, dass die Abhängigkeiten unterhalb der Bürger sowie zwischen den Bürgern und den Institutionen gestiegen sind.[734] Es ist vielmehr so, dass sich der Gewaltbegriff einem stetigen Wandel unterzieht. Was Gewalt bedeutet, wird von der gesellschaftlichen Wahrnehmung definiert. So können „neue" Gewaltphänomene entstehen, sofern sich der Fokus der Aufmerksamkeit hierauf richtet und die Gesellschaft hierfür sensibilisiert wird.[735] Insbesondere die mediale Berichterstattung ist in der Lage, den gesellschaftlichen und politischen Fokus zu beeinflussen. Die Berichterstattung über Angriffe auf Rettungskräfte ist häufig geprägt von der Schilderung besonders brutaler bzw. erschütternder Vorfälle. Unter den Medien, auch den öffentlich-rechtlichen, besteht eine gewisse Konkurrenz um die Gunst des Medienkonsumenten. Insofern ist es naheliegend, dass eher die Berichte in den Vordergrund rücken, die eine hohe

728 Vgl. Kapitel VI.h.v.4.

729 *Bullion*, Süddeutsche Zeitung online vom 03.11.2019.

730 *Wilhelm*, Rettungsdienst 2008, S. 79.

731 *Dressler*, S. 232.

732 *Baier et al.*, 2011, S. 22f; *Ellrich/Baier/Pfeiffer*, S. 49.

733 *Schneider*, S. 27.

734 *Walter*, S. 30, 32; *Eisenberg/Kölbel*, § 45, Rn. 5.

735 *Eisenberg/Kölbel*, § 45, Rn. 5, 7.

Auflage bzw. Klickzahl liefern, als eine nüchterne, wissenschaftliche Betrachtung der Gesamtumstände des Phänomens. Diese Berichte sind der Lage ein Bild widerzuspiegeln, welches der Realität nicht entspricht. Es entsteht eine sog. „Medienwirklichkeit".[736] Diese ist in der Lage, eine gesellschaftliche Debatte zu entzünden und die Sensibilisierung der Gesellschaft nochmals zu erhöhen. Sie kann auch pessimistische Weltbilder entstehen lassen.[737] Die gesteigerte Sensibilisierung der Gesellschaft und natürlich auch der betroffenen Rettungskräfte kann schließlich zu einer erhöhten Anzeigebereitschaft führen. Diese lässt dann die Zahlen bspw. der Polizeilichen Kriminalstatistik ansteigen. Betrachtet man dann diese steigenden Hellfeldzahlen, kann dies abermals die Sensibilisierung der Gesellschaft verstärken.[738] Der Anstieg dieser Belastungszahlen[739] sowie der Druck der gesellschaftlichen Debatte und der Interessenvertreter der Rettungskräfte[740] waren dann unter anderem auch Motivation des Gesetzgebers mit dem 44. und 52. Strafrechtsänderungsgesetz sowie dem Gesetz zur Bekämpfung des Rechtsextremismus und der Hasskriminalität dem Phänomen strafrechtlich zu begegnen. Es erscheint so, als hätte das Phänomen der Angriffe auf Rettungskräfte eben diese Entstehungsgeschichte. Die öffentliche Debatte und Empörung sowie die Solidarität der Bevölkerung und letztendlich die des Parlaments führen zu einer wünschenswerten Wertschätzung gegenüber den Rettungskräften. Ein weiterer Effekt ist jedoch ein nachweislicher Anstieg der Kriminalität innerhalb der Statistiken, der durch die erhöhte Anzeigebereitschaft ausgelöst wird.[741]
Die Beschäftigung mit der aktuellen Rechtslage bezogen auf Angriffe auf Rettungskräfte warf im Vorfeld der vorliegenden Untersuchung die Frage auf, ob der rechtlich geforderte Behinderungserfolg praktische Relevanz hat. Nach § 115 III StGB macht sich demnach nur strafbar, wer bei Unglückfällen, gemeiner Gefahr oder Not Hilfeleistende der Feuerwehr, des Katastrophenschutzes, eines Rettungsdienstes, eines ärztlichen Notdienstes oder einer Notaufnahme durch Gewalt oder durch Drohung mit Gewalt behindert. Die Auswertung der Untersuchung ergab, dass Behinderungen von Rettungseinsätzen durch körperliche Gewalt selten sind und mit steigender Intensität der Behinderung die Häufigkeit abnimmt.[742] Das heißt, dass sich die Angriffe nur

736 *Walter*, S. 50.
737 *Schwind et al.*, in: Schwind et al., S. 83.
738 *Walter*, S. 28.
739 BT-Drs. 17/2165, S. 6.
740 Heger/Jahn, JR 2015, S. 508.
741 *Neubacher*, S. 44.
742 Vgl. Kapitel VI.c.vi.

unwesentlich auf die Arbeit der Rettungskräfte, mithin auf das Patientenwohl auswirken. Insgesamt zeigt sich, dass eine Diskrepanz zwischen dem gefühlten Respektverlust bzw. der gefühlten Verrohung der Gesellschaft und der tatsächlichen Entstehung der Angriffe auf Rettungskräfte vorliegt. Als Hauptursache konnte der dienstliche Aufenthalt in gefahrgeneigten Brennpunkten ausgemacht werden. Verstärkt wird die Gefahr dadurch, dass sich die Rettungskräfte eben dieser potenziellen Gefahr nicht bewusst sind. Unter anderem hier gilt es, den Schutz der Rettungskräfte durch gezielte Aus- und Weiterbildung zu erhöhen. Die kriminologische Forschung zeigt weitere Präventionsmöglichkeiten auf, die einen weitaus besseren Schutz der Rettungskräfte versprechen, als sie die generalpräventive Wirkung der Strafgesetzgebung bieten kann. Zumindest aber sollte die Gesetzgebung nicht vorschnell weitere Anpassungen bezüglich der strafrechtlichen Würdigung der Angriffe auf Rettungskräfte vornehmen. Eine genauere Befassung mit der Materie legt den Kern des Problems dar, die Lösung indes ist ungleich komplexer. Die Rettungskräfte selbst fühlen sich von den Angriffen viel weniger belastet, als es die öffentliche Berichterstattung vermuten lässt. Die Fallzahlen sind in Relation sehr gering, die Verletzungsquote niedrig und das Sicherheitsgefühl hoch ausgeprägt. Problematisch ist der empfundene Respektverlust. Diesem Gefühl kann die öffentliche Debatte entgegenwirken. Auch die Anpassung des Strafrechts kann einen positiven Begleiteffekt haben. Beides kann dazu beitragen, dass sich die Rettungskräfte stärker respektiert sehen, ein Respekt, der ihnen zweifelsohne ebenso zusteht wie allen Menschen. Ebenso förderlich sind die öffentlichen Kampagnen, wie die des Vereins HELFER SIND TABU e.V., da auch sie die Rettungskräfte in ihrer Psyche stärken können. Polizeischutz etwa bei jedem Einsatz während Großveranstaltungen oder in Gaststätten ist schon aufgrund der personellen Infrastruktur unrealistisch, würde diese speziellen Gefahrensituationen aber auch nicht entschärfen. Die Rettungskräfte selbst müssen durch wiederkehrende Schulungen auf die potenziellen Gefahren hin sensibilisiert werden. Sie müssen in die Lage versetzt werden, standardisiert eine Gefahrenanalyse durchzuführen und schließlich der Eigensicherung einen höheren Stellenwert zu geben. Es muss gesellschaftlich und rechtlich klar sein, dass es keine Form der unterlassenen Hilfeleistung darstellt, wenn die Rettungskräfte gewalttätige Patienten und Angehörige nicht behandeln, bis die Sicherheit der Einsatzkräfte gewährleistet ist. Darüber hinaus konnte die Untersuchung weitere Forschungslücken aufzeigen, die es zu schließen gilt. Um die These, dass die Angriffe auf Rettungskräfte zunehmen, falsifizieren oder untermauern zu können, bedarf es weiterer Dunkelfelduntersuchungen in Form von Längsschnittanalysen. Nur so können belastbare Zahlen hierzu gesammelt und bewertet werden. Von den wenigen bisher veröffentlichten Untersuchungen überwiegen bisweilen diejenigen, die sich des Themas mittels quantitativer Forschung widmeten. Weitere qualitative Forschungen trügen zur Erhellung des gesamten Komplexes bei. Einen interessanten Ansatz hierzu bietet die Untersuchung „Gewalt gegen Vollstreckungsbeamte und Rettungskräfte". Hierbei sollen sowohl Aktenanalysen als auch Experteninterviews und solche mit Betroffenen einen ganzheitlichen Ansatz bieten. Die Untersuchung dauert an und die Ergebnisse stehen noch aus.[743] Zudem erscheinen weitere Studien zur tatsächlichen Wirkungsentfaltung von Präventionsmaßnahmen nötig. Hier sollte insbesondere der Einsatz von sog. Bodycams betrachtet werden. Ebenso aufschlussreich ist eine Analyse des Feldes der Täterbefragungen. Diese Studien sind gerade im Rahmen der Angriffe auf Rettungskräfte schwierig, aber sie erscheinen sinnvoll, um die Interaktionsdynamik zwischen Tätern und Opfern aus beiden Perspektiven schlüssig nachzeichnen zu können. Dies zeigt die nach wie vor aktuelle Brisanz des Themengebietes und sollte zum Anlass genommen werden, dem Phänomen auch zukünftig wissenschaftlich zu begegnen.

743 *Wegner/Heil/Schiemann*, KrimOJ 2021, S. 49.

Literaturverzeichnis

Ärzteblatt online vom 28.04.2017, Bundestag verabschiedet härtere Strafen bei Gewalt gegen Rettungskräfte, Berlin 2017, https://www.aerzteblatt.de/nachrichten/74426/Bundestag-verabschiedet-haertere-Strafen-bei-Gewalt-gegen-Rettungskraefte (zugegriffen am 30.6.2022).

Auer, Alexander, Aggressive Übergriffe auf Rettungsdienstmitarbeiter, Daten, Vergleiche, Erfassungsmöglichkeiten, Saarbrücken 2009.

Baier, Dirk/Kemme, Stefanie/Hanslmaier, Michael/Doering, Bettina/Rehbein, Florian/Pfeiffer, Christian, Kriminalitätsfurcht, Strafbedürfnisse und wahrgenommene Kriminalitätsentwicklung, Ergebnisse von bevölkerungsrepräsentativen Befragungen aus den Jahren 2004, 2006 und 2010, KFN-Forschungsbericht Nr. 117, Hannover 2011.

Baier, Dirk/Pfeiffer, Christian/Rabold, Susann/Simonson, Julia/Kappes, Cathleen, Kinder und Jugendliche in Deutschland: Gewalterfahrungen, Integration, Medienkonsum, Zweiter Bericht zum gemeinsamen Forschungsprojekt des Bundesministeriums des Innern und des KFN, KFN-Forschungsbericht Nr. 109, Kriminologisches Forschungsinstitut Niedersachsen e.V. (KFN) Forschungsbericht, Hannover 2010.

Barton, Stephan, Widerstand gegen die Staatsgewalt, in: Eric Hilgendorf, Hans Kudlich, Brian Valerius (Hrsg.), Handbuch des Strafrechts, Strafrecht Besonderer Teil I, Bd. 4, Heidelberg 2019, S. 867–930.

Baumann, Philipp, Aggressive Übergriffe auf Rettungskräfte an Einsatzstellen, Analyse von und Umgang mit Gewalt gegen Rettungskräfte in Hamburg, München 2014.

Bender, Ralf/Lange, Stefan, Was ist der p-Wert?, in: Deutsche Medizinische Wochenschrift 126 (2001), S. 39-40.

Bild online vom 05.03.2018, Mann (36) ruft Notarzt und schlägt Sani ins Gesicht., Berlin 2018, https://www.bild.de/regional/frankfurt/sanitaeter/mann-ruft-notarzt-und-schlaegt-sani-ins-gesicht-55004300.bild.html (zugegriffen am 30.6.2022).

Bildungsinstitut des DRK Landesverbandes Rheinland-Pfalz e.V., Vorbereitung zur NotSan Ergänzungsprüfung, Kommunikation, Interaktion & Deeskalation, Mainz 2015, https://www.bildungsinstitut-rlp.drk.de/fileadmin/downloads/Jaehrliche_Fortbildungen_im_RD/2015/Kommunikation__Interaktion___Deeskalation.pdf (zugegriffen am 30.6.2022).

Birkel, Christoph/Church, Daniel/Hummelsheim-Doss, Dina/Leitgöb-Guzy, Natalie/Oberwittler, Dietrich, Der Deutsche Viktimisierungssurvey 2017, Opfererfahrungen, Kriminalitätsbezogene Einstellungen sowie die Wahrnehmung von Unsicherheit und Kriminalität in Deutschland, Wiesbaden.

Blaes, Florian, 28-Jähriger in Trier West greift Sanitäter in Rettungswagen an., online: newstr.de vom 05.12.2021, https://news-trier.de/blaulicht/28-jaehriger-in-trier-west-greift-sanitaeter-waehrend-behandlung-in-rettungswagen-an,56840.html (zugegriffen am 30.6.2022).

Boers, Klaus, Sozialer Umbruch, Modernisierung und Kriminalität, in: Soziale Probleme 6 (1995), S. 153–215.

Bruckner, Claus, Leistungen des öffentlich-rechtlichen Rettungsdienstes in Rheinland-Pfalz, Einsätze 2013, Mainz 2014, https://mdi.rlp.de/fileadmin/isim/Unsere_Themen/Sicherheit/Rettungsdienst/Dokumente/2473-Einsatzstatistik_RD_2013.pdf (zugegriffen am 30.6.2022).

Bruckner, Claus, Leistungen des öffentlich-rechtlichen Rettungsdienstes in Rheinland-Pfalz, Einsätze 2018, Mainz 2019, https://mdi.rlp.de/fileadmin/isim/Unsere_Themen/Sicherheit/Rettungsdienst/Dokumente/2473-Einsatzstatistik_RD_2018.pdf (zugegriffen am 30.6.2022).

Bullion, Constanze von, Seehofer warnt vor „Verrohung der Gesellschaft“, online: Süddeutsche vom 03.11.2019, https://www.sueddeutsche.de/politik/seehofer-roth-oezdemir-rechtsextremismus-1.4665631 (zugegriffen am 30.6.2022).

Bundesministerium der Justiz und für Verbraucherschutz vom 23.12.2016, Referentenentwurf, Entwurf eines Gesetzes zur Änderung des Strafgesetzbuchs - Stärkung des Schutzes von Vollstreckungsbeamten und Rettungskräften, https://www.bmj.de/SharedDocs/Gesetzgebungsverfahren/Dokumente/RefE_Schutz_Vollstreckungsbeamte.pdf;jsessionid=6BFB735C210DF271B3BF1A656EA93E3D.1_cid334?__blob=publicationFile&v=3 (zugegriffen am 30.6.2022).

Bundeszentrale für politische Bildung vom 01.01.2022, Bevölkerung mit und ohne Migrationshintergrund, https://www.bpb.de/nachschlagen/zahlen-und-fakten/soziale-situation-in-deutschland/61649/migrationshintergrund-ii (zugegriffen am 30.6.2022).

Collins, Randall, Konflikttheorie, Ausgewählte Schriften, Neue Bibliothek der Sozialwissenschaften, Wiesbaden 2012.

DAV Deutscher Anwaltverein, Stellungnahme Nr. 32/10, Stellungnahme des Deutschen Anwaltvereins durch den Strafrechtsausschuss Stellungnahme zu den geplanten Veränderungen der §§ 113, 244 StGB im Referentenentwurf des BMJ vom 25.05.2010, Berlin 2010, https://anwaltverein.de/de/newsroom?t=1653655609&page_s40287=177 (zugegriffen am 30.6.2022).

DER SPIEGEL online vom 04.11.2017, Autofahrer attackiert Retter bei Notfalleinsatz, https://www.spiegel.de/panorama/justiz/kindernotfall-autofahrer-attackiert-retter-eines-einjaehrigen-a-1176482.html (zugegriffen am 30.6.2022).

Der Tagesspiegel online vom 10.06.2021, Angriff auf Berliner Feuerwehr und Polizei in der Rigaer Straße, https://www.tagesspiegel.de/berlin/an-loescharbeiten-gehindert-angriff-auf-berliner-feuerwehr-und-polizei-in-der-rigaer-strasse/27273032.html (zugegriffen am 30.6.2022).

Dölling, Dieter, Generalprävention durch Strafrecht: Realität oder Illusion?, in: Zeitschrift für die gesamte Strafrechtswissenschaft 102 (1990), S. 1–20.

Döring, Nicola/Bortz, Jürgen, Forschungsmethoden und Evaluation in den Sozial- und Humanwissenschaften, 5. Aufl., Berlin 2016.

DRB Deutscher Richterbund, Stellungnahme Nr. 55/10, Stellungnahme des Deutschen Richterbundes zum Entwurf eines ... Gesetzes zur Änderung des Strafgesetzbuchs – Widerstand gegen Vollstreckungsbeamte BR-Drs. 646/10; BR-Drs. 646/10 (Beschluss); BT-Drs. 17/4143, Berlin 2010, https://www.drb.de/fileadmin/DRB/pdf/Stellungnahmen/2010/DRB_101214_Stn_Nr_55_Widerstand_gegen_Vollstreckungsbeamte.pdf (zugegriffen am 30.6.2022).

Dressler, Janina Lara, Gewalt gegen Rettungskräfte, Eine kriminologische Großstadtanalyse, Bonn 2017.

Duden, Das große Wörterbuch der deutschen Sprache, 2. Aufl., Band 5, Berlin 1994.

Eisenberg, Ulrich, Kriminologie, 6. Aufl., München 2005.

Eisenberg, Ulrich/Kölbel, Ralf, Kriminologie, 7. Aufl., Tübingen 2017.

Ellrich, Karoline/Baier, Dirk, Gewalt gegen niedersächsische Beamtinnen und Beamte aus dem Streifendienst, Zum Einfluss von personen-, arbeits- und situationsbezogenen Merkmalen auf das Gewaltopferrisiko, KFN-Forschungsbericht Nr. 113, Forschungsbericht, Hannover 2014.

Ellrich, Karoline/Baier, Dirk/Pfeiffer, Christian, Polizeibeamte als Opfer von Gewalt, Ergebnisse einer Befragung von Polizeibeamten in zehn Bundesländern, Baden-Baden 2012.

Erb, Volker, Angriffe gegen Vollstreckungsbeamte: Strafschärfung als Kriminalpolitik?, Kommentar zum Beitrag von Prof. Dr. Cornelius Prittwitz, in: Kriminalpolitische Zeitung 3 (2018), S. 48–50.

Erhardt, Christian, Kommunalpolitiker: Bedrohungen sind an der Tagesordnung, online: KOMMUNAL vom 10.03.2020, https://kommunal.de/kommunalpolitiker-umfrage-2020 (zugegriffen am 30.6.2022).

Erhardt, Christian, Neue Statistik: Das ist die kleinste Gemeinde Deutschlands, online: KOMMUNAL vom 16.09.2020, https://kommunal.de/kleinste-gemeinde-deutschlands (zugegriffen am 30.6.2022).

Esser, Axel/Wolmerath, Martin, Mobbing und psychische Gewalt, Der Ratgeber für Betroffene und ihre Interessenvertretung, 10. Aufl., Frankfurt am Main 2020.

Fahl, Christian, Ist § 113 StGB i.V.m. § 114 StGB (noch) eine Privilegierung?, in: Zeitschrift für die gesamte Strafrechtswissenschaft 124 (2012), S. 311–322.

Fahrmeir, Ludwig/Heumann, Christian/Künstler, Rita/Pigeot, Iris/Tutz, Gerhard, Statistik, Der Weg zur Datenanalyse, 8. Aufl., Springer-Lehrbuch, Berlin 2016

Feltes, Thomas/Weigert, Marvin, Gewalt gegen Einsatzkräfte der Feuerwehren und Rettungsdienste in Nordrhein-Westfalen, Abschlussbericht der Ruhruniversität Bochum, Bochum 2018.

Fischer, Thomas, Strafgesetzbuch mit Nebengesetzen, Kommentar, 69. Aufl., München 2022.

Frankfurter Rundschau online vom 26.09.2009, Gewalt gegen Rettungskräfte nimmt zu., https://www.fr.de/panorama/gewalt-gegen-rettungskraefte-nimmt-11493882.html (zugegriffen am 30.6.2022).

Friedrich, Hermann/Bargon, Pedro/Richter, Jens/Eckert, Franz Joachim/Kutschker, Thomas, Eigensicherung im Rettungsdienst, Situationsgerechtes Verhalten in Konflikt- und Gefahrenlagen, Edewecht 2006.

Frost, Ira, Statistik für Wirtschaftswissenschaftler, Grundlagen und praktische Anwendungen, 4. Aufl., Tübingen 2020.

Göppinger, Hans, Kriminologie, 6. Aufl., München 2008.

Haas, Christine, Lehrer, Ärzte, Unternehmer? Diese Berufe genießen das höchste Ansehen., online: WELT vom 07.09.2021, https://www.welt.de/wirtschaft/karriere/article233644005/Beruferanking-Pfleger-bis-Lehrer-das-sind-die-angesehensten-Berufe.html (zugegriffen am 30.6.2022).

Habitz, Alexander, Gewalt im Rettungsdienst, Eigensicherung, Deeskalation, Selbstverteidigung, Heidelberg 2019.

Hasselfeldt, Gerda, Jeder Angriff auf Rettungskräfte ist einer zu viel, online: DRK vom 09.07.2020, https://www.drk.de/hilfe-weltweit/aktuelles-weltweit/meldung/jeder-angriff-auf-rettungskraefte-ist-einer-zu-viel/ (zugegriffen am 30.6.2022).

Heger, Martin/Jahn, Michael, Den Helfern zur Hilfe: Verbesserter Schutz für professionelle und zivile Helfer durch § 305a und § 114 Abs. 3 StGB?, in: Juristische Rundschau 2015, S. 508–517.

Heger, Martin/Jahn, Michael, Effektive Bekämpfung von Gaffern, in: Kriminalpolitische Zeitung 2 (2017), S. 113–118.

Heil, Valentina/Staller, Mario S./Körner, Swen, Interaktionsdynamiken in der Entstehung von Gewalt gegenüber Rettungskräften, Eine Pilotstudie, in: Journal of Martial Arts Research 2019, S. 15.

Heinemann, Wolfgang, Behinderungen und Angriffe bei Rettungseinsätzen, Befragung von Mitarbeitern des Malteser Hilfsdienstes e.V. aus den Bezirken Aachen, Bonn, Ruhrgebiet und Westfalen-Lippe, Köln 2011.

Helfer sind tabu! e.V., Der Verein, Ingelheim 2018, https://www.helfersindtabu.de/der-verein/ (zugegriffen am 30.6.2022).

Jüchser, Cordula/Richter, Daniel, Auf dem Land ist auch nicht alles gut!, Eine Studie zu Gewalterfahrungen von Rettungskräften in Rheinland-Pfalz, in: Monatsschrift für Kriminologie und Strafrechtsreform 104 (2021), S. 64–74.

Kaiser, Günther, Kriminologie, Eine Einführung in die Grundlagen, 10. Aufl., Heidelberg 1997.

Kohler, Eva, Die Neuregelungen der §§ 113 ff. StGB - endlich oder schon wieder? (Forschungsvorhaben), Fachhochschule für öffentliche Verwaltung NRW, Institut für Polizei- und Kriminalwissenschaften, Gelsenkirchen 2018.

Kraatz, Mario/Dick, Arno, Gewalt gegen Einsatzkräfte, in: feuerwehrreport 2016, S. 1–4.

Kubiciel, Michael, Schriftliche Fassung der Stellungnahme in der öffentlichen Anhörung vor dem Rechtsausschuss des Deutschen Bundestages am 22.03.2017 zum Regierungsentwurf eines Gesetzes zur Änderung des Strafgesetzbuches - Stärkung des Schutzes von Vollstreckungsbeamten - BT-Drs. 18/11161 -, Universität zu Köln, Rechtswissenschaftliche Fakultät, Institut für Strafrecht- u. Strafprozessrecht, Köln.

Kunz, Karl-Ludwig/Singelnstein, Tobias, Kriminologie, Eine Grundlegung, 8. Aufl., Bern 2021.

Lackner, Karl/Kühl, Kristian, Strafgesetzbuch, Kommentar, 29. Aufl., München 2018.

Lamnek, Siegfried, Theorien abweichenden Verhaltens, Eine Einführung für Soziologen, Psychologen, Juristen, Politologen, Journalisten und Sozialarbeiter, 11. Aufl., Paderborn 2021.

Lamnek, Siegfried/Vogl, Susanne, Theorien abweichenden Verhaltens II - „Moderne Ansätze“, Eine Einführung für Soziologen, Psychologen, Juristen, Journalisten und Sozialarbeiter, 4. Aufl., Paderborn 2017.

Landeshauptstadt Mainz, Mainz in Zahlen, https://www.mainz.de/tourismus/stadtportraet/mainz-in-zahlen.php (zugegriffen am 30.6.2022).

Lange, Stefan/Bender, Ralf, Was ist ein Signifikanztest?, in: Deutsche Medizinische Wochenschrift 126 (2001), S. 42-44.

Lechner, Marc, Was belastet Mitarbeiter im deutschen Rettungsdienst?, Ergebnisse einer Umfrage, Norderstedt 2018.

Lenk, Marian, Aggressionsverhalten gegenüber Mitarbeitern der Notfallrettung, Bachelorarbeit, Hochschule Neubrandenburg, Neubrandenburg 2008.

Lenk, Maximilian, Die Strafbarkeit des „Gaffers“ gem. § 323 c II StGB, in: Juristische Schulung 58 (2018), S. 229–233.

Leuchter, Felix/Hergarten, Thomas/Heister, Ulrich/Struck, Detlef/Schaefer, Stefan/Voigt, Christian/Schröder, Stefan/Hering, Rudolf, Gewalt gegen Rettungsdienstmitarbeiter - eine einsatzbegleitende Analyse in ländlichen und städtischen Rettungsdienstbezirken, in: Deutsches Ärzteblatt International 117 (2020), S. 460–461.

Lorei, Clemens/Ellrich, Karolin/Hartmann, Julia/Müller, Jennifer, Gewalterfahrungen im Rettungsdienst, Häufigkeit, situative Umstände und Folgen, in: Polizei & Wissenschaft 2019, S. 35–66.

Löschper, Gabi, Kriminalität und soziale Kontrolle als Bereiche qualitativer Sozialwissenschaften, online: Forum Qualitative Sozialforschung, Hamburg 2000, https://www.qualitative-research.net/index.php/fqs/article/view/1119/2482 (zugegriffen am 30.06.2022).

Magnus, Dorothea, Stärkung des Schutzes von Vollstreckungsbeamten und Rettungskräften, - zur Reform der §§ 113 ff. StGB, in: Goltdammer´s Archiv für Strafrecht 164 (2017), S. 530–543.

Martini, Stefan/Fetzer, Thomas, Gewalt gegen Retter, Ein Praxiskonzept zur Minderung der gewaltbedingten Gefährdung von Beschäftigten in Notfallrettung und Krankentransport, in: Sicher ist sicher, Arbeitsschutz aktuell 2013, S. 417–419.

Ministerium des Inneren und für Sport Rheinland-Pfalz, #IMMERDA - Kampagne wirbt für Respekt gegenüber Einsatzkräften, Mainz 2019, https://www.polizei.rlp.de/de/service/aktuelles/ (zugegriffen am 30.6.2022).

Ministerium des Inneren und für Sport Rheinland-Pfalz, Land startet Aktionstage „Respekt. Bitte!“, Mainz 2019, https://mdi.rlp.de/de/service/pressemitteilungen/detail/news/News/detail/land-startet-aktionstage-respekt-bitte/?no_cache=1 (zugegriffen am 30.6.2022).

MüKoStGB, Münchener Kommentar zum Strafgesetzbuch, Band 3 §§ 80 - 184j, 4. Aufl., München 2021.

Neubacher, Frank, Kriminologie, 4. Aufl., Baden-Baden 2020.

NK-StGB, Nomos Kommentar Strafgesetzbuch, 5. Aufl., Baden-Baden 2017.

Northoff, Robert, Handbuch der Kriminalprävention, Baden-Baden 1997.

Oesterreich, Ken/Köhler, Marcel, Gewalt gegen Rettungskräfte:, Taktisch korrektes Verhalten im Umgang mit aggressiven Patienten, Rettungsdienst 34 (2011), S. 14–20.

Pajonk, Frank-Gerald, Der aggressive Patient im Rettungsdienst und seine Herausforderungen, in: Notfall & Rettungsmedizin 2001, S. 206–216.

Peters, Christina, Warum die „Jugend von heute" immer die schlechteste ist, online: WELT vom 03.07.2018, https://www.welt.de/wissenschaft/article178647276/Soziologie-Warum-die-Jugend-von-heute-immer-die-schlechteste-ist.html (zugegriffen am 30.6.2022).

Porst, Rolf, Fragebogen, Ein Arbeitsbuch, 4. Aufl., Wiesbaden 2014.

Prittwitz, Cornelius, Angriffe gegen Vollstreckungsbeamte: Strafschärfung als Kriminalpolitik, in: Kriminalpolitische Zeitung 3 (2018), S. 44–47.

Rau, Matthias/Leuschner, Fredericke, Gewalterfahrungen von Rettungskräften im Einsatz, Eine Bestandsaufnahme der empirischen Erkenntnisse in Deutschland, in: NK Neue Kriminalpolitik 30 (2018), S. 316–335.

Rengier, Rudolf, Strafrecht Allgemeiner Teil, 13. Aufl., München 2021.

Scheunpflug, Susanna/Klewer, Jörg, Gewaltsituationen im Rettungsdienst, in: HeilberufeSCIENCE 2013, S. 89–92.

Schiemann, Anja, Das Gesetz zur Stärkung des Schutzes von Vollstreckungsbeamten und Rettungskräften, in: NJW - Neue Juristische Wochenschrift 70 (2017), S. 1846–1849.

Schmidt, Frank, Polizeiliche Videoüberwachung durch den Einsatz von Bodycams, Baden-Baden 2018.

Schmidt, Julia, Gewalt gegen Rettungskräfte, Bestandsaufnahme zur Gewalt gegen Rettungskräfte in Nordrhein-Westfalen, Abschlussbericht der Ruhruniversität Bochum, Bochum 2012.

Schmitt, T. K./Luiz, T./Poloczek, S./Huber, T./Kumpch, M./Madler, C., Sozialepidemiologie einer neuen Einsatzkategorie, in: Notfall & Rettungsmedizin 2002, S. 102–109.

Schneider, Hans Joachim, Kriminologie der Gewalt, Stuttgart 1994.

Schöch, Heinz, Zur Strafbarkeit der Behinderung von hilfeleistenden Personen, in: Goltdammer´s Archiv für Strafrecht 165 (2018), S. 510–519.

Schönke, Adolf/Schröder, Horst, Strafgesetzbuch, Kommentar, 30. Aufl., München 2019.

Schwind, Hans-Dieter, Kriminologie und Kriminalpolitik, Eine praxisorientierte Einführung mit Beispielen, 24. Aufl., Heidelberg 2021.

Schwind, Hans-Dieter/Baumann, Jürgen/Schneider, Ursula/Winter, Manfred, Gewalt in der Bundesrepublik Deutschland, Endgutachten der Unabhängigen Regierungskommission zur Verhinderung und Bekämpfung von Gewalt, in: Hans-Dieter Schwind, Jürgen Baumann, Friedrich Lösel et al. (Hrsg.), Ursachen, Prävention und Kontrolle von Gewalt, Analysen und Vorschläge der Unabhängigen Regierungskommission zur Verhinderung und Bekämpfung von Gewalt (Gewaltkommission), Berlin 1990, S. 1–286.

Sefrin, Peter/Händlmeyer, Annette/Stadler, Thomas/Kast, Wolfgang, Erfahrungen zur Gewalt gegen Rettungskräfte – aus der Sicht des DRK, in: Der Notarzt 37 (2021), S. 1-19.

Singelnstein, Tobias/Puschke, Jens, Polizei, Gewalt und das Strafrecht -, Zu den Änderungen beim Widerstand gegen Vollstreckungsbeamte, in: NJW - Neue Juristische Wochenschrift 64 (2011), S. 3473–3536.

SK-StGB, SK-StGB, Systematischer Kommentar zum Strafgesetzbuch, 9. Aufl. 3, Köln 2019.

Stadt Kaiserslautern, Bevölkerung zum 31.12.2020, https://www.kaiserslautern.de/mb/themen/statistik/pdf/bestand_wohnungen_2020.pdf (zugegriffen am 30.6.2022).

Stadt Koblenz, Monatliche Bevölkerungszahlen Mai 2022, Kommunale Statistik, https://www.koblenz.de/rathaus/verwaltung/statistische-informationen/bevoelkerung/?pagedBlockID=09422b0e-ff03-4339-8a76-33c5708708e7&page=2 (zugegriffen am 30.6.2022).

Stadt Ludwigshafen, Einwohner nach Stadtteilen, https://www.ludwigshafen.de/fileadmin/Websites/Stadt_Ludwigshafen/Nachhaltig/Stadtentwicklung/Veroeffentlichungen/Einwohner_nach_Stadtteilen_2021.pdf (zugegriffen am 30.6.2022).

Stadt Trier, Bevölkerungsstruktur der Stadt Trier 2021, https://www.trier.de/File/bevoelkerungsstruktur-der-stadt-trier-2021.pdf (zugegriffen am 30.6.2022).

Stehr, Johannes, Kriminologie, in: Christian Gudehus, Michaela Christ (Hrsg.), Gewalt, Ein interdisziplinäres Handbuch, Stuttgart, Weimar 2013, S. 363–371.

Stubenrauch, Hubert, Städte, Landkreise, Verbandsgemeinde und Gemeinden, Das rheinland-pfälzische Kommunalsystem im Überblick, Mainz 2019.

Süddeutsche Zeitung online vom 22.08.2017, Die furchtbaren Tage von Rostock Lichtenhagen, https://www.sueddeutsche.de/politik/rechtsextremer-pogrom-1992-die-furchtbaren-tage-von-rostock-lichtenhagen-1.1443392 (zugegriffen am 30.6.2022).

Walter, Michael, Gewaltkriminalität, 2. Aufl., Stuttgart 2008.

Walter, Michael/Brand, Thomas/Wolke, Angelika, Einführung in kriminologisch-empirisches Denken und Arbeiten, Stuttgart 2009.

Wegner, Maren/Heil, Marie/Schiemann, Anja, Forschungsprojekt „Gewalt gegen Vollstreckungsbeamte und Rettungskräfte – GeVoRe“, online: Kriminologie – Das Online-Journal 3 (2021), S. 40–53, https://www.kriminologie.de/index.php/krimoj/article/view/106/77 (zugegriffen am 30.06.2022)

Wendt, Rainer, Stellungnahme der Deutschen Polizeigewerkschaft, zum Entwurf eines Gesetzes zur Stärkung des Schutzes von Vollstreckungsbeamten und Rettungskräften, Berlin 2017.

Wikström, Per-Olof H., Situational Action Theory, in: Monatsschrift für Kriminologie und Strafrechtsreform 98 (2015), S. 177–186.

Wilhelm, Markus, Gewalt gegen Lebensretter:, Wie kann der Rettungsdienst gegensteuern?, in: Rettungsdienst 31 (2008), S. 78–81.

Wissenschaftlicher Dienst des Deutschen Bundestages, Organisation der Notfallversorgung, in Deutschland unter besonderer Berücksichtigung des Rettungsdienstes und des Ärztlichen Bereitschaftsdienstes, Ausarbeitung WD9-3000-105/14, Deutscher Bundestag, Berlin 2016, https://www.bundestag.de/blob/408406/0e3ec79bfb78d7dde0c659a2be0927ca/wd-9-105-14--pdf-data.pdf (zugegriffen am 30.6.2022).

ZEIT online vom 18.03.2015, Ausschreitungen bei Blockupy-Protesten in Frankfurt, Brennende Autos, Steine auf Polizisten: Mit Randale hat in Frankfurt der Blockupy-Protest gegen die Eröffnung der EZB Zentrale begonnen., https://www.zeit.de/politik/deutschland/2015-03/frankfurt-blockupy-ezb?utm_referrer=https%3A%2F%2Fwww.google.de%2F (zugegriffen am 30.6.2022).

ZEIT online von 17.11.2020, Landesregierung startet wieder Kampagne gegen Gewalt, https://www.zeit.de/news/2020-11/17/studie-zeigt-ausmass-der-gewalt-gegen-rettungskraefte?print (zugegriffen am 30.6.2022).

Zöller, Mark, Schutz von Vollstreckungsbeamten und Rettungskräften durch das Strafrecht?, Überlegungen zum 52. Gesetz zur Änderung des Strafgesetzbuches, in: Kriminalpolitische Zeitung 2017, S. 143–150.

Zopfs, Jan, Das 44. Strafrechtsänderungsgesetz - ein „gefährlicher Eingriff" in § 113 StGB?, in: Goltdammer´s Archiv für Strafrecht 159 (2012), S. 259–275.

Anhang

Fragebogen

Universität zu Köln
Rechtwissenschaftliche Fakultät
Institut für Kriminologie
Direktor: Prof. Dr. Frank Neubacher M.A.

Angriffe auf Rettungskräfte

Sehr geehrte Damen und Herren,

diese Forschungsarbeit ist Teil einer juristischen Doktorarbeit am Lehrstuhl für Kriminologie der Universität zu Köln. Die Untersuchung soll die Situation der Rettungskräfte in Rheinland-Pfalz darlegen und dazu beitragen, Lösungen zu entwickeln.

Die Teilnahme an dieser Befragung ist freiwillig.

Zum Datenschutz
Die Daten werden anonymisiert erhoben, weiterverarbeitet und ausgewertet. Ein Rückschluss auf einzelne Mitarbeiterinnen und Mitarbeiter oder auf das Antwortverhalten der Beschäftigten einer bestimmten Rettungswache ist nicht das Ziel dieser Arbeit und wird nicht erfolgen. Die Kenntniserlangung durch Dritte, auch durch Ihren Dienstherren ist ausgeschlossen.

Verantwortlich
Mag. iur. Johannes Reuschen
email: johannes.reuschen@smail.uni-koeln.de

Personenbezogene Daten

1. Welches Geschlecht haben Sie?

Männlich	☐
Weiblich	☐
Weder noch / weiß nicht	☐

2. Wie alt sind Sie?

Bis 30	☐
31-40	☐
41-60	☐
61-70	☐

3. Seit wie vielen Jahren sind Sie schon im Rettungsdienst tätig?

0-1	☐
2-5	☐
6-10	☐
11-15	☐
>15	☐

4. Welche Größe hat die Stadt/Gemeinde in der Sie vorwiegend eingesetzt sind?

Über 500.000 Einwohner	☐
Zwischen 100.000 – 500.000 Einwohner	☐
Zwischen 20.000 – 100.000 Einwohner	☐
Zwischen 5.000 – 20.000 Einwohner	☐
Unter 5.000 Einwohner	☐

Verbale Gewalt (Beleidigung/Bedrohung)

Hier geht es um Ihre persönlichen Erfahrungen mit verbaler Gewalt. Nicht, um Erfahrungen Ihrer Kolleginnen und Kollegen. Verbale Gewalt durch Ihre Kolleginnen und Kollegen wird ebenfalls nicht erfragt.

5. Haben Sie jemals im Dienst **verbale Gewalt** erlebt?

Wenn nein, fahren Sie bitte mit Frage 8 fort.

Wenn ja, welche Formen? Wie häufig erlebten Sie diese Gewalt?

	häufig	**manchmal**	**selten**	**nie**	**weiß nicht**
Beleidigung, Beschimpfung, Bespucken	☐	☐	☐	☐	☐
Bedrohung ohne eine Waffe oder einem gefährlichen Werkzeug	☐	☐	☐	☐	☐
Bedrohung mit einer Waffe oder einem gefährlichen Werkzeug (z.B.: Nagelfeile, Hammer, Kanüle)	☐	☐	☐	☐	☐

6. Haben Sie in den **letzten 12 Monaten** im Dienst bereits **verbale Gewalt** erlebt?

Wenn nein, fahren Sie bitte mit Frage 8 fort. Wenn ja, welche Formen? Wie häufig erlebten Sie diese Gewalt?

	häufig	**manchmal**	**selten**	**nie**	**weiß nicht**
Beleidigung, Beschimpfung, Bespucken	☐	☐	☐	☐	☐
Bedrohung ohne eine Waffe oder einem gefährlichen Werkzeug	☐	☐	☐	☐	☐
Bedrohung mit einer Waffe oder einem gefährlichen Werkzeug (z.B.: Nagelfeile, Hammer, Kanüle)	☐	☐	☐	☐	☐

7. Wie häufig erleben Sie verbale Gewalt? In wie viel Prozent der Einsätze?

(Bitte an entsprechender Stelle auf der Linie ankreuzen.)

0-------10%-------20%------30%-------40%-------50%-------60%-------70%-------80%-------90%-------100%

Körperliche Gewalt

Bei den Fragen 8-13 geht es um Ihre persönlichen Erfahrungen mit körperlicher Gewalt. Nicht, um Erfahrungen Ihrer Kolleginnen und Kollegen. Körperliche Gewalt durch Ihre Kolleginnen und Kollegen wird ebenfalls nicht erfragt. Die bloße Androhung von Gewalt wird hier ebenfalls nicht erfasst.

8. Haben Sie **jemals** im Dienst körperliche Gewalt erlebt?
Wenn nein, fahren Sie bitte mit Frage 24 fort. Wenn ja, welche Formen? Wie häufig erlebten Sie diese Gewalt?

	Häufig	manchmal	selten	nie	weiß nicht
Schubsen, Anrempeln	☐	☐	☐	☐	☐
Schlagen	☐	☐	☐	☐	☐
Treten	☐	☐	☐	☐	☐
Angriff mit Waffe oder gefährlichem Gegenstand	☐	☐	☐	☐	☐
Einsperren, den Weg versperren	☐	☐	☐	☐	☐
Sonstiges / Bitte beschreiben Sie die Art eines sonstigen Angriffs	☐	☐	☐	☐	☐

9. Haben Sie **in den letzten 12 Monaten** im Dienst körperliche Gewalt erlebt?
Wenn nein, fahren Sie bitte mit Frage 10 fort. Wenn ja, welche Formen? Wie häufig erlebten Sie diese Gewalt?

	Häufig	manchmal	selten	nie	weiß nicht
Schubsen, Anrempeln	☐	☐	☐	☐	☐
Schlagen	☐	☐	☐	☐	☐
Treten	☐	☐	☐	☐	☐
Angriff mit Waffe oder gefährlichem Gegenstand	☐	☐	☐	☐	☐
Einsperren, den Weg versperren	☐	☐	☐	☐	☐
Sonstiges / Bitte beschreiben Sie die Art eines sonstigen Angriffs	☐	☐	☐	☐	☐

10. Wurden Sie **jemals** im Dienst bei einem körperlichen Angriff verletzt?

Wenn nein, fahren Sie bitte mit Frage 12 fort. Wenn ja, inwiefern und wie häufig?

	häufig	manchmal	selten	nie	weiß nicht
Geringe Verletzung. Ohne ärztlich Behandlung.	☐	☐	☐	☐	☐
Leichte bis mäßige Verletzung. Mit ambulanter ärztlicher Abklärung.	☐	☐	☐	☐	☐
Mäßige bis schwere Verletzung. Mit stationärer ärztlicher Behandlung.	☐	☐	☐	☐	☐
Schwere Verletzung. Kurzzeitige Lebensbedrohung nicht ausgeschlossen.	☐	☐	☐	☐	☐
Akute Lebensgefahr.	☐	☐	☐	☐	☐
Reanimation.	☐	☐	☐	☐	☐

11. Wurden Sie **in den letzten 12 Monaten** im Dienst bei einem körperlichen Angriff verletzt?

Wenn nein, fahren Sie bitte mit Frage 12 fort. Wenn ja, inwiefern und wie häufig?

	häufig	manchmal	selten	nie	weiß nicht
Geringe Verletzung. Ohne ärztliche Behandlung.	☐	☐	☐	☐	☐
Leichte bis mäßige Verletzung. Mit ambulanter ärztlicher Abklärung.	☐	☐	☐	☐	☐
Mäßige bis schwere Verletzung. Mit stationärer ärztlicher Behandlung.	☐	☐	☐	☐	☐
Schwere Verletzung. Kurzzeitige Lebensbedrohung nicht ausgeschlossen.	☐	☐	☐	☐	☐
Akute Lebensgefahr.	☐	☐	☐	☐	☐
Reanimation.	☐	☐	☐	☐	☐

12. Wie häufig erleben Sie körperliche Gewalt? In wie viel Prozent der Einsätze?

(Bitte an entsprechender Stelle auf der Linie ankreuzen.)

0-------10%-------20%------30%-------40%-------50%-------60%-------70%-------80%------90%-------100%

13. Wurde durch einen körperlichen Angriff schon einmal ein Einsatzablauf behindert/gestört?

	0	1-2	3-5	>6
Ein Einsatz musste abgebrochen werden	☐	☐	☐	☐
Ein Einsatzablauf wurde kurzzeitig gestört	☐	☐	☐	☐
Ein Einsatzablauf wurde massiv gestört	☐	☐	☐	☐
Durch einen Angriff wurde eine Patientin / ein Patient geschädigt	☐	☐	☐	☐

Letztes Ereignis

Bei den Fragen 14-23 geht es um den letzten körperlichen Angriff gegen Ihre Person im Dienst.

14. Wie kam es zu dem körperlichen Angriff? (Mehrfachnennungen möglich)

Völlig überraschend, es gab vorher keinen Kontakt	☐
Völlig überraschend, vorher wurde jedoch kommuniziert	☐
Die Situation war bereits angespannt	☐
Es war absehbar	☐

15. Wie empfanden Sie den Einsatz?

	trifft voll zu	trifft eher zu	trifft weniger zu	trifft gar nicht zu
Bereits vor dem Angriff war mein Stresslevel hoch	☐	☐	☐	☐
Der Einsatz unterschied sich nicht wesentlich von anderen Einsätzen mit vergleichbaren Einsatzmeldungen	☐	☐	☐	☐

16. Welchen Eindruck machte die Angreiferin / der Angreifer auf Sie?

Alkoholisiert	☐
Unter Einfluss von Drogen	☐
Psychisch krank / auffällig	☐
Dement	☐
Unauffällig	☐
Sonstiges / Bitte nennen	☐

17. Was war Ihrer Meinung nach die Ursache für den Angriff? (Mehrfachnennungen möglich)

Unzufriedenheit mit dem Einsatzablauf	☐
Feuerwehr/Rettungsdienst als Feindbild (Teil des Staates)	☐
Kulturelle Konflikte (z.B. Kommunikationsprobleme, kulturelle Unterschiede)	☐
Abwehr medizinischer Maßnahmen	☐
Abwehr des Transports	☐
Unbewusste/unabsichtliche Handlung (z.B. durch an Demenz erkrankte Person)	☐
Psychiatrische Ausnahmesituation	☐
Respektverlust gegenüber den Rettungskräften	☐
Kein Grund/Motiv erkennbar	☐
Sonstiges / Bitte nennen	☐

18. Wann genau kam es während des Einsatzes zum Angriff?

Unmittelbar beim Eintreffen	☐
Während der Anamnese/Untersuchung	☐
Während einer medizinischen Maßnahme	☐
Während der Umlagerung der Patientin / des Patienten auf Trage/Stuhl/Bett	☐
Während des Transports	☐
Sonstiges / Bitte beschreiben Sie die Einsatzsituation	☐

19. Wie verlief die Kommunikation mit der Angreiferin / dem Angreifer? (Mehrfachnennungen möglich)

Die Angreiferin / der Angreifer konnte mich nicht verstehen (Sprachbarriere / zu laut / Alkohol etc.)	☐
Die Angreiferin / der Angreifer wollte mir nicht zuhören	☐
Ich konnte meine Maßnahmen nicht ankündigen / erklären	☐
Die Angreiferin / der Angreifer war bereits aggressiv	☐
Die Angreiferin / der Angreifer folgte nicht den Anweisungen	☐
Die Kommunikation verlief unauffällig	☐
Sonstiges / Bitte nennen	☐

____

____

____

20. Denken Sie, dass der körperliche Angriff gezielt gegen Rettungsdienste oder Feuerwehrkräfte erfolgte?

	trifft voll zu	trifft eher zu	trifft weniger zu	trifft gar nicht zu
Der Angriff erfolgte gezielt gegenüber dem Rettungsdienst/Feuerwehr	☐	☐	☐	☐
Es hätte jede Helferin / jeden Helfer treffen können	☐	☐	☐	☐

21. Wie stehen Sie zu folgenden Aussagen bezogen auf den letzten körperlichen Angriff?

	trifft voll zu	trifft eher zu	trifft weniger zu	trifft gar nicht zu
Ich bin in der Lage brenzlige Situationen zu erkennen und zu entschärfen	☐	☐	☐	☐
Ich wurde in meiner Ausbildung bzw. Fortbildung gut auf mögliche Konfliktsituationen vorbereitet	☐	☐	☐	☐
Ich wünsche mir eine Schulung zur Konfliktvermeidung	☐	☐	☐	☐
In einer weniger stressigen Situation hätte ich wahrscheinlich ruhiger reagiert	☐	☐	☐	☐
Den Angriff gegen mich hätte ich eventuell verhindern können	☐	☐	☐	☐
Ich kenne meine Notwehrrechte	☐	☐	☐	☐

22. Haben Sie bezogen auf den Angriff eine Strafanzeige bei der Polizei erstattet? (Mehrfachnennungen möglich)

Ja	☐
Nein, das hätte nichts gebracht	☐
Nein, das gehört zum Beruf	☐
Nein, ich wurde nicht ernsthaft verletzt	☐

23. Haben Sie den körperlichen Angriff bei Ihrem Dienstherrn gemeldet? (Mehrfachnennungen möglich)

Ja	☐
Nein, mir ist der Meldeweg nicht bekannt	☐
Nein, das hätte nichts gebracht	☐
Nein, das gehört zum Beruf	☐
Nein, ich wurde nicht ernsthaft verletzt	☐

Allgemeine Einschätzungen

Die folgenden Fragen 24-32 beziehen sich sowohl auf verbale Gewalt (Beleidigung/Bedrohung) als auch auf körperliche Gewalt. Es geht um eine Gesamteinschätzung zu verbalen und körperlichen Angriffen.

24. Welches Geschlecht hatten die Angreiferinnen/Angreifer?

	häufig	manchmal	selten	nie	weiß nicht
Männlich	☐	☐	☐	☐	☐
Weiblich	☐	☐	☐	☐	☐
Weder noch/weiß nicht	☐	☐	☐	☐	☐

25. Hatten die Angreiferinnen/Angreifer einen Migrationshintergrund? Hier geht es um Ihre persönliche Einschätzung.

	häufig	manchmal	selten	nie	weiß nicht
Ja	☐	☐	☐	☐	☐
Nein	☐	☐	☐	☐	☐

26. Wie alt sind die Angreiferinnen/Angreifer meistens?

Hier geht es um Ihre persönliche Einschätzung. (Mehrfachnennungen möglich)

<15	15-19	20-29	30-39	40-59	>60	weiß nicht
☐	☐	☐	☐	☐	☐	☐

27. Aus welcher Gruppe erfolgen die Angriffe hauptsächlich?

	trifft voll zu	trifft eher zu	trifft weniger zu	trifft gar nicht zu
Patientinnen und Patienten	☐	☐	☐	☐
Angehörige	☐	☐	☐	☐
Schaulustige	☐	☐	☐	☐
Unbeteiligte	☐	☐	☐	☐

28. Zu welcher Tageszeit kommt es zu Angriffen?

	häufig	manchmal	selten	nie	weiß nicht
Morgens (zwischen 7 und 11 Uhr)	☐	☐	☐	☐	☐
Mittags (zwischen 11 und 14 Uhr)	☐	☐	☐	☐	☐
Nachmittags (zwischen 14 und 17 Uhr)	☐	☐	☐	☐	☐
Abends (zwischen 17 und 22 Uhr)	☐	☐	☐	☐	☐
Nachts (zwischen 22 und 7 Uhr)	☐	☐	☐	☐	☐

29. An welchen Wochentagen kommt es überwiegend zu Angriffen?

	trifft voll zu	trifft eher zu	trifft weniger zu	trifft gar nicht zu
Montag bis Freitag	☐	☐	☐	☐
Freitag bis Sonntag	☐	☐	☐	☐

30. Belasten Sie verbale oder körperlich Angriffe in Ihrem Dienstalltag?

	trifft voll zu	trifft eher zu	trifft weniger zu	trifft gar nicht zu
Verbale Gewalt belastet mich	☐	☐	☐	☐
Körperliche Gewalt belastet mich	☐	☐	☐	☐
Ich fühle mich seelisch in der Lage einen Angriff zu verarbeiten	☐	☐	☐	☐

31. Wo kommt es zu Angriffen und wie häufig?

	häufig	manchmal	selten	nie	weiß nicht
In der Wohnung der Patientin / des Patienten	☐	☐	☐	☐	☐
An einer Unfallstelle	☐	☐	☐	☐	☐
Im Rettungswagen	☐	☐	☐	☐	☐
Bei Großveranstaltungen (Karneval, Konzerte, Demos)	☐	☐	☐	☐	☐
In Gaststätten/Kneipen/Clubs	☐	☐	☐	☐	☐
In bürgerlichen Wohngegenden	☐	☐	☐	☐	☐
In sozial schwachen Wohngegenden	☐	☐	☐	☐	☐
Sonstiges / Bitte nennen	☐	☐	☐	☐	☐

32. Welche Eindrücke haben die körperlichen und verbalen Angriffe bei Ihnen hinterlassen? (Mehrfachnennungen möglich)

Angstzustände	☐
Schlafstörungen	☐
Depressionen	☐
Wut	☐
Ich bin vorsichtiger geworden	☐
Gar keine	☐
Sonstiges / Bitte nennen	☐

33. Wie stehen Sie zu folgenden Aussagen?

	trifft voll zu	trifft eher zu	trifft weniger zu	trifft gar nicht zu
Ich habe in jeder Schicht Angst Opfer eines Angriffs zu werden	☐	☐	☐	☐
Ich fühle mich im Dienst sicher	☐	☐	☐	☐
Ich wünsche mir eine Fortbildung in Selbstverteidigung	☐	☐	☐	☐
Ich schätze das Risiko, Opfer eines Angriffs zu werden, als hoch ein	☐	☐	☐	☐
Ich fühle mich in der Lage, mich körperlich zu wehren	☐	☐	☐	☐
Ich spüre einen Respektverlust gegenüber den Rettungsdiensten und der Feuerwehr	☐	☐	☐	☐
Ich habe das Gefühl, dass körperliche Gewalt gegen Rettungskräfte zunimmt	☐	☐	☐	☐

Zusatzfragen

34. Sofern Sie jemals im Dienst **verbale Gewalt** erlebt haben, wie häufig geschah dies?

	1-5 Mal	6-10 Mal	11-15 Mal	über 15 Mal
Insgesamt	☐	☐	☐	☐

35. Sofern Sie jemals im Dienst **körperliche Gewalt** erlebt haben, wie häufig geschah dies?

	1-5 Mal	6-10 Mal	11-15 Mal	über 15 Mal
Insgesamt	☐	☐	☐	☐

Vielen Dank für Ihre Teilnahme.